Francisco Franco

Masonería

ⓞmnia Veritas

Francisco Franco Bahamonde
(1892-1975)
Alias Jakin Boor

Masonería

*Artículos primero publicado en el periódico **Arriba** desde 1946 y luego como libro en 1952 en Madrid, España.*

Publicado por
Omnia Veritas Ltd

www.omnia-veritas.com

Prologo	9
Masonería y Comunismo	13
Política internacional	18
¿Democracia?	22
La masonería, signo liberal	26
Tradiciones masónicas	31
El gran secreto	36
Los que no perdonan	44
Un secreto desvelado	52
El gran odio	60
El gran fraude democrático	66
Alta Masonería	72
Bajo la dictadura masónica	78
Conspiraciones masónicas	84
Masonería	92
Una frase lapidaria	101
Enemigos eternos	107
Crímenes de las logias	113

Grados y pruebas	119
Historia masónica	128
Persecuciones religiosas	134
Masonería anticatólica	139
Las logias son políticas	146
Maquinaciones bélicas	151
Internacionalismo	157
Asociaciones y congresos	164
La diplomacia del triangulo	169
La "ferrerada"	174
Conspiraciones antiespañolas	180
Masonería española	187
Las grandes conjuras	193
Aclaración a un artículo	197
De Yalta a Potsdam	199
Maniobras masónicas	203
Acciones asesinas	209
Daños a España	216

FILOSOFÍA MASÓNICA 220

BATALLAS POLÍTICAS 225

REVOLUCIONARISMO Y ATEÍSMO 230

UN DECRETO ANTIMASÓNICO 236

EL MOTÍN DE ESQUILACHE 242

INFILTRACIÓN MASÓNICA 251

CONTRA LA COMPAÑÍA DE JESÚS 255

ACTIVIDADES EN FRANCIA 264

CRÍMENES 272

CAMPAÑA ANTIJESUITA 279

POLÍTICA Y TRAICIÓN 286

"LA CAUSA DE EL ESCORIAL" 292

LA MASONERÍA, CONTRA EL EJERCITO 300

LA MASONERÍA ACTUAL 303

OTROS LIBROS PUBLICADO POR OMNIA VERITAS 312

Prologo

Nace este libro como una necesidad viva, pues son muchos los españoles que, dentro y fuera del país, anhelan conocer la verdad y alcance de una de las cuestiones más apasionantes, pero a la propia vez, peor conocidas, de nuestro tiempo: la de la masonería. Se hace indispensable el recoger en un texto hechos probados y registrados en los anales españoles que, omitidos por la mayoría de los historiadores liberales, destacan la magnitud del cáncer que corroe a nuestra sociedad. Uno de los medios preferidos por la masonería para alcanzar sus fines es el secreto. No se le podía favorecer el juego. Era preciso desenmascararla, sacar a la luz y satisfacer la legítima curiosidad de tantos en ello interesados. Movidos por esta necesidad es por lo que agrupamos bajo el título de este libro una serie de artículos publicados en el diario *Arriba* desde 1946 hasta la fecha. Teniendo, pues, el lazo de unión de la materia común a que se refieren y existiendo entre ellos un encadenamiento lógico, ofrecen al mismo tiempo la particularidad de su independencia. Queremos decir que estaban escritos para ser entendidos individualmente, porque así lo requerían las circunstancias en que se publicaban. El conjunto de lectores de la Prensa es una masa flúida para la cual si cada artículo hiciera referencia al anterior el texto del mismo perdería sentido. Era preciso, por ello, insistir en los puntos generales, a riesgo de repetirse. Esa nota es la que observará el que leyere, pues hemos preferido recoger completos los textos de los susodichos artículos, no sólo porque, en último término, parece aconsejable dejar bien sentados los principios básicos de nuestra argumentación, sino, además, porque de esa forma el que precise en un momento dado información sobre cualquiera de los temas indicados en el índice no se verá obligado a la rebusca fatigosa de datos complementarios entre el resto de las páginas.

Pero, además, surge este libro como una defensa de la Patria. Como decimos en sus principios: "no hubiéramos descubierto estas intimidades..., si la vesania y la pasión de que contra nuestra Patria dan muestras no nos obligase en nuestro puesto de vanguardia a no abandonar una sola de las armas que Dios nos ha puesto en nuestras manos", Y ninguna más eficaz que desentrañar y hacer públicas las actividades de esa secreta institución, con sus fines conocidos (odio a Roma y a España) y sus hechos inconfesables.

Nos hallamos ante uno de los secretos menos investigados de la Edad Moderna; ante uno de sus más repugnantes misterios. Llevados de las apariencias, no son pocos quienes con harta inocencia admiten que la masonería ni tiene la importancia que se le quiere achacar, ni sus fines son tan innobles, ni sus procedimientos tan criminales. Y exponen como principal argumento el hecho de que en Inglaterra la mayoría de la gente de más alta calidad social pertenece a la masonería.

He aquí, pues, el campo que es necesario deslindar. No atacamos a la masonería inglesa, y poco nos preocuparía si se encerrase en los límites naturales de sus dominios, porque lo que nos interesa no son tanto sus características como su afán de extenderse desbordando sus fronteras. La masonería es un producto inglés, al modo como el comunismo lo es ruso; un producto que ha logrado nacionalizarse en otros países, como en Norteamérica, y especialmente en Francia, a la manera que el comunismo lo ha hecho en Yugoslavia. Pero de la misma forma que el comunismo, en Francia o en Italia, no respira más que conforme a lo que le indican sus amos desde Moscú, de análoga forma la masonería española cumplía aquellas consignas que partían de Londres o de París. Que la masonería fué la activa socavadora de nuestro imperio nadie puede negarlo. Ella fué quien logró la expulsión de los jesuitas, uno de los hechos que causaron más daño a nuestra América. Ella, quien llevó la guerra a nuestras colonias y quien convirtió a nuestro siglo XIX en un rosario sin fin de revoluciones y de contiendas civiles. Para inglaterra fué el medio de activar la desmembración de un imperio que le hacía sombra; para Francia, el mejor sistema de eliminar su frontera sur y una rival. A ninguna de las dos naciones le convino jamás una España fuerte, y jugaron "al alimón" para lograrlo. Si ello puede parecer a algunos natural y humano, más lógico, natural y humano es que los españoles procuremos zafarnos de tan "generosos" amigos, eliminando la peste que nos envían, aunque venga encubierta por la amistad; que nunca nos han sido más dañinas las maniobras francoinglesas que cuando presentaban por delante la sonrisa de lo amistoso. La política internacional no suele tener entrañas; en ella, amistades y sentimentalismos no cuentan. Jamás un país suele llevar su celo por otro más allá de sus propios intereses. Eso es la moneda corriente, y debemos sujetarnos a ella, Y porque el derecho de protegerse es bueno para todas las naciones es por lo que en defensa de su independencia y de sus legítimos intereses, trata España de precaverse de la masonería. Desde que Felipe Wharton, uno de los hombres más pervertidos de su siglo, fundó la primera logia de España hasta nuestros días, la masonería puso su mano en todas las desgracias patrias. Ella fué quien provocó la caída de Ensenada. Ella, quien eliminó a los jesuitas, quien forjó a los afrancesados, quien minó nuestro Imperio, quien atizó nuestras guerras civiles y quien procuró que la impiedad se extendiera. Ya en nuestro siglo, la masonería fué quien derribó a Maura y quien se afanó siempre por atarnos de pies y manos ante el enemigo, la que apuñaló a la Monarquía y, finalmente, quien se debate rabiosa ante nuestro gesto actual de viril independencia. ¿Cómo se nos puede negar el derecho de defendernos de ella? ¿Es que puede alguien escandalizarse porque España la haya puesto fuera de la ley? Los masones en España significan esto: la traición a la patria y la amenaza de la religión; abyectas figuras que, por medrar, son capaces de vender sus hermanos al enemigo.

Todo esto es lo que se demuestra en estas páginas. El que quiera conocer cuánta maldad, qué perversos planes, qué odiosos medios utiliza la masonería, que lea estas páginas. Quien quiera encontrar las pruebas de por qué España acusa a la masonería y la expulsa de su seno, que compulse este libro.

Que después de leído, si lo hace atentamente, no puede quitarnos la razón.

Francisco Franco,
*Caudillo de España
por la Gracia de Dios*

Masonería y Comunismo

14 DE DICIEMBRE DE 1946

TODO el secreto de las campañas desencadenadas contra España descansa en estas dos palabras: "masonería y comunismo". Antagónicas entre sí, pues ambas luchan por el dominio universal, la segunda le va ganando la partida a la primera, como en la Organización de las Naciones Unidas se viene demostrando.

El hecho no puede ser más natural. Así como la masonería mueve las minorías políticas sectarias, el comunismo, más ambicioso, se apoya en una política de masas explotando hábilmente los anhelos de justicia social; mientras la primera carece de masas y tiene que vivir en la clandestinidad, que es su arma, el segundo dispone de la "quinta columna", con núcleos en los distintos países. La pasión personal de determinados masones hizo olvidar la conveniencia de la secta para enrolarse al carro de Moscú.

Todo el conjunto de las deliberaciones de la O. N. U., la propuesta inopinada de Trygve Lie, grado 33 de la masonería, que no le priva, a su vez, de estar al servicio de Moscú; la burda maniobra de Spaak, grado 33 también de la masonería belga; el compadrazo de Giral, grado 33 de la española; la actuación de Padilla el mejicano, grado 33 de la de su país; la conducta de algunos delegados que, contra las órdenes de sus Gobiernos, se ausentan o no votan, son señales inequívocas de que por encima de la voluntad de los pueblos, de la conveniencia de las naciones y de su propio prestigio, existe un poder internacional secreto mucho más terrible que todos los fascismos habidos y por haber, pues se mueve en la clandestinidad, maniobra y hace y deshace a capricho de los que pomposamente se titulan representantes de la democracia.

No hubiéramos descubierto estas intimidades, pues no somos amigos de inmiscuirnos en las vidas ajenas —allá ellos con sus conciencias—, si la vesania y pasión de que contra nuestra Patria dan muestras no nos obligase en nuestro puesto de vanguardia a no abandonar una sola de las armas que Dios ha puesto en nuestras manos. El Alzamiento español contra todas las vergüenzas que la República encarnaba, para salvar una Patria en trance de desmembración, fomentada a través de la masonería por quienes aspiraban a aprovecharse de los "Azerbaijanes" en Cataluña y en Vasconia, tuvo que extirpar de nuestro suelo dos males:

El de la masonería, que había sido el arma con que se había destruido el Imperio español y fomentado durante siglo y medio sus revoluciones y revueltas, y el comunismo internacional, que en las últimas décadas venía minando y destruyendo toda la economía y el progreso de la Nación española, y que había llegado al momento, por nadie discutido, de implantar por la fuerza el terrorismo del comunismo soviético.

Toda la protección que los rojos españoles encuentran en los medios internacionales tiene una misma explicación y un mismo origen: o son los masones los que los apadrinan y apoyan, o son las Embajadas soviéticas y sus agentes quienes los mandan y los financan.

Masonería y comunismo, enemigos a muerte y en franca lucha, se unen, sin embargo, en esta ocasión a través de los

Giral y de los Trygve Lie, creyéndose cada uno capaz de ganar la partida a su contrario, con el desprecio más absoluto al pueblo español y a sus derechos, olvidando que España con su sangre y con sus armas se ha redimido hace diez años del cáncer que la corroía y que los españoles saben lo que se juegan en todos esos cambios y aventuras que los masones del extranjero les ofrecen. Puede en otras naciones no católicas adoptar la masonería formas patrióticas y aun prestarles servicios en otro orden; pero lo que nadie puede discutir, masones o no masones, es que la masonería para España haya constituido el medio con que el extranjero destruyó el Imperio español, y a caballo de la cual se dieron todas las batallas de orden político revolucionario en nuestra Patria. La quema de las iglesias y conventos de mayo de 1931, la expulsión de la Compañía de Jesús, así como anteriormente la de las Órdenes religiosas y la incautación de sus bienes en el pasado siglo por el masón Mendizábal; los asesinatos de Melquiades Alvarez, de Salazar Alonso, de Abad Conde, de López Ochoa, de tantos y tantos republicanos asesinados bajo el dominio rojo en Madrid, fueron obra criminal y meditada de la masonería. ¿Qué de extraño tiene, en los que en aquella ocasión y tantas de la Historia armaron la mano del asesino para eliminar a sus compañeros arrepentidos, que hoy esgriman todos sus artificios, toda su maldad y todas sus fuerzas contra quien en España encarna el espíritu antimasónico y le asegura la tranquilidad y el orden? — Si el ataque de Moscú y de sus *Quisling*, los representantes de los pobres pueblos sojuzgados e invadidos, tiene una explicación de orden comunista, la conducta de otros delegados tiene esta fácil e incontrovertible demostración.

Han marchado a la cabeza en el ataque dos representantes, aparte de los del lado soviético: el belga y el francés. Valiéndose el primero de su experiencia parlamentaria y masónica introdujo, contra la propia voluntad y sin votación, palabras injuriosas que satisfacían a su odio y que representaban en sí una de las infamias mayores que se hayan cometido en la Asamblea, esto es: que el representante de una nación que tiene una mayoría católica en su Parlamento, nación que se distingue por su cordura y su espíritu ecuánime, considerada como uno de los pueblos más civilizados y progresivos de Europa, es traicionada por su representante, que llevado de sus fobias personales y de su espíritu masónico, sorprende a la Asamblea desprestigiando a su país y echándole encima un baldón de ignominia. No es una sorpresa para los españoles la conducta del señor Spaak; hace tiempo se especulaba en círculos financieros de Madrid con el ataque; el pueblo belga podría hacer en este sentido importantes investigaciones; para nosotros nos basta señalar su calidad de masón y su obediencia al sectarismo y al odio masónico contra nuestro Caudillo y contra nuestro Régimen. Es la "reprisse" de aquella otra acción masónica que erigió en una plaza de Bruselas un monumento al anarquista español Francisco Ferrer Guardia, masón grado 33, fusilado por anarquista en Barcelona en la semana sangrienta del año 1909.

Por cuanto a los franceses se refiere y a ese desdichado M. Jouhaux, uno de los organizadores principales de las brigadas internacionales en nuestra guerra de Liberación, no podíamos esperar otra cosa; el espíritu antiespañol y de mala vecindad de la masonería francesa hace muchos años qué lo padecemos, ha sido un medio de que se valió la nación francesa para suprimir una frontera. Mas, no contenta con ello, aún aspiraba a más, y en el camino de su "chauvinismo" y de sus ambiciones llegó durante nuestra guerra de Liberación a repartir por el sur de Francia aquella célebre cuartilla con un mapa de nuestra región pirenaica, lindante con su frontera, en el que en el río Aragón se unían al norte de Huesca dos zonas, la de Catalunya, al Este, y la de Vasconia, al Oeste; España, interpuesta por éstas, aparecía rotulada al Sur. Letreros elocuentes destacaban sobre el dibujo, en azul: "Una España fuerte es la mosca en la nuca de Francia"; y se excitaba en la hoja a ayudar a los rojos españoles.

La masonería francesa, a través de lo que ella llama "garante de amistad de los valles de España", una especie de comisario político de la masonería que en los últimos tiempos desempeñaba un sectario francés llamado Feliciano Court, era la inspiradora de todas estas agresiones contra nuestra Patria.

Pero no ha quedado ahí; la ambición ha sido tanta que no podemos callarla: Una voz autorizada, que no ha tenido la menor réplica, ha asegurado que en los momentos en que la pobre nación polaca sufría los rigores de la invasión germana y había que hacer efectivos los compromisos internacionales por parte de la nación francesa, su Gobierno de Frente Popular, que había firmado en España el Acuerdo Jordana-Berard, exigía de Inglaterra antes de cumplir su compromiso de ir a la guerra por Polonia que en el caso de entrar España en la guerra, como ellos temían, se le asegurase el poderse cobrar de la nación española con las Baleares y la costa norte de Marruecos el precio a su intervención.

He ahí al descubierto quién maquina contra quien. De esto existen pruebas en el Ministerio de Asuntos Exteriores británico, y esto explica la conducta de los representantes franceses, cualquiera que sea su procedencia política, en las reuniones internacionales.

Más los españoles no nos engañamos y sabemos aprender de nuestros enemigos. Ellos nos señalan dónde radica nuestra fortaleza y lo que se persigue con los ataques. La respuesta la ha dado el pueblo español el día 9 de noviembre: "Con Franco hasta la muerte".

POLÍTICA INTERNACIONAL

4 DE ENERO DE 1947

SI examinamos fríamente la batalla entablada en la diplomacia internacional hemos de reconocer, contra nuestro deseo, la pobreza y falta de continuidad de la política de los occidentales ante la agudeza y firmeza de la diplomacia rusa. Es desolador comprobar cómo al cabo de un cuarto de siglo de régimen soviético éste continúa la línea tradicional de su política exterior, sin ninguna clase de desviaciones y sin que nadie en el interior estorbe ni desvíe la trayectoria fijada desde los primeros tiempos. Sus hombres, depurados por la revolución y por veinticinco años de disciplina comunista, saben que su fracaso entraña la muerte, y se entregan de cuerpo y alma a ejecutar los designios que les marca su Estado.

Frente a ello sólo vemos la inestabilidad, la mediocridad y la indecisión. Mientras Stalin no necesita consultas ni confianzas, los otros padecen la inestabilidad de la asistencia pública y están sujetos a los vaivenes, intrigas y maquinaciones de los grupos políticos predominantes, muchas veces vendidos a los enemigos de su propia nación.

Un ejemplo clásico de este orden lo tenemos en la gran nación americana, que ve malbaratada su victoria por la indecisión y la falta de autoridad de los encargados de regirla. Hemos asistido recientemente a un espectáculo lamentable, cual fue aquel que se dió en la Conferencia de París, y que costó su cargo de ministro al de Comercio americano. Entonces se acusó la vacilación de la política americana: mientras su representante negociaba, otro ministro, con conocimiento presidencial, parecía desautorizarle. El que la solución haya sido la normal en estos casos y la más grata al aliado británico no dejó de quebrantar la autoridad del gerente del departamento de Estado y hasta la propia presidencial.

¿Qué habla pasado entre bastidores? Es lo que tratamos de comentar. Las democracias, como las viejas Monarquías absolutas, tienen sus validos y sus Richelieu. Ya en tiempo del llorado Presidente Roosevelt existía el Richelieu americano. Entonces encarnaba el puesto aquel consejero privado llamado Harry Hopkins, que acompañaba al Presidente en casi toda su jornada y aún se le encargaban delicadas misiones de Estado. Hoy, muerto Hopkins, ha tenido un importante sucesor, de mucha menos discreción que el finado. Mientras del primero apenas si el mundo se enteró de su presencia, tales eran sus características de discreción, el segundo ha producido ya en el orden internacional más de un escándalo. Él es el culpable de la dualidad y vacilación de la política exterior americana. El motivó el caso más acusado de desunión entre los países sudamericanos. Flota tras todas las tempestades, y cuando parece vencido lo vemos de nuevo acudir a la carga.

¿Cuál es el secreto del nuevo valido? El mismo que disfrutó, con mayor discreción y más capacidad, el antiguo consejero del Presidente malogrado. Harry Hopkins fué ayer el jefe y paladín de la escisión de la masonería americana; hoy es Braden, el multicapitalista rusófilo, el factótum de la misma masonería, que patrocina las ideas del consejero fallecido.

Y ésta es la razón de que entre la conveniencia de la nación y la política del titular del departamento de Estado se crucen intereses más poderosos, que acaban decidiendo en última instancia y a espaldas del país toda la política de aquel inmenso Estado.

Se aspira por medio de la masonería a reforzar la unión y dependencia panamericana. Braden es el artífice de la idea, y su poder es tanto que, no obstante el ruidoso fracaso de la batalla que entabló contra el régimen argentino y el informe gravísimo contra él que el presidente de la Comisión de Asuntos Exteriores del Senado elevó a aquel organismo, su poder sigue siendo tan grande que hasta pudo darse el lujo de ser nombrado y declinar la presidencia de las reuniones panamericanas.

Este hecho tan importante de la política mundial, pero que, sin embargo, pareciera no deber afectarnos, repercute, no obstante, de una manera grave en nuestras relaciones con la gran nación americana. Dos cosas parecen estorbar a la maquinación de absorción americana: la fe católica que allí dejaron nuestros mayores y el carácter hispánico que caracteriza a las naciones alumbradas por nuestro descubrimiento, y por eso con la Iglesia Católica hay que borrar el prestigio de la vieja madre, desarticulándola en lo posible, por considerarla en sí un obstáculo a la torpe maquinación. Y toda la buena fe y la extraordinaria voluntad de España se estrellan ante este complejo en que España, sin la menor relación con estos hechos, paga las consecuencias; pero mientras esto ocurre, el comunismo, más hábil y preparado, aprovecha en su favor estas torpes batallas.

Esta política, realizada a espaldas y contra la voluntad del propio pueblo americano, empieza a despertar el recelo de los pueblos sanos de aquel continente, y es la que, malogrando los frutos dela victoria, caracteriza la política vacilante de aquella gran nación.

Masonería

¿DEMOCRACIA?

5 DE ENERO DE 1947

EL espectáculo lamentable que la Organización de las Naciones Unidas ha dado recientemente al mundo con el que ha dado en llamarse el "caso de España", si monstruoso resulta para el observador desde el exterior, cuando se conoce en su interior revela el caso de inmoralidad mayor que registra la Historia. Dejando a un lado los hechos, a todas luces ilegales, reconocidos una y otra vez por los propios actores, de falta de jurisdicción, de quebrantamiento de los propios Estatutos de la Organización, de falta a los deberes más elementales por el secretario y presidente de la Organización, de in- compatibilidad de muchos de los componentes del Comité y Asamblea y de ausencia absoluta de juridicidad en todos los actos realizados, que quitan todo valor y anulan los acuerdos, que más temprano o más tarde habrá que revisar, existen otros hechos en torno a lo ocurrido, merecedores de nuestra atención.

El espectáculo se ha enunciado bajo la invocación de la democracia, y lo primero es preguntar: ¿Dónde está la democracia? ¿Existe, por acaso, en Rusia, bajo el imperio de la dictadura soviética, durante más de un cuarto de siglo; en la Ucrania o en la Rusia Blanca, tan artificialmente representadas y donde está universalmente reconocido no se disfrutan los menores derechos de la personalidad humana? ¿Existe en Polonia, Checoslovaquia, Bulgaria, Rumania, Yugoslavia y tantos otros pueblos bajo la tiranía de los agentes comunistas? ¿Se practica en las otras naciones, también representadas, de

Gobiernos elevados al poder por la revuelta o bajo dictaduras mejor o peor disfrazadas?

Se había de examinar el origen y el disfrute de los derechos inseparables de la persona humana, y una gran mayoría de los que allí alborotan tendrían que ser expulsados de la Organización.

Más si a su soberanía e independencia miramos, se acusa todavía en mayor grado la ficción. ¿Qué independencia de opinión tienen los países ocupados por los Ejércitos enemigos, los integrantes de la propia dictadura soviética y esa baraja de pequeños países que admiten sin rubor la coacción y el mandato de los más poderosos?

Por dondequiera que se examine y se busque a la democracia, no se la encuentra por ninguna parte.

Si la democracia es la expresión de la voluntad del pueblo, nunca más contrariada que en este caso. La democracia viene falseándose desde hace muchos años por los artificios de los partidos políticos, usurpadores y falseadores de la voluntad popular. Unas cuantas alusiones aclararán más este hecho.

Bélgica y Chile son dos países, entre otros varios, donde en sus Parlamentos existen mayorías católicas afectas a la nación española y contrarias a la política respecto a España de sus representantes, no obstante la campaña de calumnias y falsedades con que se pretenden engañarlos. Y, sin embargo, sus representantes en la Organización de las Naciones Unidas, por ese juego de usurpación de poderes, que tanto se repite, harán caso omiso de su sentir; y, así, el señor Spaak, belga, se convierte en el más encarnizado enemigo del Régimen y de la Nación española, y el representante chileno, por su parte, le hace coro a sus proyectos demagógicos. Sin embargo, España no sólo no ha tenido a través de la Historia del último siglo la menor diferencia con estas naciones, sino que ha mantenido con ellas la más cordial y correcta de sus relaciones. El príncipe heredero de Bélgica fué acogido y atendido con toda solicitud por el Jefe del Estado español al ser invadido su país, y el pueblo belga tuvo todo el afecto y la cordialidad de España en la desgracia de sus dos contiendas. Chile fué la nación cuyo representante más se distinguió en defensa de los refugiados en las Embajadas cuando las persecuciones de la España roja, y el pueblo español y su Gobierno se han distinguido por sus atenciones hacia esta nación. Pero sucede que por encima de los deberes, de las obligaciones de carácter democrático y hasta sobre el decoro político de los interesados, existe la pasión sectaria de los individuos en cuestión. Y esto que ocurre en estos países existe también en una gran parte de los que allí actuaron.

El secreto es que hemos topado con la masonería, con esa lacra que ha invadido al mundo en el siglo XIX, y que para España fué causa de todas sus desdichas, que hoy reina y triunfa en los medios políticos internacionales del Occidente y es la que ata, desata y se impone por encima de la voluntad de los propios pueblos en las relaciones de las naciones, incluso sin respeto a la decencia política y a la opinión pública, asombradas de los hechos; la masonería se constituye así en el mayor enemigo de los principios democráticos. La democracia es pública, la masonería es secreta; la democracia reconoce derechos, la masonería los avasalla; la democracia sienta como principio el libre albedrío de los asociados políticos, la masonería los sujeta con juramentos y pena de irradiación o, en su caso, de muerte, a los dictados de sus superiores. López Ochoa, Melquíades Alvarez, Salazar Alonso, Abad Conde, Darlan, fueron, entre otros muchos, por ella asesinados. El masón está obligado a la obediencia por encima de su propia conveniencia, del interés sagrado de su patria y de los dictados de su propia fe. Se aprovecha de la democracia para traicionar a la democracia. Al fenómeno no suele escapar ningún país.

Más así como el inglés, el judío o el mahometano es antes inglés, judío y mahometano que masón, en el resto de los mortales la masonería pasa por encima de cualquiera otra clase de consideraciones.

España ha cometido el "gran pecado" de haber extirpado de su solar el cáncer masónico que lo corroía, la traición encubierta en sus logias bajo los dictados de los superestados masónicos al servicio del extranjero. Por ello, y por su catolicidad, se ha constituido en blanco de las iras de la masonería atea y polariza las maquinaciones extrañas de que otros Estados se salvan por la condición de masones de sus Jefes de Estado o de la mayoría de sus gobernantes.

Este es el gran secreto de las vergüenzas de la O. N. U., en que la voluntad de los pueblos se ve suplantada por la omnímoda pasión y compromisos de logia de sus representantes, y esta es la razón de que los asesinos y ladrones de nuestra guerra de Liberación, amparados en la hermandad masónica, disfruten de la benevolencia y de la amistad de los que a sí mismos se titulan representantes de la democracia.

LA MASONERÍA, SIGNO LIBERAL

5 DE FEBRERO DE 1947

CON motivo de la publicación de unos artículos sobre la obra nefasta de la masonería en España y de sus manejos en el orden internacional han sido muchísimos los que, a través de este periódico, se han dirigido a nosotros pidiendo se les aclaren ciertas dudas que sobre la masonería tienen, no pudiendo explicarse esa diferencia, que en uno de aquellos trabajos se establecía, entre la masonería atea continental y la masonería inglesa. La razón más convincente en este orden es que la masonería inglesa, por alcanzar a quince millones de seres, nueve de la Gran Logia de Inglaterra, y seis de la Logia de Escocia, según las últimas estadísticas, comprende a la mayoría de los hombres no católicos de la Gran Bretaña y, por lo tanto, están dentro de ella los ingleses protestantes, cristianos, aunque bajo el error, pero no ateos, los que forzosamente tienen que ver con repugnancia el ateísmo que caracteriza a la masonería continental.

Cuando la masonería alcanza a la casi totalidad de un país hay que reconocer que cuenta en sus filas con toda clase de elementos sociales, caballeros y truhanes, ya que no todos los naturales de un país pueden ser estigmatizados como pillos por el hecho de ser masones. En cambio, cuando la masonería vive en los países de confesión católica, se nutre de los renegados, ateos y disidentes, en cuyo núcleo, naturalmente, se encuentran los estafadores, los malcasados, los libertinos y la mayoría de los tarados de la sociedad. Por eso la masonería española, país eminentemente católico, viene a ser una canallería suelta. Esto no quita para que en los tiempos de la República, por ambiciones y falta de fe, hubieran caído otras gentes que, sin freno religioso, fueron envueltas en la corriente masónica que la República representaba.

Otros comunicantes quisieran conocer si la masonería es republicana exclusivamente o ha existido también en el campo de la Monarquía, extrañándoles ver aseverar su enemiga con el comunismo al considerarlos lobos de la misma camada. La masonería es un producto liberal que existe con la Monarquía, con la República y con el socialismo. La masonería gusta de lo liberal; por tanto, los partidos eminentemente masónicos suelen ser los liberales, los radicales y los que, en general, se titulan de izquierda. En cambio, no suelen ser masónicos, aunque lo sean algunos de sus miembros, ni los socialistas ni los comunistas. En Inglaterra, país monárquico, la masonería comprende a todos los partidos, aunque tenga su predilección por el liberal y sea el Rey el gran maestre de la Orden, ejerciendo su potestad por un gran duque. Y no se puede ser ministro, ni embajador, ni almirante, ni ningún cargo responsable en aquel país si no se pertenece a la organización masónica en sus dos grandes sectores: Gran Logia de Inglaterra o Logia de Escocia. Esta es la razón de que los católicos en aquel país no ocupen altos puestos.

En España la masonería fué siempre más amiga de la República que de la Monarquía, constituyendo aquélla su verdadero ideal; pero esto no quiere decir que en los políticos monárquicos no hubiera habido numerosos masones a través de todas las vicisitudes del siglo pasado y primeras décadas de éste. Y partido masónico por excelencia fué en España el partido monárquico liberal, cuya jefatura coincidió en la mayoría de las ocasiones con la Gran Maestría o Gran Oriente de la masonería española.

Al llevarse a cabo la restauración en la persona de Don Alfonso XII se incorporaron a la Monarquía Sagasta, el gran oriente de la masonería española, con el simbólico de "hermano Paz", con todos los "hijos de la viuda", y desde entonces, continuando por Moret y demás miembros liberales, la masonería anidó con preferencia en las filas del partido liberal. Esto explica la simpatía con que favorecieron la proclamación de la República y el entusiasmo con que le sirvieron.

La masonería es capitalista y burguesa, y sirve en cuanto puede al capitalismo. Esto no quiere decir que no se haya extendido en algunos sectores españoles a la masonería de alpargata, y no comprenda, sobre todo en la región de La Línea y algunos puntos de Levante, a muchos elementos proletarios, más bien engañados y engatusados por la masonería para intervenir e influir sobre las organizaciones obreras.

El marxismo y el comunismo no suelen ser masones, aunque muchas veces lo sean sus dirigentes, pues éstos, en su batallar, han encontrado en la masonería seguridades de impunidad. El comunismo no suele ser masón, pues no admite más amo ni poder que el de Moscú. Y como uno y otro luchan por el predominio universal, se enfrentan y se odian, aunque no lo exterioricen, y uno se aprovecha de las ventajas que el otro en la práctica le ofrece. El comunismo es anticapitalista.

La masonería sirve, en cambio, al capitalismo. Ambos pescan en las mismas aguas; pero así como la masonería es conquista de minorías bien colocadas, el comunismo, hasta hoy, ha sido política de masas, aunque, copiando de la masonería, pretenda hoy también conquistar a las minorías bien colocadas e influyentes.

Otros comunicantes me aseguran que determinadas

personas que se tienen como masones les consta que no lo son, por habérselo jurado los interesados. Yo les preguntaría:

¿Por quién le han jurado? ¿Por su Dios? ¡Si no creen! ¿Por su honor? ¡Si no lo tienen! ¿Es que tiene valor el juramento de traidores? También decían que no eran masones aquellos españoles acusados durante la República por nuestros partidos de derecha, y, sin embargo, al llegar la revolución roja se destaparon como tales.

Otro comunicante no se explica el porqué del odio a España de la masonería. No comprende que lo que en otros países pueda servir a su nación, en España sirva, en cambio, a la traición. ¿Cómo es posible que los masones españoles toleren esta monstruosidad contra su Patria? La explicación es muy sencilla. El que ha vendido su conciencia no puede poner condiciones, y son muchos los que por esta razón se han separado de la masonería.

La implantación de la masonería en España coincide con su decadencia. La fundó en 1728 Felipe Wharton, primero y último duque inglés de Wharton, un verdadero pillo y aventurero. Todos los atractivos y los vicios eran atesorados por este personaje. Casó en segundas nupcias en España con Teresa O'Byrne, hija del coronel del regimiento irlandés Hivernia, al servicio de España, y dama de honor de la Reina española. Fué herido frente a **Jibraltar** (así escrito en el original) combatiendo contra sus compatriotas, y fué nombrado coronel adjunto del regimiento irlandés, al tiempo que Inglaterra lo repudiaba por traidor. Aunque se convirtió al catolicismo antes de su muerte, fundó la primera Logia masónica en Madrid, bajo obediencia y buena relación con la Gran Logia de Londres. En Madrid se impuso por el apoyo de la nobleza, alcanzando prestigio social e influencia política. Más la figura del duque de Wharton, bello, generoso, elocuente, erudito, inteligente, ambicioso, mentiroso, pillo, ladrón y borracho, como lo califican los historiadores de la nación inglesa, bien merece, como padre de nuestra masonería, un capítulo aparte.

Tradiciones masónicas

1 DE MARZO DE 1947

EL opúsculo de Lequerica al libro del general Berenguer, que entraña un agudo juicio sobre los acontecimientos políticos contemporáneos, y por ello se hace digno de lectura y de madura reflexión, da a conocer un hecho de la historia política de España hasta ahora inédito, y que durante muchos años inquietó a numerosos españoles: se refiere a las presiones exteriores que originaron la retirada del Poder de don Antonio Maura en los momentos en que una masa juvenil, despertando a la política, le seguía con ilusión y ofrecía a la nación una esperanza de progreso y de orden. El hecho, escuetamente relatado por Lequerica, reza así:

"Curioso de conocer un dato decisivo sobre tan grave cuestión, me atreví a interrogar al Soberano desterrado en Roma, la primavera del 38, en forma deliberadamente indiscreta y pintoresca, preguntándole si el Rey Eduardo VII de Inglaterra le había aconsejado prescindir del jefe conservador, como entonces se dijo mucho y creyeron algunos. "No; el Rey Eduardo no me habló nunca de semejante asunto —me contestó Su Majestad—. Fui yo quien tuvo que adoptar aquella medida, ante la gravedad de las circunstancias. *Teníamos noticia de que la presión de fuera iba a ser tan potente que el régimen no podría resistirla* y *vendría la revolución. Entonces, para evitar el bochorno de una claudicación ante la acción exterior directa, se preparó el ánimo de los conservadores en forma que pareciera un problema interno el cambio de jefatura y hubiera elementos del partido dispuestos a gobernar sin Maura.*"

Presión del exterior, debilidad del régimen, miedo a la revolución y renuncia de independencia. Con ello se abría un funesto precedente para nuevas y reiteradas presiones.

¿Qué España concebían los que tal aconsejaron? No olvidemos que entre los que tenían acceso a los Consejos de la Corona predominaban elementos liberales comprometidos en las Logias. Sin embargo, el hecho del "Maura, no" constituía una de esas consignas que las Logias internacionales periódicamente nos exportan y venía incubado de tres años atrás, de aquellos días del año 9, en que, con motivo de la efervescencia de las cabilas vecinas a Melilla y de la hostilidad a sus fronteras e integridad de su campo, el Gobierno se había visto obligado a reforzar su guarnición y a solicitar un crédito de tres millones de pesetas para los gastos. Las oposiciones liberales, íntimamente ligadas a la masonería, venían haciendo de los sucesos nacionales motivo constante para la crítica destructiva y para el desgobierno. El 6 de julio de aquel año, Canalejas, en la oposición, comentaba:

"El problema de Marruecos no traerá complicación alguna, y las medidas adoptadas por el señor Maura son un verdadero e inexplicable exceso de previsión. Cuando se abran las Cortes, el señor Moret planteará debate sobre este asunto, que será muy empeñado."

Sólo tres días más tarde, el 9 de julio, tiene lugar la primera y más fuerte agresión a nuestras tropas; las previsiones que el Gobierno Maura con este motivo se ve obligado a tomar desencadenan la antipatriótica y demoledora campaña de las izquierdas españolas.

Con la disculpa del embarque de un batallón en Barcelona para Marruecos se desencadenan los sucesos conocidos por los de la Semana Sangrienta. La acción en Marruecos se iniciaba con el desagrado de Francia, que no disimulaba su mal humor. La masonería fué, una vez más, el medio empleado para desatar nuestra revolución y frenar nuestro progreso. La misma que en el siglo anterior utilizó al hermano Riego para evitar el embarque de sus tropas para América, y la misma que en el año 1898, por medio de una mayoría parlamentaria masónica, traiciona a nuestro Ejército y manda sus comisionados a París a firmar aquella vergüenza, estigma de todo un sistema.

La desproporción y falta de relación del fin conseguido y de los medios empleados se acusa al más ligero de los análisis. Aquel movimiento revolucionario de Cataluña no tiene nada de social y si de político, y se caracterizó por su sello irreligioso y ácrata, con corte de comunicaciones, voladura de puentes, quema de templos y ataques y asesinatos de religiosos y agentes de la autoridad. Su sello es inconfundible: se destruyen cuarenta iglesias y conventos, pero ni una sola fábrica ni establecimiento privado o público.

Tres condenas a muerte motivaron aquellos sucesos: dos "de menor cuantía", un desertor del Ejército llamado Malet, aprehendido por pillaje e incendiario; un ex guardia de Seguridad llamado Hoyos, también destacado en los sucesos. Ni uno ni otro pasaron a la Historia ni provocaron la menor protesta interior ni exterior. Todos los honores se guardaron para el anarquista y masón Francisco Ferrer Guardia, destacado elemento revolucionario que habiendo ya tomado parte en la insurrección de Villacampa, expatriado y huido a París, se había visto complicado de nuevo en aquel atentado criminal del año 1906 contra Don Alfonso XIII el día de sus esponsales, y que había quitado la vida a numerosas personas de las que contemplaban el desfile. Acogido a indultos y a sobreseimientos, dirigía en Barcelona una escuela llamada

Moderna y una editorial anarquista y ácrata. De esta escuela salió Mateo Morral, el desdichado anarquista autor del atentado.

Ferrer había pertenecido a la Logia "La Verdad", de Barcelona. Casado legítimamente, tuvo cinco hijos. La primera, Trinidad, fué bautizada; los otros cuatro, Paz, Luz, Sol y Riego, no lo fueron. Expatriado a Paris, ingresó con sus dos hijas mayores en la Logia de la rue Cadet, donde ocupó altos puestos. En 1893 se separó de su esposa, haciendo amistad con la señora Meunier, que pagó sus campañas y acabó dejándole su fortuna. *Su* liberalidad en Las Logias le había creado entre ellas una situación preponderante.

Probada su culpabilidad en los sucesos de la Semana Sangrienta, que había desencadenado con el dinero traído de Francia, fué condenado a muerte después del oportuno proceso. La Prensa francesa, durante el mes de agosto, se desata en campañas derrotistas al relatar los sucesos de nuestra Patria. En los periódicos belgas y franceses, en los días anteriores a la detención de Ferrer, se fingen entrevistas con él para que parezca que se encuentra en Bruselas y Paris y no se le busque en Cataluña, donde, al fin, es aprehendido.

Cartas, consignas masónicas, reuniones de izquierdas, viaje a España del barón de Bonet a ver a Moret, fueron factores importantes de la masonería en aquellos días, y cuando tiene lugar la ejecución estallan en todas las grandes poblaciones de Europa las manifestaciones y las campañas violentas de Prensa contra tal ejecución ¿Injusticia? Sí, la hubo en parte: se ejecutaba al jefe directo y a dos pequeños autores materiales de los hechos; pero quedaban en la impunidad y recogían el fruto los que le habían preparado el ambiente. Los liberales masones se unen el día 18 en las Cortes a los republicanos para combatir al Gobierno, negándole toda colaboración. El Gobierno dimite, y, en frase histórica de Maura, "queda rota la normalidad constitucional". La masonería había ganado su primera batalla. En el suceso que Lequerica refiere ganó la segunda. La tercera se dió en la casa de aquel prócer español en 1931, cuando se reunían los políticos liberales masones para expulsar a la Monarquía. -. Por mucho que se la quiera desfigurar, la Historia clama y acusa.

Entre los grandes servicios prestados a nuestra Nación por la Cruzada, tal vez el mayor es el de haber redimido a España de la masonería, y éste es el hecho que constituye la causa real de la campaña indigna de difamación que contra nuestra Nación y Régimen se ha desatado. No hay que engañarse con ella: o renunciamos a nuestra soberanía, para entregarnos a la infamia de la traición dirigida desde el extranjero, o hemos de tener como un timbre de honor el sufrir esos ataques, que con nuestra unión se desharán en la impotencia.

Todo cuanto pasa en el exterior y cuanto bordeando la traición contemplamos dentro, todo obedece a las mismas consignas y propósitos. Los masones se revuelven, y hemos de celar para que no retoñen, pues con ellos penetra el estigma de la traición.

EL GRAN SECRETO

4 DE ABRIL DE 1948

LA paradoja que al mundo internacional ofrece con el reconocimiento pleno de las amenazas soviéticas y de la política agresora del imperialismo ruso, de un lado, y las reservas que hacia España se guardan, de otro nos lleva a descubrir ante nuestros lectores las causas secretas que vienen sosteniendo el tinglado en que la farsa internacional se asienta.

Descubiertos hoy a los ojos del mundo los motivos de la ofensiva general que España y su Régimen sufrieren por decisión soviética, ya que no en vano fué derrotado el comunismo en nuestra nación, cuando ya había paladeado las mieles del triunfo, dejando enterrados aquí a la flor y nata de sus elementos de choque, y posteriormente rechazadas y maltrechas las divisiones de guerrilleros que en el río revuelto de la liberación francesa intentaron invadir a nuestra nación, lo mismo que hoy se hace con Grecia, parecía justo el confiar que el reconocimiento público de la situación llevase emparejada la rectificación plena de la política de hostilidad con que durante dos años los países del Occidente de Europa habían distinguido a nuestra Patria, como igualmente resulta inexplicable, en los momentos que el mundo internacional habla con descaro de la necesidad de la colaboración española, que persista todavía en el ánimo de algunos aquel viejo concepto de una España decadente y estúpida que poder uncir graciosamente al carro de quienes en tal forma la ofenden y hostilizan.

El que dentro de nuestras fronteras haya quien pretenda llevar nuestro sentimiento anticomunista más lejos de la propia dignidad no quiere decir que España vaya a regalarle su favor a quienes en tal forma demuestran que nos detestan.

Conviene no olvidemos que no ha sido el comunismo sólo el que se ha destacado en estos años como enemigo de la España nacional, pues si aquél en tres ocasiones (en 1934, cuando la revolución asturiana; en 1936, bajo el Gobierno del Frente Popular que patrocinó la revolución roja que provocó nuestra Cruzada, y en 1945, cuando los intentos de invasión de guerrilleros y terroristas a través de la frontera de Francia, el terrorismo comunista) intentó asentarse en nuestra Patria, hubo otros que le abrieron la puerta y le allanaron el camino, pretendiendo aprovecharse de sus ofensivas y practicando el hipócrita sistema de las acusaciones falsas, los entredichos y las campañas periodísticas que en el mundo se sucedieron contra nuestra nación, con miras a aislarla de la vida de relación y con el propósito de ahogarla y asfixiarla económicamente. Y es que España, con el comunismo, había barrido de su solar otro mal endémico y, por ello, más grave: el cáncer masónico que la corroía.

Si en otras partes los campos del comunismo y la masonería aparecen claramente delimitados, y hoy en franca y abierta oposición, en el sector de los españoles viven en íntimo contubernio. Los principales supervivientes de las Brigadas Internacionales que en

España combatieron, antiguos miembros, por otra parte, del Komintern, ocupan las Jefaturas de los Estados o son miembros de los Gobiernos de los países que cayeron bajo el dominio de la Rusia soviética, o continúan como jefes de los partidos comunistas de los otros Estados. Los Martínez Barrio y demás conspicuos masones españoles, a Rusia sirvieron y con Rusia continúan enlazados íntimamente. La masonería en España es como es y no como los otros quisieran que fuese.

En esa batalla, por tanto, que España dió (a la que debe que el mundo la mire hoy como fuerte baluarte anticomunista) fué derrotada también aquella otra pequeña turba de traidores, fomentadores durante más de un siglo de nuestras revoluciones y servidores contra España de los intereses ocultos extranjeros, y que durante toda su historia vinieron conspirando en sus logias o tras logias contra nuestra fe católica y el resurgir de la nación, obedeciendo mandatos y consignas extrañas y traicionándonos en todos los momentos cruciales de la Historia. Así, al esparcirse por el mundo, derrotados, con el oro y los tesoros robados —¡hermosa ejecutoria!—, llevaron sus odios y las miserias de su espíritu a las logias extranjeras, a las que parasitaron con su turbia presencia.

Si para otros países la masonería ha podido, en alguna forma, ser elemento constructivo al servicio de su libertad o de su política exterior imperialista, en España está claro y plenamente demostrado que ha constituido el instrumento fatídico de la antiEspaña, más grave por su secreto poder y medios burgueses en que se desenvolvía que el propio comunismo libertario, al que ellos abrieron la puerta.

En este apoyo torpe e irreflexivo de los masones de fuera a los traidores de dentro, que hace que el mundo pueda juzgarlos con la misma medida, es donde descansa el secreto de esas actuaciones personales que, incluso contra las órdenes dictadas por sus propios Gobiernos o la voluntad de los países, practican por su propia cuenta algunos políticos y diplomáticos desaprensivos cuando de las cosas de España se trata, explotando hipócritamente la ofensiva que al servicio de sus particulares intereses la nación soviética desencadena, que los convierte por sectarismos en instrumentos dóciles de aquella política. El que la ofensiva soviética haya producido la muerte de tantos conspicuos masones internacionales, que han convertido a Rusia en el enemigo público número uno de la masonería, no quiere decir que por ello hayan renunciado otros a aquella política de hostilidad que España, en todas las etapas de su renacer, fatalmente ha tenido que sufrir.

Hay, sin embargo, en nuestra Patria quienes, obedeciendo a una consigna masónica, intentan presentarnos a la masonería como una asociación filantrópica o cultural inofensiva, ajena a las actividades políticas, al paso que otros pretenden explotar el ambiente antirrepublicano para polarizar en el sector izquierdista republicano exclusivamente el núcleo político de sus actividades, cuando la masonería en España, constituida por una exigua minoría de varios miles de afiliados, fué siempre eminentemente política y nació entre la nobleza y elementos políticos aristocráticos para bajar luego, a través de la burguesía, a algún que otro elemento de alpargata.

Un rey, dos infantes y varios duques, marqueses y otros nobles ejercieron altas jerarquías y hasta el cargo de gran comendador al correr del siglo XIX; rodean el Trono en el reinado de Carlos III bajo la sombra del todopoderoso conde de Aranda, de triste recordación. Un duque de Alba, contemporáneo de aquel Monarca, fragua el motín de Esquilache, que luego achaca, hipócritamente, a los padres jesuitas. A su muerte se retracta de sus yerros con el obispo de Salamanca, ante quien se declara autor del motín, que había organizado por odio que confesó tenía a la Compañía de Jesús. Participaron con atrevimiento en la maniobra el masón francés duque de Choiseul, el conde de Aranda, el de Campomanes, Azara y el entonces ministro de Estado don Ricardo Wall. En el expediente secreto contra los jesuitas intervinieron igualmente masones tan sólo, bajo la dirección y estrecha relación de Alba, como fueron don Miguel María de Nava, don Pedro Rodríguez Campomanes, don Luis del Valle Salazar y don Pedro Rico Egea, miembros todos destacadísimos de la gran logia española.

El asesinato del general Prim por las logias españolas, demostración elocuente de la anarquía y criminalidad que en ellas reinaba, motivó la retirada del Rey saboyano; tras el caos de la República, en que las logias vivieron en plena anarquía y luchas intestinas, la restauración de Alfonso XII parecía que, por las promesas solemnes hechas al tradicionalismo, iba a librarnos de aquella influencia nefasta; pero la adhesión a la Monarquía del partido liberal republicano, bajo la jefatura de don Práxedes Mateo Sagasta, llevó a los diez meses al Poder a este ilustre masón, que, con el nombre simbólico de "hermano Paz" y con el cargo de gran comendador de la masonería española, fué desde entonces el inspirador de toda la política monárquicoliberal contemporánea.

La masonería española se distinguió siempre por su carácter eminentemente ateo y antinacional. La encontramos inspirando al Trono y dominando al Gobierno en la primera expulsión de los jesuitas; se repite con la Reina Gobernadora, cuando el masón Mendizábal pone a su firma el decreto-ley de disolución de las Órdenes religiosas y el latrocinio de sus bienes; domina el Gobierno y las Cortes españolas en los tiempos modernos, cuando de nuevo se disuelve la Compañía de Jesús, se queman las iglesias y se promueven persecuciones. De origen masónico fueron todos los movimientos revolucionarios que en siglo y medio se suceden en nuestro territorio, y los de secesión de nuestros territorios de América, y masones los gobernantes y generales comprometidos en todas las traiciones que mutilaron nuestra Patria.

Masón era Morayta y los que con él desde España alentaron la insurrección cubana, y masones los que en las Cortes, y a espaldas de aquel Ejército, los traicionaron para la renuncia y la rendición; masones eran muchos de los políticos constitucionalistas que arrastraron con sus consejos en los últimos tiempos en su caída a la Monarquía, y masones los que recogieron con la República el fruto de aquella hipócrita traición, e igualmente masones los que entregaron España a las Brigadas Internacionales y a las checas y comisarios de Moscú.

Por eso es legítima la posición española, pues lo mismo que otras naciones vienen hoy eliminando de su administración o de los puestos clave a los comunistas, por traidores y al servicio de otra potencia, España tiene un derecho soberano sobre quienes, con una ejecutoria de maldad tan larga y continuada, en la misma forma la vienen traicionando. Con una diferencia: que el comunismo, por su falsa propaganda social, mueve e inspira sentimientos de masas, y ella, por lo menos en España, sólo a unos contados millares de sinvergüenzas y logreros.

Nace en nuestra tierra la masonería por la aventura de aquel desdichado duque de Wharton, de triste recordación en la Gran Bretaña, que después de haber sido jefe de su gran logia, expulsado de ella por sus traiciones e inmoralidades, fué el fundador de nuestra masonería, la cual, después de una vida azarosa, plena de personalismos, traiciones e influencias francesas, cayó bajo la triste y desdichada República en el centro de atracción de ateos, libertinos, estafadores y ambiciosos de la peor calaña.

Son múltiples las publicaciones masónicas que al correr de los años han aportado una prueba abrumadora de estas traiciones; pero no es necesario retroceder en la Historia para constatar tales hechos. El año último se publica en América, por la editorial Kler, de Buenos Aires, una novísima edición del Diccionario Enciclopédico de la Masonería, redactado por dos eruditos francmasones, don Lorenzo Frau Abrines y don Rosendo Arus Arderíu, grados 33 del rito escocés antiguo y aceptado, y el segundo de ellos gran maestre de la gran logia regional catalanobalear. En él aparecen retratados, con sus mandiles y atributos, muchos de los principales personajes de las distintas naciones, a quienes por su alta jerarquía política los consideran dignos de figurar en su libro de honor. No faltan en él las figuras históricas españolas, y en el tercer tomo, en la parte histórica de la masonería destinada a España, confirma con las siguientes palabras su acción decisiva bajo nuestra República: "149 masones conocidos figuraron en las Cortes Constituyentes de la República, aparte de los ministros, subsecretarios, gobernadores civiles de las distintas provincias y directores generales" (página 467 del tomo tercero). Pero aún hay más: en el mismo tomo, y en la página 468 y siguientes, que dedica a la España masónica en el exilio, se inserta un escrito elevado por el que titulan actual gran comendador, don Enrique Varea Pérez, y el gran secretario general, Isidro Sánchez Martínez, dirigido al Supremo Consejo de la jurisdicción Sur de los Estados Unidos en Norteamérica, con sede en Wáshington, que éste publica en la Memoria del día 15 de octubre de 1945, y en el que, después de expresar un atajo de falsedades sobre persecuciones y ejecución de masones, que dicen están ocurriendo en España, apelan a los sentimientos de la fraternidad masónica para pedir "que por su mandato se contribuya a formar alrededor del problema de España una atmósfera, valiéndose de sus relaciones e influencias entre los cancilleres, haciendo que los hermanos escritores, profesionales, etc., traten el tema en sus periódicos y revistas en que ellos colaboren, por medio de conferencias, por los procedimientos que su propia iniciativa determine, para reinstalar en España las libertades que le han sido arrebatadas por la fuerza". Si a esto se une la calidad de masón de Trygve Lie —de los del contubernio, de los que juegan a los dos paños, al masónico y al bolchevique— y la de muchos de los miembros destacados que en la O. N. U. se asientan, se explicará el hecho de que una minoría exigua de individuos contra el ambiente universal, con clara injusticia y traicionando en muchos casos a sus propias naciones, suplanten su voluntad llevando sus pasiones y su sectarismo al terreno de lo internacional.

Este es el gran secreto de que los medios internacionales, incluso contra su propia conveniencia, persistan en esa malquerencia contra nuestra nación y se retrase la proclamación solemne de lo que ya es indiscutible.

LOS QUE NO PERDONAN

16 DE FEBRERO DE 1949

CON motivo de las elecciones presidenciales de la nación portuguesa, su vieja masonería intentó sacudir su aparente modorra y presentarse a hacer recuento de sus fuerzas, para intentar en un futuro inmediato el asalto a la fortaleza del vecino Estado. El que la alerta dada por su Ejército y el buen sentido del pueblo portugués haya desecho la maniobra no quita valor ni enseñanza al hecho que una vez más, la masonería haya pretendido explotar la coyuntura de dificultades económicas en que en esta hora del mundo las naciones se debaten para alcanzar sus turbios propósitos, aunque para ello hubiera de aliarse y entregar el país al comunismo, pensando, sin duda, que otros habrían de extinguir aquel foco y podrían, bajo su protección, edificar sobre las ruinas aquella República masónica para todos de tan triste recordación.

¿Qué pasó a última hora para que la maniobra se deshiciera? Dos hechos harto importantes: el primero, la repulsa con que parte importante de la masonería europea acogió el acuerdo con los comunistas, y el otro, la seguridad de que el Ejército no consentiría la venta de la Patria ni la traición. Más valía, por tanto, agazaparse y esperar una nueva y oportuna coyuntura, que los años pasan pronto y el mariscal forzosamente no puede ser eterno.

El que la masonería portuguesa intensificaba sus actividades era cosa conocida en nuestra nación. No en vano, desde el término de nuestra Cruzada, desde allí llegan las consignas para los por ellos denominados "Valles Ibéricos", y desde allí se pretende periódicamente, aunque con escaso éxito, el remover a los "hermanos" españoles con vistas a alterar la paz de nuestras Universidades o explotar la noble ingenuidad de nuestra juventud.

La maniobra masónica sobre Portugal constituía una parte de los planes masónicos contra España. El que este hecho masónico haya sido fácilmente superado no excluye la gravedad de nuestra alarma, pues demuestra que, pese a la gravísima crisis que la masonería europea viene sufriendo en la última década, y aun frente a la amenaza peligrosísima que el comunismo representa, no descansa aquélla en sus propósitos de restablecer sus viejas posiciones, aliándose incluso con su propio verdugo, el comunismo, que en Polonia, Rumania, Checoslovaquia y Hungría ha eliminado a los de un día sus poderosos hermanos masones.

Esta falta de realismo e inconsciencia de la masonería continental, esta ceguera en sus pasiones, es lo que verdaderamente nos alarma, más que por lo que a España se refiera, pues los conoce y sabe defenderse de sus ataques, por la responsabilidad que conspicuos masones europeos tienen en el destino del Occidente.

Buscó la masonería en la democracia el medio para la extensión de su poder y el sojuzgamiento de los pueblos, y la democracia fatalmente tenía que volverse contra lo que representa la acción más antidemocrática que pueda concebirse. ¿Qué es, en síntesis, la masonería sino una secta secreta que asocia a grupos minoritarios de los países para lograr por el complot, la astucia y la protección extranjera, bajo una disciplina sin límites, apoderarse de la dirección y del mando de las naciones? ¿Por qué se ocultan sus decisiones y hasta su filiación al conocimiento del pueblo? Por constituir el vehículo secreto en que se incubaron las revoluciones liberales de los tiempos modernos imprimieron a la política liberal de muchos países una supeditación a los poderes masónicos extranjeros que los patrocinaron. Y a las consignas de fuera y al golpe de mallete de las grandes logias respondió toda la política exterior e interior de los Estados por virtud de aquellos conspicuos masones que, con la ayuda extraña, habían alcanzado el Poder en sus países.

Ni los intereses supremos de la Patria, ni el general del pueblo, ni el respeto a la conciencia religiosa de los más, ni los sentimientos del honor o de la propia estimación representaron nada frente a la obediencia obligada a los Poderes ocultos superiores. Y cuando en casos aislados se produjo la rebeldía a la demanda o habló el patriotismo boca de sus gobernantes masones, la mano de algún desalmado fanático comprado se encargó de la correspondiente ejecución masónica. Prim, Canalejas, Melquiades Alvarez y Salazar Alonso fueron, entre otros muchos, masones ejecutados por designio expreso de la masonería para vengarse de su rebeldía.

Una de estas repugnantes ejecuciones ha llegado a ser causa del hondo cisma en que la masonería universal se debate. Varios han sido los asesinatos de este orden cometidos durante la última contienda; pero uno sólo ha sido la causa de la gran escisión: el del almirante Darlan, del que nadie se atreve a hablar. El almirante Darlan estaba en inteligencia con Roosevelt y con la masonería norteamericana; pero la figura de Darlan estorbaba a la concepción inglesa de un De Gaulle britanizado, y ante la decisión americana de utilizar a Darlan en el norte de Africa, la masonería europea se encargó de la eliminación. No convenía a los intereses masónicos europeos, controlados por Inglaterra, la preponderancia de Darlan, que Roosevelt y la masonería americana patrocinaban, y no faltó la mano de un fanático que se prestara fácilmente a ello. A la acción masónica correspondería hacer silencio sobre la muerte.

Así ocurrió, pero la masonería americana lo supo y no lo perdonó. Un abismo se abrió desde entonces entre las dos masonerías, que nada ni nadie logrará llenar. No en vano la masonería es arma para el predominio y había sonado la hora de la decadencia de los imperialismos europeos. La doctrina de Monroe había arraigado en los medios masónicos americanos y la obediencia masónica europea es sustituida a grandes pasos en aquel Continente por la disciplina masónica americana.

En la muerte del Presidente Roosevelt un episodio sentimental nos recuerda el asesinato masónico del almirante francés. La última visita que antes de su muerte hizo el malogrado Presidente en la tarde anterior a su fallecimiento, fué a! huérfano del sacrificado almirante. Víctima, como Roosevelt, de la parálisis infantil, había sido recogido y trasladado por el Presidente a los Estados Unidos, y su última visita fué para el pobre chico desamparado.

La figura del prudente y discreto magnate masón Harry Hopkins, misterioso consejero privado del Presidente Roosevelt, mucho podría aclarar a este respecto; pero su naturaleza delicada no sobrevivió mucho a la del malogrado Presidente.

Es lástima que de sus interesantísimas Memorias se hubieran suprimido episodios como éste, tan interesantes para la historia de la política americana en los últimos años.

Otros muchos episodios de la Europa actual podrían

fácilmente comprenderse conociendo la intriga masónica que los mueve; pero para explicarlos bien habría que analizar lo que estas masonerías representan en cada uno de los países.

Creo haberse dicho alguna vez en estos trabajos que quince millones de masones existen en la nación británica; quince millones que obedecen a la disciplina secreta de las logias, de la que el Rey de Inglaterra es poderoso soberano, aunque tenga delegadas permanentemente sus funciones en uno de sus poderosos duques y alto dignatario de la Corte. Lo que significa que a espaldas de la democracia existe el montaje de una poderosísima organización obediente a las consignas y golpes de mallete de sus "maestros soberanos" y descubre un totalitarismo masónico que en vano se nos pretende ocultar.

Unos nueve millones de afiliados figuran en los Boletines de la gran logia de Inglaterra, y otros seis en la de Escocia. Quince millones en un conjunto de cuarenta y ocho, hace que por razones de sexo y de edad, no se libren de esa disciplina más que unos pocos millones de católicos.

Para la masonería europea, la inglesa constituye la gran logia madre, de las que las otras derivan; más lo que en Inglaterra aparece como totalitarismo secreto y masónico al servicio de Inglaterra y de su Imperio, en los países europeos es cosa que sólo afecta a escasas minorías políticas o intelectuales, por cuyo intermedio se sojuzga y mediatiza a la totalidad de las naciones. En la gran mayoría de los otros países no pasaron en ninguna época de cien mil afiliados, e incluso en los más sólo alcanza a algunas decenas de miles, preferentemente elementos destacados de la política, de la Prensa y de la enseñanza.

Por esta calidad de mayoría de la masonería inglesa y de exiguas minorías de las continentales, y abarcar en la primera a casi todos los ingleses, del Rey al proletario, pasando por la aristocracia, el comercio y los intelectuales, y que por pertenecer sus miembros a la Iglesia protestante se presenta con apariencia cristiana, aunque en el extranjero suela enmascarar con la acción de sus pastores la dirección y el fomento de las logias no se puede juzgar a unas por las otras, ya que la masonería continental reviste características totalmente distintas. Es atea y afecta a reducidas minorías, que en los países católicos, por razón de la excomunión que les alcanza, comprende a libertinos, ateos, judíos, ambiciosos políticos o delincuentes a quienes la protección de las logias salvó de la cárcel o del deshonor; pero que firmemente arraigados en la política, las finanzas, la enseñanza y la intelectualidad —no se olvide otorgan estas patentes— vienen dominando la política interior y exterior de estos países.

El progresivo desbordamiento por la moderna política de masas de estas exiguas minorías vino a poner en peligro el tinglado masónico, levantado a costa de tantos esfuerzos. Más la masonería se encargó de captar a los jefes y magnates socialistas, y hoy sus Estados Mayores figuran casi todos en la disciplina masónica. La victoria aliada ha hecho el resto, y a su amparo volvieron los masones desplazados a ejecutar sus venganzas y a sentarse de nuevo en el Poder. En la condena de Pétain, la prisión de Maurras, y no digamos la condena y muerte de tantos buenos franceses, más pesó la venganza y el dejar hacer de las logias que un espíritu de vindicta pública inexistente en Francia. Dígalo si no el recibimiento hecho en el propio París por el buen pueblo francés al vencedor de Verdún, muy pocos días antes de la llegada de las tropas aliadas, y que dejó un testimonio fehaciente en los documentales cinematográficos de la época.

De masónico igualmente podemos calificar el complot

urdido contra España en los conciliábulos internacionales. ¿Qué importa que el comunismo haya sido el que haya lanzado la primera piedra, si los otros, en su servicio, con entusiasmo le secundaron? ¿No aparece a todas luces extraño que países como Suecia, por cuyo territorio pasaron los trenes militares alemanes para Finlandia y Noruega durante varios años, y cuyas industrias estuvieron en su totalidad al servicio del esfuerzo de guerra alemán; y Dinamarca, que se dejó invadir y convivieron Rey, Gobierno y políticos con el invasor; que Suiza, cuya industria estuvo movilizada en casi su totalidad al esfuerzo de guerra nazi, no hayan constituido el menor problema para la estigmatización aliada, y, en cambio, haya sido España, que resistió tenazmente a las pretensiones de las naciones del Eje, prestando servicios valiosos que los propios gobernantes reconocieron, y que constituyó el país que menos comerció con los alemanes, el blanco único de los ataques de los órganos de opinión aliados, e incluso de alguno de los países que tan blandos fueron frente a las pretensiones nazis? La presencia de masones en la Jefatura de los Estados, en sus Gobiernos y entre sus principales políticos, justifican la indulgencia y aclaran la injusticia.

La filiación masónica de Bevin, de Blum, de Oriol, de Trifón Gómez, de Madariaga y de algún que otro personaje monárquico liberal español explica, igualmente, aquel complot propagandístico que como maniobra contra la política favorable a España del general Marshall, se urdió y se frustró en flor en el último verano. El alma masónica de las conjuras se acusa en todas partes. Frente al peligro real de los avances y actividades comunistas en Europa, trata la masonería, con su tradicional doblez, de formarle un frente común, sin perjuicio de explotar y aprovechar sus fobias antimasónicas y sus persecuciones. Así se explica la indiferencia y más la ineficacia de las naciones ante los gravísimos atentados que la Iglesia

Católica y sus jerarquías vienen sufriendo, como también esa entrega hipócrita de Jerusalén y los Santos Lugares a los fanáticos deicidas. La conciencia de setecientos millones de cristianos del mundo, cuyos intereses espirituales se sacrifican por la solapada acción masónica ante unos cuantos millones de judíos, se levanta como una acusación perpetua contra la Sociedad de las Naciones y quienes pusieron sus manos pecadoras en esta decisión.

Hemos de convencernos que mientras la masonería aliente no es posible dormirse sobre los laureles. Es necesario grabar en el ánimo de todos el que la masonería acecha y no duerme ni descansa, que, firme en su propósito, aprovecha todas las coyunturas. No por fuertes hemos de despreciar el peligro, que los tiempos son difíciles y no tenemos enfrente a un enemigo noble, sino malicioso, hipócrita y solapado, que explota la disidencia y el disgusto dondequiera que lo encuentre, sembrando su cizaña. Una cosa es la caridad cristiana con los que erraron y otra que se les permita trepar de nuevo hasta los puestos clave.

Mediten nuestras palabras nuestros hermanos peninsulares y cierren de una vez las puertas a estas coyunturas que el enemigo hábilmente puede explotar. La cosa es de sobra importante para los dos países a los que la Naturaleza impone marchas paralelas.

UN SECRETO DESVELADO

2 DE MARZO DE 1949

La muerte del general Giraud y la publicación en Francia de sus Memorias, en las que se alude al asesinato del almirante Darlan, ocurrido en Argel bajo su mandato, han sido motivo para sacar a la luz el gran misterio que hasta hoy había rodeado el tenebroso crimen del ministro francés.

Un sensacional artículo que el ilustre periodista Claude Lagarde ha publicado en *Carrefour* ha sido reproducido por el semanario español *Domingo* en su último número, de 26 de junio, dando en España con este motivo actualidad a un suceso que en los tiempos apasionados de la guerra se le había dedicado muy poca extensión.

La reivindicación que, terminada la guerra, se ha hecho del matador, destacando sus buenas cualidades personales, así como la publicación de las anomalías, precipitaciones y sigilo con que se liquidó el suceso, convierten el asunto, con las nuevas aportaciones de Giraud, en uno de los más sensacionales de los tiempos modernos, al rasgarse el velo que con tanto esmero lo encubrió.

Claude Lagarde nos describe el suceso con toda sencillez:

"El 24 de diciembre de 1942, hacia las siete de la tarde, el general Giraud conoció la noticia del asesinato de Darlan. Su asesino se llamaba Fernand Bonnier de la Chapelle.

"Giraud se encontraba entonces en visita de inspección de la frontera de Argelia con Túnez. Regresó a Argel, adonde llegó el 25 a las tres de la tarde. El mismo día, Bonnier de la Chapelle fué condenado a muerte, y al día siguiente aquel muchacho de veinte años cayó bajo las balas del pelotón de ejecución."

Las Memorias del general Giraud, destinadas a publicarse después de su muerte, al referirse a estos hechos, dicen: "Era necesario hacer un escarmiento. Tomé personalmente esta decisión (la de la ejecución de Bonnier de la Chapelle) en cuanto el interesado suministró ciertos informes que fueron a parar a la instrucción.

"No hay que ocultar que este atentado tiene causas profundas y lejanas, y que el porvenir de Francia pudo resultar singularmente modificado.

"Darlan murió, y su asesino pagó con su vida el crimen. Estimé que no había motivo para revolver el cieno y atizar las pasiones. Los que más tarde abran el dossier me juzgarán."

Oigamos a Lagarde: "Al ordenar la publicación póstuma de sus Memorias, Giraud parecía pensar que había llegado el momento oportuno para que se abriera el dossier.

"¿Qué razones impulsaron al general a mantenerse en silencio? ¿Por qué el ejecutor de Darlan fué, a su vez, ejecutado sin haberse podido defender y sin escuchar a los testigos? ¿Quién asume la responsabilidad del juicio y del fusilamiento de un patriota de veinte años?

"Vosson, Chatel y el general Nogués no estaban de acuerdo. El jefe de gabinete del general Nogués dijo claramente al padre del asesino que el general Giraud se negaba a

conceder cualquier medida de gracia y a todo cumplimiento de investigación susceptible de hacer que la ejecución se retrasara.

"¿Por qué esta prisa por parte de un hombre que prácticamente tenía todos los poderes y que, según parece, debía de conceder a un adolescente las garantías más elementales que concede la justicia? Giraud era entonces jefe de las fuerzas terrestres y aéreas. El Consejo Imperial le invistió el mismo día de la ejecución de Bonnier de todos los poderes civiles y militares.

"Cierto que Giraud podía atrincherarse tras el juicio condenatorio del joven Bonnier; pero ¡qué juicio! Una corte marcial improvisada, ningún testigo, ninguna instrucción, escrutinios secretos, proceso a puerta cerrada, seguido de parodias de acción pública; todo ello, realizado en pocas horas, y, por último, una sentencia dada en nombre del Mariscal de Francia, jefe del Estado francés, que ordena poner en ejecución la sentencia.

"Aún no había transcurrido un año desde el fusilamiento de Bonnier cuando Giraud reconoció que debía haberse avenido a los razonamientos de un padre que reclamaba la rehabilitación de su hijo. Estimaba, aunque un poco tarde, hallarse obligado a suscribir el homenaje que debía rendirse a la memoria del asesino de Darlan el 21 de diciembre de 1945, mediante fallo de la Cámara de revisión de la Audiencia de Argel"

El examen de la personalidad de Darlan como jefe supremo militar en el norte de Africa, y la investidura que a su muerte el Consejo Imperial le concede el mismo día de la ejecución del agresor de todos los poderes civiles y militares impulsa al escritor francés, sin duda por una falta de conocimiento interno de los hechos, a arrojar sospechas sobre el honorable soldado a quien, por jerarquía y prestigio, correspondió heredar el supremo *puesto* de gobierno en el norte de Africa. El general Giraud puede haber sido, y lo ha sido, sin duda, un Político torpe; pero no podemos dudar de que fuese un hombre de honor. Si en algún momento pudo pensarse que a éste aprovechaba el crimen, su desinterés y falta de vocación política, demostrados posteriormente, prueban lo contrario. El provecho no era para el general Giraud. El almirante Darlan en aquellos momentos representaba otro interés superior que le caracteriza y que hemos de tener presente en todo momento: había llegado a ser el hombre de Norteamérica.

Veamos, por otra parte, la personalidad del agresor: nos la presenta entonces como la de un joven inquieto y patriota, y se acusa hoy con mayor fundamento.

Marcel Abulker, en el libro *Argel y sus complots,* nos lo presenta "como un adolescente nutrido por una mística religiosa y patriótica que le hicieron comprender que la muerte de Darlan era absolutamente necesaria. Era necesario que Darlan dejase de vivir para que la Resistencia francesa y norteafricana pudieran continuar respirando".

Esto es, que se hizo creer al adolescente patriota la necesidad de la muerte de Darlan, y el patriota apuntó al blanco que otros le señalaron. Característica especial de los crímenes de esta clase, en que el propio ejecutor cree estar sirviendo a otros móviles, y que la justicia mediatizada se encargará de no descubrir ante el apresamiento del autor material. ¡Crimen masónico por excelencia!

Más volvamos al relato de Claude Lagarde. Este nos aclara: "Giraud conocía los medios en que se desenvolvía Bonnier de la Chapelle, y un poco de pasada declara en sus Memorias que dos hombres habían tenido una influencia profunda sobre el muchacho: uno, desde un punto de vista espiritual, y el otro, desde un punto de vista personal." Por otra parte, tampoco ignoraba el dossier del asesino de Darlan y sabía que se hallaba en

presencia de un adolescente que desde todos los puntos de vista merecería la estimación y la indulgencia."

Quiénes eran estos hombres constituye uno de los secretos de esta historia.

El general Giraud, según Lagarde, ha dejado entrever que la decisión de condenar a ser fusilado al joven Bonnier se había inspirado en razones de Estado, para decirnos inmediatamente: "Fué, sin duda, en nombre de estas razones de Estado por las que el féretro del joven Bonnier de la Chapelle estaba ya dispuesto desde antes que en juicio se le hubiera condenado a muerte. Sí, exactamente. Aún no habla sido condenado por el Tribunal y ya estaba esperando el féretro en que debían enterrarle.

"Fué probablemente también cómo fundándose en estas mismas razones de Estado dejaron que Darlan muriese sin intentar salvarle ni hacer nada por salvarle de la muerte, y sin recoger las declaraciones que pudo haber hecho en aquellos instantes. Porque esto es la verdad: lo que se hizo fué apresurar la muerte de Darlan, de la misma manera que se dieron prisa para ejecutar a Bonnier de la Chapelle."

¿Puede decirse más? Razones, y grandes razones de Estado

tenían que existir para acumular crimen sobre crimen, y que hubiesen quedado en la mayor impunidad los instigadores del asesinato.

Algo, sin duda, atormentaba la conciencia del veterano soldado en la hora de su muerte. Había, sin duda, obrado con debilidad y falta de energía frente a las pandillas que en Argel le empujaban y le mediatizaban. Se había callado y sometido por el prestigio de Francia y unas mal entendidas razones de Estado, que, ante la consideración de la responsabilidad material del ejecutor, le arrastraron a cerrar los ojos y a no ahondar en la investigación sobre los cómplices y los instigadores. En la hora de la muerte el recuerdo, sin duda, le atormentaría.

Más sigamos al periodista, que aún tiene algo que decirnos. *En su trabajo nos asegura que* "Darlan quería hablar, y aquí entra en juego la maquinación inconcebible. Con el pretexto de detener una supuesta o real salida de sangre le metieron un tapón en la boca. Así se le condenaba al silencio. Pero aún había algo más extraño en este inconcebible asunto, y es que en lugar de trasladarle tendido en un coche camilla hasta la clínica, le llevaron sentado en uno de los asientos del coche, en condiciones de que en el caso de no ser herida mortal habría muerto asfixiado." Terminando con esta nueva sensacional información: "He aquí otras cosas que se le han olvidado a Giraud relatar, referentes todas ellas al asesinato de Darlan. Por ejemplo, que hasta el momento final se hizo creer al joven Bounier que dispararían contra él con pólvora sola. Lo mismo que se había logrado que Darlan no hablara, por este procedimiento se lograría igualmente sellar los labios del asesino."

Estas monstruosas anormalidades que aparecen rodeando

el crimen y su justicia, y que toda conciencia honrada se resiste a admitir, tienen, sin embargo, una clara explicación: nos hallamos ante uno de esos tenebrosos crímenes que la masonería fragua, y que al correr de la Historia se repiten, en que los ejecutores son simples peleles. El asesinato de Darlan fué realizado por la masonería. Como el Intelligence Service, la masonería desempeña en las guerras su papel. Darlan, masón, *contra las órdenes de la masonería,* había pasado a ser el hombre de los Estados Unidos, y había que hacerlo desaparecer, como a tantos otros personajes importantes durante la contienda. La presencia de Darlan en Africa, y su nombramiento como jefe supremo, privaba a De Gaulle, considerado por los ingleses como su hombre, del apoyo de las únicas fuerzas con

que Francia contaba entonces: las norteafricanas. Había que hac*er desaparecer el obstáculo.*

He aquí la poderosa razón de Estado que maniató a Giraud, prisionero de la pandilla masónica de Argel, que lo mismo en este caso que en el de Pucheau, le obligó a callar y hasta entregar su honor de soldado frente a lo que se le presentaba como una poderosa razón de Estado. Más lo que se *quiso guardar como secreto no lo fué para las grandes logias,* y el asesinato tuvo enorme repercusión en las relaciones masónicas, rompiéndose a petición de Roosevelt y decisión de Hopkins, el alto consejero masónico presidencial, los lazos y vinculaciones con la masonería europea.

Un epilogo sentimental tuvo el crimen masónico. El que le puso Roosevelt al acoger y llevarse a Norteamérica, para tratarle en una clínica, al hijo del desgraciado almirante asesinado, en el que se daba la circunstancia de padecer parálisis infantil, como el Presidente, cuya última visita en la tarde anterior a su muerte fué para el hijo de Darlan.

Si alguien de verdad quisiera aquilatar las pruebas de por qué a Darlan se le taponó la boca y se le precipitó la muerte, y el porqué se engañó y fusiló a un joven patriota, a quien luego se rehabilitó, que se airee el *dossier* a que Giraud se refería, y que se continúe la investigación, por juez imparcial y no masónico, sobre los cómplices e instigadores del crimen, del que los archivos secretos de la masonería americana poseen abundantes datos; mas no parece fácil que esto pretenda hacerse; hay demasiados masones en la dirección de los pueblos interesados, y otra poderosa razón de Estado, en este caso la del Estado masónico, hará, una vez más, desaparecer el sumario y borrar las huellas. Lo masónico en el mundo se encubre con el silencio, y los crímenes masónicos han de quedar impunes.

EL GRAN ODIO

16 DE JULIO DE 1949

La crisis política de la nación belga trae al primer plano de la actualidad internacional la paciente mansedumbre con que los pueblos vienen sufriendo la dictadura oculta de una masonería encaramada en el Poder a través de las organizaciones masónicas adueñadas de los resortes políticos de los partidos. Desde que el liberalismo y la democracia hicieron su entrada en el ruedo político a lomos de la bestia masónica, ésta no ha cesado de extender sus tentáculos a los sectores más influyentes de los pueblos: política, Prensa, Universidad, justicia y radio constituyen sus objetivos predilectos. Masones fueron los primeros liberales, y masónicas las dinastías que desde las jefaturas de los partidos se crearon; masones los dueños de los más importantes rotativos y muchos de sus directores y jefes de Redacción; masones numerosos catedráticos, y masónicas la mayoría de las organizaciones laicas e instituciones libres de enseñanza; masones las altas jerarquías de la justicia y parte de los que vienen ocupando en ella los puestos importantes; masones los propietarios de las más importantes radios y masones una gran mayoría de sus cuadros de colaboración.

La masonería constituyó el vehículo para alcanzar los puestos clave, y ministros, subsecretarios y directores generales han ido en los países liberales formando la cadena masónica que viene encabezando la política de los pueblos. Sólo en los católicos los partidos llamados de derecha han podido librarse de aquel dominio, pero no sin que algunos masones hayan intentado filtrarse entre sus filas.

La irrupción de las masas en el campo de la política con unos claros objetivos sociales parecía que iba a dar al traste con el viejo poder de la masonería; pero la traición acechaba, y en la lucha de clases que la precedió, el poder masónico, por su influencia sobre la justicia, pudo captar y encuadrar a los principales jefes de los partidos obreros. Así, tras la aparente máscara de la democracia, refuerzan su dictadura los poderes masónicos.

El mundo de buena fe no acierta, y con razón, a comprender los motivos del desvío político hacia su Monarca de los dirigentes de los grupos políticos liberal y socialista belgas. Dos hechos sólo se insinúan al hablar del caballeroso Monarca desplazado: uno, el de no haber huido al extranjero y haber querido seguir la suerte de sus soldados, a los que no abandonó ni en el duro trance de la derrota, y otro, el del matrimonio morganático contraído durante el cautiverio con la princesa de Rethy. Si el primero destaca como un timbre de honor para un Rey y un soldado que el pueblo honrado forzosamente ha de reconocer, no puede, por otra parte, ser la desigualdad social y falta de aprobación por la nación de su segundo matrimonio la causa determinante de la repulsa, teniendo, como tiene, asegurada con su primer enlace la sucesión al Trono, resultando verdaderamente paradójico el ver esgrimir tan débil argumento a quienes, como el partido socialista, precisamente propugnan la igualdad de las clases. Nada se ha podido encontrar en la conducta del Monarca exilado que no revista dignidad, honor o amor al pueblo belga; ni las calumnias ni el tiempo consiguen borrar la estimación de sectores importantísimos de aquel pueblo hacia su Monarca, al que el partido católico, con razón y sensibilidad, desea ver restablecido prontamente en el Trono.

Por eso las causas no hay que buscarlas en la superficie ni en los hechos públicos, sino en la tenebrosidad de lo oculto y de lo inconfesable. ¿Por qué estos políticos rechazan al Rey legítimo y estiman, en cambio, al deudo sin derechos, encargado hoy de la Regencia? ¿Cuál es la razón de que liberales y socialistas se nieguen a colaborar en el Gobierno con el grupo católico que propugna la vuelta Monarca? La causa no puede ser más clara. El Rey es un buen católico, y la masonería no quiere perder la ocasión, que se le escapa, de colocar definitivamente en la Jefatura del Estado a un miembro de la masonería, como el Regente, o a un adolescente sin experiencia a quien pueda la masonería manejar y aun convertir. Spaak, masón de alta jerarquía, así como la casi totalidad de los jefes socialistas y de los primates liberales juegan esta mala partida al pueblo católico de Belgica y a los otros muchos belgas de buena fe, a quienes se oculta cuidadosamente los compromisos masónicos que presiden los acontecimientos.

Ninguna clase de dificultades encontró en un día Rey de Dinamarca con los partidos ni con las otras naciones europeas, no obstante haber dejado ocupar su territorio y seguir reinando en su país una vez ocupado por los alemanes; ni el Rey de Suecia, que, cargado de años, permitió durante la guerra el paso de las tropas alemanas y su avituallamiento a través de su territorio; pero se da la circunstancia de que ambos eran masones del más alto grado y gratos a los poderes masónicos nacionales e internacionales. Lo mismo se había aceptado por los aliados el reinado de Humberto de Saboya sobre Italia, si la rebelión de parte importante de los masones de este país contra los designios de la masonería internacional no hubiera dado al traste con el proyecto. A no ser por esta circunstancia, hubiéramos visto a uno de los generales del Ejército de Mussolini aceptado como Jefe de Estado por sus enemigos en la guerra.

Humberto era el primero de los príncipes de Saboya que por el destino de Italia bajo el fascismo se había librado todavía de caer en manos de la masonería; pero la suerte ad- versa de las armas le empujó a hacerse masón en el último año de la guerra; pero pesó más el encono de los masones del interior que esa entrega y arrepentimiento tardíos.

El Rey de los belgas es el caso contrario: luchó con sus tropas al lado de los aliados contra los alemanes, y quiso seguir la suerte de sus súbditos. Es un buen católico, que ha rechazado todas las propuestas para apartarse del recto camino: la masonería le considera inmanejable, y éste es su "pero".

La repulsa del partido liberal a formar parte del Gabinete de Van Zeeland, pese a las escasas diferencias de opinión en los asuntos de gobierno, aparece, sin embargo, desde el punto de vista masónico, como cosa obligada, ya que el partido liberal, como en la mayoría de los países, es el partido masónico por excelencia y, por lo tanto, el más comprometido en el complot de alejar al Monarca. No faltarán en él, sin duda, belgas moderados que quisieran ver resuelto el problema dinástico que los agobia; pero las irradiaciones y las persecuciones masónicas los contendrán. No en vano está reciente un hecho similar puesto al descubierto bajo la República masónica española en el año 1934, en que por colaborar con los partidos católicos el partido radical, en esta etapa el más masónico, se escindió, y fueron irradiados sus miembros de la masonería y aprovechada la revolución roja para ser eliminados por sus propios "hermanos": Salazar Alonso, Abad Conde, Rico Abello, López Ochoa y Melquiades Alvarez, asesinados en Madrid, han sido, entre otros muchos, víctimas de aquella "excomunión".

Lo mismo en Europa que en América, bajo el signo aparente de la democracia, son muchos los pueblos que viven bajo una dictadura real de la masonería, que lo mismo en la política interior de los Estados que en las Asambleas internacionales, sacrifican el interés legítimo de los pueblos a las pasiones vesánicas de sus secuaces.

El odio a lo católico de la masonería es proverbial, y le empuja a combatir lo que tiene este signo y evitar por todos los medios el encumbramiento de los católicos. Muchos son los países en que el ser católico cierra el camino a los puestos principales de la nación. En Inglaterra, la de la "logia madre", es bien conocido que no se puede ser ministro, sub- secretario, embajador, general ni puesto principal siendo católico practicante, lo que, aunque no estando en las leyes, por acuerdo tácito se viene practicando. Y muchos otros son los países que intentan marchar por el mismo camino.

En la Sociedad de las Naciones, la Secretaría y la casi totalidad de su personal está constituido por masones, y a la masonería pertenece una parte muy importante de los representantes de los distintos países, incluyendo a la pintoresca

Mrs. Roosevelt, masona conocidísima.

Esto explica esa tibieza, convertida en complicidad, de la Sociedad de las Naciones ante los monstruosos crímenes y persecuciones que sufre la Iglesia Católica en Europa. La masonería, como el judaísmo, odia a la religión católica, y predominando, como predominan, en los Gobiernos y en las *Asambleas internacionales, ¿cómo van a condenar* ni tomar medidas contra lo que en su fuero interno les agrada y aprovecha? ¡Qué diferencia entre el clamor que se levantó cuando unos puñados de judíos eran blanco del racismo alemán, que sirvió para arrastrar a algunos pueblos hacia la guerra, y esta indiferencia e hipócrita condenación, que pasa como un relámpago por las agencias, por la Prensa y por la radio intervenidas por aquellos Poderes!

Puede extrañar a otros pueblos menos enterados el que los partidos políticos pretendan cortar el paso hacia su Trono al Rey de los belgas; pero no a los que conocemos las tretas y el obrar masónico y sabemos los esfuerzos de la masonería para asentar en las jefaturas de los Estados a instrumentos propios.

Por católico, patriota y caballero, hermoso título para que la masonería le combata, rompo hoy esta lanza por el Rey de los *belgas*.

EL GRAN FRAUDE DEMOCRÁTICO

6 DE AGOSTO DE 1949

CON motivo de las elecciones generales para diputados del Congreso de la República mejicana se pone de manifiesto, una vez más, el enorme fraude de las democracias, en que bajo un signo aparente de libertad los tentáculos de la hidra masónica van aprisionando a los países y destruyendo su libertad y su independencia. Cuando un español llega a Méjico dos cosas se le acusan: el espíritu españolista de los distintos sectores de la sociedad y la supervivencia de la fe católica, muy especialmente entre las gentes sencillas de los pueblos. "Padrecito, bendígame usted a mi niño", y las mujeres se arrodillan con sus niños en brazos en los caminos al paso de los sacerdotes españoles. "Padrecito, bendígame mi tienda, mi casa o los instrumentos de trabajo", repiten por doquier. Mantas o vestiduras echadas en el suelo para que las pise el pie de algún prelado en su breve estancia por aquel país; masas ingentes apiñadas en las iglesias católicas pidiendo por Dios unas palabras a los padrecitos de la vieja Patria. Lo católico y lo español se enraízan en aquella bendita tierra mejicana, aherrojada y azotada por tiranías despóticas bajo el aparente signo de la democracia.

Cuando le exponíamos a un ilustre hombre mejicano el contraste entre el pensamiento íntimo de cuantos allí se tratan con la expresión externa de la política de sus Gobiernos, nos respondía que el pueblo mejicano desde hace muchos años viene pensando lo contrario de lo que representan sus gobernantes. Y cuando, asombrados por la expresión, le replicábamos cómo un pueblo tan bravo y tan viril lo consentía, nos descubría cuáles habían sido las vicisitudes a que esta falsa democracia los habla conducido, y que durante muchos años ni la seguridad personal ni la garantía de *los* bienes tenían la menor protección, que hoy, sin embargo, existía un orden material y un respeto relativo de las haciendas de los que no se oponían a la política imperante, lo que los forzaba a *aguantar* la tiranía por un miedo natural a mayores males.

Así, el fraude viene siendo consustancíal con la política mejicana y los derechos ciudadanos desaparecen totalmente bajo la omnipotencia presidencial y de las camarillas de sus secuaces. Allí muchos españoles pudieron escuchar de boca de un docto sacerdote que rige una parroquia en una de las poblaciones que lleva nombre igual a una rica región española cómo en unas pasadas elecciones habían obtenido aplastante mayoría los candidatos católicos por estar la fe católica firmemente arraigada en toda la comarca, y cómo al publicarse los resultados electorales se cambiaron éstos, otorgando al candidato gubernamental los votos ganados por el católico, y a éste, en cambio, la efímera votación de su con*trincante. La burda maniobra provocó la indignación* de aquellas gentes, que se lanzaron a las calles pidiendo justicia, pero tropezaron con las ametralladoras del Gobierno, solicitadas por la autoridad, que disolvieron la manifestación popular tras un centenar de bajas entre muertos y heridos de los manifestantes. El fraude quedaba consagrado con el respaldo violento de las armas.

De este incidente tan grave ni los periódicos de las capitales pudieron hacerse eco ni lo comentaron las radios del mundo, tan atentas al sensacionalismo sobre lo ajeno, y la

poderosa nación norteamericana, con su silencio y con su mano tendida hacia los gobernantes dió su absolución a los masones impostores.

La vida en muchas de las llamadas democracias americanas se desenvuelve así. La decepción y el escepticismo de las gentes las aleja de la política, mirándola como un mal incurable o como un azote que Dios les envía. Unas elecciones no tienen hoy la menor importancia en tierra mejicana, pues la mayoría sabe que no pueden alterar en lo más mínimo la situación presente.

Recientemente se convocaron elecciones para elegir 147 diputados de la Cámara. Presentaron candidatos tres partidos: el oficial del Gobierno, conocido por el nombre de partido revolucionario institucional, el de Acción Nacional o partido católico, y el partido popular o comunistoide en que se convirtió el comunista de Vicente Lombardo Toledano. El empadronamiento, como siempre, se ha llevado a cabo fraudulentamente, incluyéndose millares de personas inexistentes, mientras desaparecían de las listas los nombres de los afectos a partidos extraños al Gobierno, y así, al compás que había votantes y rondas gubernamentales que votaban numerosas veces, los opositores se veían privados de su voto en muchos casos y en otros suplantados en él, pues aquella picaresca de la rotura de urnas y de la sustitución de actas tiene en aquel *país la más enraizada* tradición. De este modo, por este sistema democrático y popular, el partido del Gobierno se otorga 146 puestos de las 147 actas, asignándole uno solo al partido católico de Acción Nacional. La mayoría, que ésta debiera haber obtenido en buena ley, se la apropia el partido masónico gubernamental. De 5.000.000 de votantes sólo figuraron empadronados 2.500.000, dejando fuera a los que se consideraba adversos, y de aquéllos se le hurtan o se le suplantan sus votos. Ante este "paraíso" no podemos menos que gritar: "¡Viva la democracia!"

Discurre la política en la mayoría de los países de Hispanoamérica en manos de las logias masónicas. Masones fueron los partidos liberales y de izquierdas de aquel país desde su emancipación; masones son la gran mayoría de los ministros de esta filiación, sus subsecretarios, los secretarios y los directores generales, porque siguiendo la consigna masónica, los masones siempre en sus nombramientos de elección designan a individuos masones sujetos a sus logias. Esto hace que la masonería, como una hiedra, invada y aprisione los puestos de gobierno y acabe por secar el árbol ya marchito, que quiso ser fecundo, de la nación emancipada.

En Méjico se encuentra la verdadera negación de lo que pretendió ser la democracia. El principio de respeto de la conciencia y de la práctica de la religión se ve allí desvirtuado, en cuanto a los católicos se refiere, por la prohibición de poseer bienes a la Iglesia católica, cuyas iglesias han pasado a ser propiedad del Estado, y la prohibición legal de tener seminarios de formación sacerdotal en el país obliga a sus jóvenes seminaristas a formarse en un seminario en los Estados Unidos. ¿Puede darse un caso más grande contra el derecho del individuo y de la ley divina?

Una minoría atea desde el Poder lleva a la Constitución de aquel país cosas que repugnan a la conciencia de la mayoría de los mejicanos, que tienen, en lo religioso, que *vivir* sojuzgados y dependientes del favor o de la tolerancia de los masones gobernantes, mientras las logias y toda la desvergüenza organizada tienen garantizados sus derechos.

Con este sistema insidioso y cruel se pretende extinguir la fe verdadera por masones al servicio de lo anticatólico y de lo antiespañol. ¿Cómo puede extrañarnos que en la Sociedad de las Naciones puedan aparecer países, como Méjico, renegando de la Madre

Patria, si desde su nacimiento constituyó para la masonería lo católico y lo español el blanco principal de su pasión sectaria, y por medio de ella se consiguió anular nuestro poderío y producir nuestra decadencia?

Se repite hoy en la nación mejicana, y en Sudamérica en general, lo que un día hicieron otras naciones europeas con la nación española. Su poderío y su riqueza despertaban la envidia y el odio de sus rivales, y no pudiéndola vencer entera, la pretendieron rota, y fué la masonería el vehículo que la *escindió,* le *apagó* su alma y la entregó inerte a las intrigas de los de fuera. Lo mismo les ocurre hoy a muchos de los pueblos de América: lo que un día sirvió para separarlos de la Madre Patria sirve hoy para escindirlos, destruir su alma y sojuzgarlos. Y, así, naciones que por sus riquezas naturales pudieron ser grandes y soberanas, yacen mediatizadas por las naciones poderosas, sujetas a su dictadura económica y política por intermedio de las logias, que de la dependencia un día europea, inglesa o francesa, van entrando en la disciplina de la masonería norteamericana.

El propio Presidente actual de Méjico, el honorable señor Alemán, figura en los recientes diccionarios editados por la masonería en Hispanoamérica como masón perteneciente a la logia "Of City México", de disciplina norteamericana, a la que se pasó después de causar baja en otra logia de disciplina europea. La trascendencia de la filiación presidencial a lo masónico no puede ser más importante, dada la omnipotencia de que los presidentes disfrutan en aquellos países, pues cualquiera que pueda ser su hombría de bien o su voluntad, éstas acaban pereciendo ante el dictado de las logias. Por ello tenemos que resignarnos a presenciar a la querida nación mejicana aherrojada por la masonería y a asistir a estos fraudes de la democracia bajo el silencio protector de los afines.

Al registrar estos hechos lamentables, no identificamos a la nación mejicana con la pasión ni la tiranía masónicas que la gobiernan.

Alta Masonería

9 DE AGOSTO DE 1949

La carta pública dirigida por el cardenal Spellman, arzobispo de Nueva York, a Mrs. Franklin D. Roosevelt denunciando su historial anticatólico, saca a la luz la faceta de sectarismo que presenta la política actual norteamericana, de la que Eleanor Roosevelt se destaca como animadora. Las palabras que con este motivo le dirige el cardenal no pueden ser más elocuentes. Califica a la ley Barden, que priva a los niños católicos de su derecho constitucional de igualdad cora los demás niños norteamericanos, de *infame ley que injustamente discrimina contra los grupos minoritarios de niños de los Estados Unidos,* para terminar su carta expresando a la inquieta viuda: *Su "record" de anticatolicismo habla por sí solo; "record" que usted misma ha escrito en páginas de historia que no pueden eliminarse, documentos de discriminación indignos de una madre americana.*

No se trata de un caso personal, que no hubiera movido la pluma del cardenal, sino

de problema mucho más hondo; no estarnos ante el hecho aislado de una mujer vesánica y sectaria que hace blanco de sus fobias a la Iglesia católica, *sino de todo un sistema* que crece invadiendo el Estado, y del que la insentata dama aparece como campeona.

El asunto tiene para los católicos mucho más alcance. revista *Life,* de *28* de marzo de 1949, publica en una plana todo color un magnifico retrato del Presidente Truman, adornado con todos sus atributos masónicos y su cabeza aureolada por el resplandor de un globo terráqueo con la letra G, inicial de la palabra *god* (Dios). El retrato, pintado por Greta Kenton, destinado a la Gran Logia de San Luis, para nuestro caso de una elocuencia abrumadora. Según texto de la expresada revista, el Presidente Truman ostenta el grado 33, que le fué conferido en el otoño de 1945, al ocupar, a la muerte de Roosevelt, la Presidencia de los Estados Unidos, un grado más alto que el de cualquier otro Presidente anterior. Washington, Monroe, Jackson, Polk, Buchanan, Johnson, Garfield, McKinley, Theodore Roosevelt, Taft Harding y Franklin Roosevelt han sido todos masones; pero, según expresión de la propia revista, ninguno alcanzó el alto grado conseguido por Mr. Harry Truman; un poquito más masón, por consiguiente, que los que le precedieron.

En *Eleanor* Roosevelt se da uno de esos casos que en España llamaríamos de marirnachos o mujeres "machorras" que ingresan en las logias y alcanzan en ellas, por su sectarismo, un alto puesto. Eleanor Roosevelt es masona, masona activísima, que patrocina el *grupo* de *los* sectarios anticatólicos. A ella acudieron en fecha reciente los masones españoles para evitar la votación favorable a España en la Asamblea de la O. N. U., y ella fué, según es público y notorio en los Estados Unidos, la que apartó al Presidente Truman y al State Department de su propósito de votar a favor de España en la Asamblea de la O. N. U., que oficiosamente incluso se había hecho saber a la propia nación española. Mucho tiene que ser el poder sectario de esta vieja masona para influir en tal medida, y en contra de las propias conveniencias del país, expresadas por sus Estados Mayores, las decisiones presidenciales.

En tiempos del Presidente Roosevelt, uno de los más poderosos masones americanos ocupó el puesto de consejero privado del Presidente, el de Richelieu americano, como muchos le designaron; durante varios años trabajó este ilustre y discreto masón por que, al igual que en Inglaterra, pudieran fundirse en la Presidencia de los Estados Unidos el supremo poder ejecutivo y los supremos poderes masónicos. Al ocupar la Presidencia, por la muerte del anterior Presidente, Mr. Truman, de gran abolengo masónico, se acerca a aquella meta deseada con la elevación de éste al más alto grado de la masonería americana.

Aprovecha la masonería el ascenso de los Estados Unidos al primer puesto rector del Occidente, como consecuencia *de la* victoria, *para intentar* sujetar el Universo al *capricho* de unas pasiones sectarias, que acabarán esterilizando lo que intentan llamar el siglo de oro de Norteamérica. Ignora su pasión atea que el destino colectivo de los pueblos está en la mano del Dios verdadero, que muchas veces eleva al que más rápidamente va a dejar caer. La masonería puede desempeñar el papel de azote en este caso. La esterilidad de la victoria ya se viene acusando.

La ofensiva a lo católico, y como inmediata consecuencia de la ofensiva a España, no debe sorprendernos; la Iglesia católica viene siendo desde hace más de un siglo el blanco de *la masonería* universal, *y* si accidentalmente, por necesidades de la guerra y por el gran incremento de la fe católica en los Estados Unidos, lo católico llegó a tomar estado y el poder espiritual del Pontífice contemplado y cuidado por los Estados Unidos, terminada la guerra, renueva la masonería su lucha sorda contra la Iglesia católica, de la que la triste- mente famosa ley Barden, que el cardenal Spellman apostrofa, es sólo un dato. El reconocimiento del Estado de Israel, su entrada en la O. N. U., la conducta hipócrita e injusta con España, la enemiga contra la Argentina, la oposición sistemática a los católicos para ocupar puestos rectores en la justicia o en el gobierno del Estado, las mayores decisiones en el orden nacional e internacional, obedecen exclusivamente a los dictados de la masonería.

Repetidas veces, al correr de estos años, leemos en la Prensa de los distintos países noticias como las siguientes:

La revista *Time,* en otoño de 1945, publica habérsele conferido el grado 33 de la masonería al Presidente Truman. En otro periódico de los Estados Unidos se publica inmediatamente después: "Los representantes de las distintas confesiones y sectas protestantes, obedeciendo consignas masónicas, han pedido al Presidente Truman que retire del Vaticano a Myron Taylor, representante oficioso de los Estados Unidos cerca de la Santa Sede." En otro de Suiza: "Las distintas sectas e iglesias protestantes, reunidas en un reciente Congreso internacional en Suiza, acordaron organizar y emprender una ofensiva contra la Iglesia católica." A ello responde inmediatamente la Prensa de Norteamérica: "El Presidente Truman ha acordado retirar a Myron Taylor, representante norteamericano cerca de la Santa Sede, tan pronto como estén firmados los tratados de paz." Y es que lo protestante, así como lo judío y lo masónico, marchan en el mundo íntimamente ligados.

Se da el caso peregrino de que una Iglesia en decadencia, como la protestante, fraccionada en varias decenas de ramas, que se atomizan a través del tiempo, y en un país en el que existen más de treinta millones de ateos, financie en el extranjero, con dinero del Tesoro americano, grandes colegios y misiones protestantes en Cuba, las Antillas y países hispanoamericanos de lengua española, con ánimo de romper la unidad

católica de estos países y preparar el camino para la

dominación de la masonería sobre los mismos, que, sojuzgándolos política y económicamente a través de hombres de gobierno masones bajo la disciplina de las logias norteamericanas, traicionen el interés de sus países y los subordinen a Norteamérica. ¿Por qué, si existen tantos millones de ateos en los Estados Unidos, no se extrema allí el celo de los pastores para ganarlos para su fe, en lo que encontrarían la facilidad del idioma y el invertir los dineros en la propia nación, y, en cambio, se multiplican estas misiones, provistas de millones de dólares, en los países extranjeros para pretender rivalizar, y aun destruir, la verdadera Iglesia, de la que en mala hora se separaron?

Detrás de un aparente protestantismo, se alza el poder de la masonería, que invade el campo de la política, el de la justicia, el de la enseñanza y todas las obras filantrópicas en general. Quince mil trescientas logias diseminadas, según la revista *Look,* y tres millones trescientos mil agentes distribuidos en el país, explican claramente las fobias anticatólicas de la Administración americana. No se nos arguya que hay en la confesión protestante hombres de buena fe y aun masones decentes. No pretendemos negarlo. Son muchos los incautos, los ignorantes o de débil fe que se dejan explotar por los más maliciosos y falaces, y bastantes los masones engañados sujetos a los grados inferiores y no iniciados en los designios verdaderos de la Orden; pero esto no altera, antes justifica, el designio anticatólico y racionalista que la masonería persigue, y que en otro trabajo ampliamente trataré de demostraros.

Si hoy el mundo occidental reconoce la sabiduría del representante de Dios en la tierra al condenar en forma explícita y contundente al comunismo y a cuantos con él se alían y colaboran, no se olvide que en 20 de abril de 1884, reiterando la condenación de sus antecesores, Su Santidad el

Papa León XIII publicó su gran encíclica *Humanum Genus* en la que condenaba de forma semejante a la masonería.

Bajo la dictadura masónica

19 DE AGOSTO DE 1949

LOS trabajos publicados en este diario sobre las actividades modernas de la masonería han venido a descubrir a los españoles las razones de la sinrazón que viene caracterizando la política exterior e interior de muchos Estados. Los sucesos contemporáneos de que somos espectadores: creación y reconocimiento del Estado de Israel, su entrada en la O. N. U., conjuras reiteradas de hombres políticos extranjeros contra la nación española, veto de los políticos masones al Soberano católico belga, acción discriminatoria contra las escuelas católicas en los Estados Unidos, entre otros muchos sucesos de menor interés, han puesto a la luz la dictadura masónica que sobre el mundo se viene ejerciendo.

Muchas son las cartas que el autor de estas líneas recibe en que personas destacadas le confiesan haber creído hasta ahora que la masonería era cosa desplazada perteneciente a otras épocas, desvirtuada ante la conquista por el hombre de la libertad y del progreso, cuando precisamente se aperciben hoy de todo lo contrario: que jamás alcanzó la masonería más extensión y más poder que en los tiempos calamitosos que vivimos.

Lo que empezó queriendo ser un movimiento filosófico de libertad se convirtió desde los primeros momentos en un instrumento al servicio de la revolución en la mayoría de los países, que, pretendiendo servir a las conquistas de la democracia, terminó en una dictadura secreta maquinadora precisamente contra aquellos principios democráticos que teóricamente todavía pretende representar.

El poder que ejerce sobre sus miembros y la obediencia ciega debida por éstos a la Orden, hacen que desde sus puestos de gobierno prevalezca aquella dictadura sobre la voluntad de los pueblos y la propia conveniencia de las naciones, como vemos constantemente demostrado en los gobiernos y en los parlamentos por esas decisiones tomadas contra la propia opinión de los países y muchas veces de la misma mayoría gubernamental, arrancadas a golpe de machete y en nombre de la democracia por los que a si mismos, al alcanzar los altos grados, se titulan "príncipes" y "soberanos".

La masonería hoy se presenta más fuerte y más poderosa que antaño. Si durante siglo y medio se debatió en diversidad de ritos y disciplinas, que perturbaban el espíritu de universalidad a que la masonería aspiraba, hace ya bastantes años, a partir del Convenio universal de Lausana de 22 de septiembre de 1875, esta unidad se ha venido logrando, y ha sido consolidada en los tiempos ya modernos por la constitución en 1921 de la Asociación Masónica Internacional, órgano permanente del Gobierno masónico, en que, reunidos los más altos representantes de las naciones europeas, ejercen el poder supremo

desde una de las naciones de Europa, donde, reunidos secretamente, dictan su ley a los gobernantes y a las logias que de ellos dependen.

A la gran crisis que la masonería sufrió con la subida al Poder de Mussolini y Hitler, que elevaron a la gobernación de sus naciones a políticos nuevos, en su casi totalidad extraños a la masonería, sucedió este otro período de revancha masónica, en que masones y políticos desplazados se adueñan del Poder, y, aprovechando el periodo de excepción inmediato a la posguerra, a través de los tribunales populares y de las acciones ilegales de eliminación, logran la desaparición o el encarcelamiento, con la disculpa de colaboracionistas, de los intelectuales y patriotas que les eran adversos: la persecución de Maurras, la prolongada prisión del venerable mariscal vencedor de Verdún y la cruel negativa a la atenuación de su condena obedecen a la pasión sectaria y a la decisión de las logias masónicas. De los millares de personas eliminadas en Francia clandestinamente y sin proceso, una gran proporción correspondía a los adversarios de la masonería o elementos irradiados de ella durante el Gobierno de Pétain.

Mas no necesitamos ir al exterior para encontrar muestras repetidas de la pasión

criminal y sectaria de los masones, ya que al desencadenarse la revolución roja en España, las ciudades donde ésta triunfó fueron testigos de análogos crímenes realizados bajo la inspiración e impunidad de las autoridades masónicas, que señalaron a la vesania criminal, entre otros muchos patriotas y religiosos, a sus propios "hermanos" irradiados. A Salazar Alonso se le llevó ante un Tribunal popular, *que* le condenó a muerte sin la menor prueba de culpabilidad, por el solo hecho de haber desarrollado una campaña moderada desde el Ministerio de la Gobernación; pero, en realidad, por no haber obedecido a los designios de las logias durante su gobierno. A Melquíades Alvarez, que un día ocupó el puesto más elevado de la masonería en nuestra nación, no se *le perdonó la* condenación *pública* que hizo del movimiento revolucionario de Asturias de 1934, manejado desde detrás de la cortina por las logias; López Ochoa, masón también, se encontraba irradiado y sentenciado por las logias por haberle tocado ejercer el mando de las tropas represoras en Asturias en 1934; decapitado, su cabeza fué paseada en una pica por las hordas, y su cadáver, expuesto posteriormente y registrada su fotografía con la cabeza cortada y colocada entre las piernas abiertas en compás, postura simbólica a que alude el juramento de los masones si traicionan. Abad Conde, político también radical perteneciente a las logias, fué suprimido por la adhesión a su jefe, que, como aquél, habla sido irradiado de la masonería bajo la dirección del "gran Oriente" Martínez Barrio. A un ministro de la Gobernación de una de las primeras situaciones republicanas no se le perdonó su hombría de bien y su buena relación con las derechas, por lo que también había sido irradiado igualmente de las logias. Notarios, abogados, hombres que en la política aparecían como insignificantes, pagaron con sus vidas su colaboración con los católicos y su consiguiente irradiación de la masonería.

La escisión entre la masonería europea y la norteamericana por el asesinato de Darlan, realizado por *instigación de* las logias inglesas, y al que en un trabajo anterior nos referimos, no afectó en forma notoria a las decisiones masónicas en general, cuando éstas no rozan la supremacía de la norteamericana en su Continente, pues siendo los mismos los designios generales que una y otra masonería persiguen, y distinguiéndose solamente por su grado de mayor o menor moderación, lo anticatólico y, en consecuencia, lo antiespañol constituye en uno y otro Continente el alma de sus empresas.

Si analizamos la masonería americana, encontramos que la influencia norteamericana y la unificación y dependencia de Nueva York de las principales logias de aquellos países marcha paralela al aumentar el poder político y económico que Nueva

York viene ejerciendo sobre todo el Continente. Las logias, que un día discurrieron en cada país casi independientes, ligadas solamente por el débil nexo a la logia madre inglesa o a la disciplina francesa, hoy ya obedecen en una gran extensión a los dictados de Norteamérica, que lo mismo que Inglaterra en el Continente europeo consolidó, a través de las logias masónicas, su influencia sobre la política interna de los otros Estados, hoy Norteamérica, a través de sus logias, mediatiza y sujeta a su poder la política interna de los otros Estados hispanoamericanos.

La aparición de Rusia en el concierto universal con el poder surgido de la guerra, acrecentado por la generosidad o torpeza de sus antiguos aliados, hace que ante el peligro soviético se aproximen las masonerías de los dos Continentes. Si un día la masonería utilizó el comunismo como instrumento de la revolución para el logro de sus designios, hoy se siente rebasada por éste y desplazada de muchos sectores de la influencia de las naciones, y *así* como Rusia permanece hermética para *el espionaje e influencia a través de las logias,* pues desde la revolución rusa fueron extirpadas en aquel país, *en cambio, a través de sus hombres de* doble *nacionalidad, ha* filtrado sus agentes en el mundo masónico de sus adversarios.

Trygve Lie, el tristemente célebre secretario de la Sociedad de las Naciones, es un masón conspicuo de alto grado, de doble nacionalidad, por encontrarse al servicio de Rusia como

hombre prosoviético, y a la que debe su pingüe colocación, y estar subordinado, por otra parte, a las logias noruegas, de disciplina europea, y ligado por su juramento de masón de alto grado, a las que continúa obedeciendo en cuanto no contraríe a Rusia; pero que sirve también a aquéllas para realizar sus maquinaciones en las Naciones Unidas. Las logias europeas y americanas tampoco se durmieron en este camino, y hoy Trygve Lie se encuentra verdaderamente rodeado de una legión de masones que los otros Estados se han apresurado a colocarle al lado, sin contar aquellos otros indeseables masones y comunistas españoles exilados, cubiertos de lacras morales, que en ese nido de enchufes que es la Secretaria General de la O. N. U., Trygve Lie, por su propia decisión, ha venido colocando. Si a esto unimos que aquellas naciones de gobernantes masones, como eran una mayoría de los de la posguerra, y en especial sus ministros de Asuntos Exteriores, han designado para su representación en la Sociedad a calificados masones, se comprenderá la euforia de la masonería y su apoyo decidido a una Sociedad de las Naciones que han podido convertir en un templo masónico de primera naturaleza. Y si a ello añadimos los medios de captación y propaganda y fondos disponibles, como jamás ha conocido el mundo, se comprenderá mejor el poder e influencia masónicos en la vida internacional moderna.

Conspiraciones masónicas

31 DE AGOSTO DE 1949

QUE la masonería es una secta hostil a la Iglesia Católica, condenada por ésta al correr de los dos últimos siglos, no admite discusión. Desde 1738, en que el Papa Clemente XII dió la primera sentencia condenatoria contra la secta, es muy raro el Pontífice que no se haya ocupado de recordarnos su excomunión. La Encíclica Humanum Genus, del Gran Pontífice León XIII, recordada constantemente por sus sucesores, no puede ser más elocuente. Constituye un documento perfecto de análisis y de enseñanza para todos los católicos, que debieran leer y conocer, por los peligros que para la sociedad y las naciones la masonería encierra, y que, pese a los años transcurridos, mantiene su vigor ante el materialismo grosero que invade a la sociedad moderna, que crea un caldo de cultivo favorable a la proliferación de la secta, la que progresivamente va invadiendo los órganos de dirección, educación, justicia, propaganda y difusión en todas las naciones.

Ni la masonería ha rectificado lo más mínimo sus doctrinas desde aquellas fechas, sino todo lo contrario, las refuerza y crece en insidia y en maldad, aprovechando el ambiente que ella fomenta y que tanto hoy le favorece.

Si filosóficamente constituye una doctrina racionalista, su espíritu ateo, su carácter secreto y maquinador, sus prácticas criminales y su enemiga declarada a lo católico, la elevan al primer plano en la condenación de nuestra Santa Iglesia.

Se frotan las manos estos días los masones al ver a su rival, el comunismo, sentenciado y excomulgado por el representante de Dios en la tierra, procurando ocultar que si una condenación de esta gravedad pesa en estos momentos sobre el comunismo, ateo y perseguidor declarado de la fe de Cristo, la misma excomunión viene pesando desde hace más de un siglo contra el mundo masónico, hipócrita y maquinador, que, pese a sus formas aparentes, es para la sociedad moderna todavía más peligroso que el comunismo que nos amenaza.

Más dejemos por esta vez al sabio Pontífice la calificación de cuanto la secta representa, aunque por su extensión tengamos que espigar en su grandiosa Encíclica. No se trata, pues, de la exposición de nuestro criterio, sino de la declaración de uno de los más sabios y preclaros Pontífices que en la tierra existieron.

El párrafo quinto de su Encíclica nos dice así: "Puesta en claro la naturaleza e intento de la secta masónica por indicios manifiestos, por procesos instruidos, por la publicación de sus leyes, ritos y anales, allegándose a esto muchas veces las declaraciones mismas de los cómplices, esta Sede Apostólica denunció y proclamó abiertamente que la secta masónica, constituida contra todo derecho y conveniencia, era no menos perniciosa al Estado que a la religión cristiana, y amenazando con las más graves penas que suele emplear la Iglesia contra los delincuentes, prohibió terminantemente a todos inscribirse en esta sociedad. Llenos de ira con esto sus secuaces, juzgando evadir, o debilitar a lo menos, parte con el desprecio, parte con las calumnias, la fuerza de estas sentencias, culparon a los Sumos Pontífices que las decretaron de haberlo hecho injustamente o de haberse excedido en el modo." Y después de acusar "el fingimiento y la astucia de los afiliados a esta iniquidad", continúa en el párrafo séptimo: "A ejemplo de nuestros predecesores, hemos resuelto declararnos de frente contra la misma sociedad masónica, contra el sistema de su doctrina, sus intentos y manera de seguir y obrar, para más y más poner en claro su fuerza maléfica e impedir así el contagio de tan funesta peste."

Acusa igualmente la conspiración de las diversas sectas a la masonería pertenecientes, diciéndonos "que hay en ellas muchas cosas semejantes a los arcanos, las cuales hay mandato de ocultar con muy exquisita diligencia, no sólo a los extraños, sino a muchos de sus mismos adeptos, como son los últimos y verdaderos fines, los jefes supremos de cada fracción, ciertas reuniones más íntimas y secretas, sus deliberaciones, por qué vía y con qué medios se han de llevar a cabo". "Que tienen que prometer los iniciados, y aun de ordinario se obligan a jurar solemnemente, no descubrir nunca ni de modo alguno sus compañeros, sus signos y sus doctrinas." "Buscan hábilmente subterfugios, tomando la máscara de literatos y sabios que se reúnen para fines científicos, hablan continuamente de su empeño por la civilización, de su amor por la ínfima plebe; que su único deseo es mejorar la condición de los pueblos y comunicar a cuantos más puedan las ventajas de la sociedad civil. Cuyos propósitos, aunque fueran verdaderos, no está en ellos todo. Además, deben los afiliados dar palabra y seguridad de ciega y absoluta obediencia a sus jefes y maestros, estar preparados a obedecerlos a la menor señal y de no hacerlo así, a no rehusar los más duros castigos ni la misma muerte. Y, en efecto, cuando se ha juzgado que algunos han hecho traición al secreto o han des- obedecido las órdenes, no es raro darles muerte con tal audacia y destreza, que el asesino burla muy a menudo las pesquisas de la Policía y el castigo de la justicia. Ahora bien. esto de fingir y querer esconderse, de sujetar a los hombres como a esclavos con fortísimo lazo y sin causa bastante conocida, de valerse para toda maldad de hombres sujetos al capricho de otro, de armar los asesinos, procurándoles la impunidad de sus crímenes, es una monstruosidad que la misma naturaleza rechaza, y, por lo tanto, la razón y la misma verdad evidentemente demuestran que la sociedad de que hablamos pugna con la justicia y la probidad naturales."

De su conspiración contra los fundamentos del orden religioso nos habla en distintas partes; así, en el párrafo noveno, nos dice que "de los certísimos indicios que hemos mencionado resulta el último y principal de sus intentos, a saber: el destruir hasta los fundamentos todo el orden religioso y civil establecido por el cristianismo, levantando a su manera otro nuevo con fundamentos y leyes sacadas de las entrañas del naturalismo". En el doce nos expresa: "Mucho tiempo a que se trabaja tenazmente para anular en la sociedad toda injerencia del magisterio y autoridad de la Iglesia, y a este fin se pregona y contiende deber separar la Iglesia y el Estado, excluyendo así de las leyes y administración de la cosa pública el muy saludable influjo de la religión católica, de lo que se sigue la pretensión de que los Estados se constituyan hecho caso omiso de las enseñanzas y preceptos de la Iglesia. Ni les basta con prescindir de tan buena guía como la Iglesia, sino que la agravan con persecuciones y ofensas. Se llega, en efecto, a combatir impunemente de palabra, por escrito y en la enseñanza los mismos fundamentos de la religión católica; se pisotean los derechos de la Iglesia; no se respetan las prerrogativas con que Dios la dotó; se reduce casi a nada su Libertad de acción, y esto con leyes en apariencia no muy violentas, pero en realidad hechas expresamente y acomodadas para atarle las manos."

Y continúa, al tratar de la persecución a la Sede Apostólica, en su párrafo trece, con las siguientes frases: "Por fin se ha llegado a punto de que los fautores de las sectas pro- clamen abiertamente lo que en oculto maquinaron largo tiempo; a saber: que se ha de suprimir la sagrada potestad del Pontífice y destruir por entero al pontificado, instituido por derecho divino." "Últimamente han declarado ser propio de los masones el intento de vejar cuanto puedan a los católicos con enemistad implacable, sin descansar hasta ver deshechas todas las instituciones religiosas establecidas por los Papas." La sujeción de la Iglesia Católica en Méjico, no obstante practicar la fe católica las cuatro quintas partes del país, a la iniquidad de estas leyes y decisiones masónicas ofrece una elocuente confirmación.

Al impugnar la corrupción de las costumbres que la masonería fomenta, nos aclara: "Que la única educación que a los masones agrada, con que, según ellos, se ha de educar a la juventud, es la que llaman laica, independiente, libre; es decir, que excluya toda idea religiosa. Pero cuán escasa sea ésta, cuán falta de firmeza y a merced del soplo de las pasiones, bien lo manifiestan los dolorosos frutos que ya se ven en parte; como que en dondequiera que esta educación ha comenzado a reinar más libremente, suplantando a la educación cristiana, prontamente se han visto desaparecer la honradez y la integridad, tomar cuerpo las opiniones más monstruosas y subir de todo punto la audacia de los crímenes."

"Tiene puesta la mira con suma conspiración de voluntades, la secta de los masones, en arrebatar para si la educación de los jóvenes. Ved cuán fácilmente pueden amoldar a su capricho esta edad tierna y flexible y torcerla hacia donde quieran, y nada más oportuno para formar para la sociedad una generación de ciudadanos tal cual ellos se la forjan." "Que hubo en la sociedad masónica quien dijo públicamente y propuso que ha de procurarse con persuasión y maña que la multitud se sacie de la innumerable licencia de los vicios, en la seguridad de que así la tendrán sujeta a su arbitrio para atreverse a todo."

"Que conviene que el Estado sea ateo; que no hay razón para anteponer una a otra las varias religiones, sino todas han de ser igualmente consideradas."

Al tratar de sus peligros para el Estado y de su influencia sobre los príncipes y gobernantes, nos anuncia con las siguientes palabras lo que luego vimos repetirse en muchas naciones y Estados: "Al insinuarse con los príncipes fingiendo amistad, pusieron la mira los masones en lograr en ellos socios y auxiliares poderosos para oprimir la religión católica, y para estimularlos más acusaron a la Iglesia con porfiadísima calumnia de contender, envidiosa, con los príncipes sobre la potestad y reales prerrogativas. Afianzados ya y envalentonados con estas artes, cornenzaron a influir sobre manera en los Gobiernos, prontos, por supuesto, a sacudir los fundamentos de los imperios y a perseguir, calumniar y destronar a los príncipes siempre que ellos no se mostrasen inclinados a gobernar a gusto de la secta."

La enemiga contra el Soberano belga en los tiempos modernos y la tolerancia con los príncipes masones de Dinamarca, Noruega y Suecia son de una elocuente confirmación.

Señalándonos últimamente para cortar el mal el arrancar la máscara a los masones, dictándonos el párrafo número 29, que realmente no tiene desperdicio. Dice así: "Vuestra prudencia os dictará el modo mejor de vencer los obstáculos y las dificultades que se alzarán; pero como es propio de la autoridad de nuestro ministerio el indicaros Nos mismo algún medio que estimamos más conducente al propósito, quede sentado que lo primero que procuréis sea arrancar a los masones su máscara, para que sean conocidos tales cuales son; que los pueblos aprendan por vuestros discursos y pastorales, dados con este fin, las malas artes de semejantes sociedades para halagar y atraer la perversidad de sus opiniones y la torpeza de sus hechos. Que ninguno que estime en lo que debe su profesión de católico y su salvación juzgue serle licito por ningún título dar su nombre a la secta masónica, como repetidas veces lo prohibieron nuestros antecesores. Que a ninguno engañe aquella honestidad fingida; puede, en efecto, parecer a algunos que nada piden los masones abiertamente contrario a la religión y buenas costumbres; pero como toda la razón de ser y causa de la secta estriba en el vicio y en la maldad, claro es que no es lícito unirse a ellos, ni ayudarlos de modo alguno."

Y termina pidiéndonos nuestras obras y nuestra oración con estas palabras proféticas: "Levántase insolente y regocijándose de sus triunfos la secta de los masones, ni parece poner ya límites a su pertinacia. Préstanse mutuo auxilio sus sectarios, todos unidos en nefando consorcio y por comunes ocultos designios, y unos a otros se excitan a todo malvado atrevimiento. Tan fiero asalto pide igual defensa; es a saber: que todos los buenos se unan en amplísima coalición de obras y oraciones. Les pedimos, pues, por un

lado, que estrechando las filas, firmes y de mancomún, resistan los ímpetus cada día más violentos de los sectarios. Por último, que levanten a Dios las manos y le supliquen con grandes gemidos, para alcanzar que florezca con nuevo vigor la religión cristiana; que goce la Iglesia de la necesaria libertad; que vuelvan a la buena senda los descarriados y al fin abran paso a la verdad los errores y los vicios a la virtud."

Sumemos nuestra voz y rompamos nuestra lanza por las intenciones de aquel preclaro Pontífice y que Dios confunda a los sectarios.

Masonería

Masonería

11 DE DICIEMBRE DE 1949

Ha sido práctica de la masonería a través de los tiempos el negar sus actividades políticas y su importancia fuera de las logias y, amparándose en el prestigio alcanzado por algunos masones, el presentarla como algo inocuo y sin trascendencia; pero los que en España han vivido la masonería y están en el secreto de cómo, a través de las logias, se fraguó su decadencia y se traicionó a la nación, se rebelan contra esta propaganda que pretende enmascarar lo que la masonería representa frente a la libertad y la independencia de la nación.

Esto suscita un problema sobre el que la gente nos interroga: ¿Es la masonería extranjera igual a la española, o es sólo la española la que reviste esas características de traición a la Patria? Yo podría decirles que cada vez que en estos escritos aludiendo a la masonería extranjera he pretendido marcar diferencias, he recibido decenas de cartas de distintos puntos del universo en que personas que aparentemente conocen bien a los masones se rebelan contra el hecho de que nosotros podamos aminorar la importancia del enemigo de la sociedad en que viven, diciéndonos que nos debía bastar el apoyo que la masonería extranjera está dando a los masones españoles para demostrarnos su identificación con la que aquí durante tantos años padecimos.

No cabe duda de que si lo hemos de juzgar en el orden doctrinal y filosófico, la masonería aparece ante los buenos católicos como condenable, pues sin referirse a masonería en particular y sí a todas las masonerías, lo viene decretando así en sus Encíclicas la Iglesia Católica Apostólica Romana; pero en el orden de la delincuencia o de la perversidad hay tantos grados que hemos de juzgarlas por su actuación y la calidad moral de los que las integran. Las leyes y reglamentos por los que la masonería se rige es cierto que han llegado a ser universales, pero la actuación de sus distintas ramas, como la de sus miembros, se nos presenta muy diferenciada.

Proceden todas las masonerías de la que llaman la "logia madre", la logia de Inglaterra, elevada al primer plano en el siglo XVIII bajo la dirección enérgica de Juan Teófilo Desaguliers, pastor, filósofo y sectario, hijo de otro pastor hugonote exilado de Francia con su familia, que supo hacer de su hijo el pedagogo más importante de su época, que logra agrupar bajo su dirección a los sectores más importantes de la intelectualidad y de la nobleza de Inglaterra, tomando bajo él la masonería un carácter cristiano disidente. La difusión que tuvo entre las clases aristocráticas de Inglaterra y su extensión con el tiempo a todos los sectores de aquel país, hasta alcanzar el número de quince millones que hoy compone el de sus afiliados, hace que el nivel moral de la masonería en este país sea sensiblemente el mismo que el general de la nación. Lógicamente, entre esos millones de seres existe análoga proporción de caballeros y de granujas que en la masa general de cualquiera otra nación de iguales religión y costumbres; el predominio del protestantismo en el país, tan vinculado a la masonería, no ofrece, por otra parte, el menor obstáculo para su desarrollo y poder militar en la secta.

De Inglaterra pasa la masonería al Continente, y es aco*gida* con entusiasmo por la nobleza francesa, tocada del snobismo de la intelectualidad; ansiosa de sacudirse el yugo de su monarca absoluto, conspira contra él en las logias con los librepensadores de aquel tiempo; más pronto se emplebeyece ante el aluvión que le llega de las clases medias y comerciales, y entonces, para matar el espíritu de igualdad, que repugna a las aristocracias, ya sean de sangre o de inteligencia, se crean los grados, con los que en lo sucesivo vemos diferenciados a los masones poderosos de los masones de alpargata.

Naciendo la masonería de una disidencia religiosa, el hecho religioso es el que viene imprimiendo carácter a la masonería en las naciones. La disidencia protestante, encabezada y dirigida por el propio rey de Inglaterra, acaba imponiendo a la nación el imperio de su desvergüenza, y al huir del país los puritanos, la masonería no encuentra obstáculos para su desarrollo, lo que no ocurre en Francia ni en los países en que, siendo la nación eminentemente católica, la masonería vive a espaldas de la ley, nutrida en general por ateos y librepensadores, hombres sin religión enfrentados con la sociedad, que crean el recipiente donde en lo sucesivo van a verterse arrivistas, conspiradores y delincuentes.

Al quebrantarse por la revolución el poder absoluto de los monarcas, la masonería asciende en su camino político y encabeza y propulsa los movimientos liberales en las naciones para, superada esta primera etapa, discurrir por la pendiente del izquierdismo y de la demagogia. Al extenderse así la masonería por las distintas naciones tropieza con un pueblo enquistado en la sociedad en que vive, que ve en la secta un campo ideal para las maquinaciones a que un complejo secular de inferioridad y de rencor desde la dispersión le viene arrastrando: son los judíos del mundo, el ejército de especuladores acostumbrados a quebrantar o bordear la ley, que se acoge a la secta para considerarse poderosos. Judaísmo, ateísmo y disidencia católica nutren desde entonces las logias continentales.

Que la masonería es eminentemente política, pese al carácter apolítico con que quiere presentarse, nadie puede dudarlo: no hay más que examinar su doctrina y las especificaciones y tesis de sus distintos grados, para demostrarse en el propio orden doctrinal los objetivos políticos y su parcialidad. Si fuese su actuación la que mirásemos, sus actividades nos parecerían como eminentemente políticas.

Entre la masonería inglesa y la otra masonería de Europa aparece una diferencia esencial: esos pequeños sectores que en las otras naciones aparecen adueñados de la masonería, en Inglaterra se pierden en la masa para constituir una organización secreta superpuesta a la del Estado y persiguiendo iguales fines. El mismo jefe une en su mano la potestad masónica y la potestad real: Su Graciosa Majestad británica es el gran maestre y jefe nato de la gran logia de Inglaterra, aunque las funciones ejecutivas estén confiadas a uno de sus reales duques, en estos momentos el de Devorshire, que desempeña la jefatura directa de la secta. La autoridad firme del soberano sobre los súbditos queda de esta forma reforzada por la disciplina secreta, que sujeta a todos los miembros de la masonería a su obediencia.

El hecho de que sistemáticamente en Inglaterra se corte el paso a las altas jerarquías y puestos de responsabilidad a los católicos, reducido sector de aquel país, garantiza la eficacia y el perfecto funcionamiento al lado del poder de la masonería. El ser, por otra parte, la casi totalidad de los ingleses masones, hace que la masonería no haya interferido todavía la política, estableciendo un lazo de unión que en los momentos graves pacifica los espíritus a golpe de mallete. Un peligro, sin embargo, se vislumbra para el porvenir en el horizonte de la

Gran Bretaña: es la honda escisión que se acusa en el pueblo inglés con motivo de la política laborista. La masonería es en su esencia en Inglaterra burguesa,

liberal, patriótica y jerarquizada, todo lo contrario de lo que el laborismo proclama, y este movimiento de la masa es tan fuerte y contrario que, a plazo corto, tendrá aquella que escindirse enfrentando a la masa con sus directores.

Si la masonería no rebasase los límites de lo nacional, sin proyectarse al exterior, podría sernos indiferente cómo discurriese en cada uno de los otros países; pero al no ser así y perseguir objetivos políticos sobre los otros pueblos, éstos no pueden ser indiferentes a lo que contra ellos se trame o se conspire. Esto se acentúa más en los países más fuertes y poderosos, que hasta ayer ha venido empleando la masonería como instrumento secreto de su poder para minar, dividir y traicionar a sus rivales o a sus vecinos. Así encontramos a la masonería inglesa y francesa al correr de todo el siglo XIX y la mitad del XX, interviniendo a través de las logias en la política interna de las otras naciones. En la Gran Bretaña, donde la masonería se confunde con el propio Estado, la vemos sirviendo a su política de dominio sobre los otros pueblos, con ese enorme egoísmo que al inglés caracteriza, y constituir en el extranjero el órgano más eficaz para sus servicios secretos y sus actividades clandestinas. Esto explica la gran diferencia que tiene que haber entre el juicio de los beneficiarios del sistema y el de aquellos que, como nosotros, por católicos y por españoles, aparecemos entre sus víctimas.

En las naciones en que la masonería constituye una exigua minoría dentro del país los términos se invierten: las organizaciones del Estado y las de la masonería discurren por caminos opuestos; aquéllas, al descubierto; éstas, soterradas en la sombra, parasitando y minando sus organizaciones. Sobre los partidos políticos y su disciplina impera la disciplina más fuerte de lo masónico, que maneja como peleles a los primates políticos, acostumbrándonos a ver a un hombre oscuro y desconocido mandar con poder absoluto, sin responsabilidad, sobre los masones gobernantes. Así, sobre el sagrado interés de la nación y del pueblo, triunfa el de la secta y de sus secuaces.

Los masones de estos países no suelen aparecer vinculados a la nación, como les ocurre a los ingleses. Se sienten más internacionales, obligados por los dictados de la secta y de la masonería internacional, a la que acaban sometiendo el interés de su propia nación. El tratarse de una minoría exigua ligada con juramentos de obediencia a las órdenes y consignas de sus superiores, por encima de otra cualquier consideración de equidad o de conveniencia patria, la convierten por este solo hecho en materia execrable.

La masonería francesa en este orden no podía dejar de ser influenciada por el "chauvinismo" y el orgullo franceses, y al dominar durante tantos años a los principales partidos gobernantes, es empleada por éstos para su política interior y exterior; en la interior, para subordinarlos por la captación de sus cabezas, miembros hoy de la secta, a los partidos obreros, y en la exterior, para conspirar contra su unidad y debilitar a sus vecinos.

Supongo las dudas que asaltarán ante estos hechos al lector: ¿Cómo gentes que tenemos por rectas y honorables pueden llegar a esto? El materialismo y la ambición todo lo pueden. ¡Cuántas gentes que considerábamos honorables nos han sorprendido un *día* con el descubrimiento de su vida oculta! La persona que no tiene religión ni frenos morales puede llegar a caer en abismos insospechables para la conciencia humana. Se llega a ello no de una vez, sino poco a poco, con pequeñas y sucesivas entregas. Es muy poco, en general, lo que al iniciarse al masón se le pide en la logia: obediencia y disciplina por encima de toda otra consideración, ausencia de sentimientos religiosos, que poco a poco

> en la orden se le prueba y se le contrasta, y en caso de que le vean dudar o no se doblegue, se le separa o se le irradia.

Ha sido corriente a través de la Historia el que los masones rápidamente encumbrados se vieran obligados a la obediencia y a la disciplina antes que su ánimo y su grado los hubieran templado a través de las pruebas, y se han dado casos frecuentes de rebeldía que la masonería hizo pagar con la vida. La gran mayoría de los crímenes políticos que en los últimos años conocimos fueron debidos a sentencias y ejecuciones de la secta frente a casos de independencia o rebeldía.

Si a España nos referimos, el caso es mucho más sangrante, pues al tratarse de un país católico que conserva arraigados su fe y su espíritu, los miembros de la masonería, como hombres excomulgados por la condenación pontificia, son despreciados de la sociedad. Es rara la mujer que se une sabiéndolo, a un masón, y ellos lo ocultan cuidadosamente. Solo en los años de la desvergonzada República española un reducido número de masones de baja calidad se jactaron de ello. Su calidad moral y sus sentimientos anticatólicos y ateos imprimieron carácter a las leyes y a las pasiones de aquella época.

Por haber existido en España durante varios siglos una Monarquía secular católica y honorable, la masonería no encontró ambiente para su desarrollo, y sólo en el grupo de monárquicos liberales influidos por la Enciclopedia se mantuvo vergonzantemente en el país el espíritu de la secta, aunque dispuestos a traicionarla en la primera ocasión y siempre a la hora de la muerte. Captado ese pequeño grupo político, la masonería se nutría de un reducido número de ateos, librepensadores y de la parte burguesa de la delincuencia de la nación, que buscaba en la protección masónica el escapar al castigo. Desfalcadores de fondos, malcasados y prevaricadores, amén de un número reducido de desgraciados hijos de masones a quienes desde su adolescencia sus padres o superiores pervirtieron o iniciaron, son los que alimentaron sus filas.

Las guerras civiles y movimientos políticos del siglo XIX, con el exilio periódico de los derrotados, contribuyeron a formar esa exigua minoría de masones políticos, que al expatriarse se afiliaban a las logias extranjeras, a las que más tarde se veían subordinados. Al efectuarse, con los cambios políticos, su retorno y escalar el poder como sacrificados, crearon los partidos liberales y revolucionarios una especie de dinastía masónica, ante el hecho de que todo masón no emplea ni concede puestos de elección ni de ventaja a quienes no sean masones como él. El paso por el Poder de la primera República española en el último tercio del siglo XIX consiguió por muchos años a la política liberal unas verdaderas clientelas masónicas. Su jefe entonces, don Práxedes Mateo Sagasta, fué el "hermano Paz", durante algún tiempo el gran Oriente de la masonería española.

La irregularidad de la masonería española y sus escándalos internos ha sido perenne en toda su historia, y demostrada por el hecho de que hasta muy avanzado el actual siglo no haya sido admitida a las reuniones y a los acuerdos internacionales, por el estado de verdadera anarquía y de irregularidad de sus logias.

Mirando a la masonería desde el ángulo de lo patriótico, su historia no puede ser más triste y desgraciada. La masonería fué el arma que el extranjero introdujo en España para destruir la autoridad real y dividir a los españoles, el medio con que se ininó y destruyó la fortaleza española, el instrumento que ingleses y franceses utilizaron desde hace siglo y medio para influir y mediatizar a nuestra nación. Todos cuantos sucesos revolucionarios se provocaron en el siglo XIX fueron dirigidos y explotados por la masonería: la emancipación de los pueblos de América, las traiciones de Riego y de Torrijos, la pérdida de las Colonias, la revuelta sangrienta de Barcelona, la proclamación de las dos Repúblicas, la revolución de Asturias en el año 34, todas cuantas desdichas en siglo y medio España vino sufriendo, y hasta la impunidad de sus autores, es obra de la traición masónica.

Si a los tiempos presentes nos ceñimos, en ella encontraremos la base de la conjura contra nuestra nación. Nuestro renacer católico y nuestra voluntad de grandeza están en pugna con el destino que la masonería había marcado a nuestra nación. No en balde religión católica y España fueron los blancos de la masonería internacional a través de todos los tiempos.

Si hemos de perseverar en nuestra fe y seguir persiguiendo nuestra independencia y nuestra grandeza, hemos de resignarnos a llevar a la masonería por algún tiempo colgada de los pies.

UNA FRASE LAPIDARIA

12 DE FEBRERO DE 1950

EXISTE en los discursos de nuestro Caudillo una frase que yo mandaría grabar en las paredes de los edificios y en los libros de historia para la enseñanza de los muchachos, buscando una reacción refleja que anule para siempre, entre nosotros, los gérmenes de la división; me refiero a aquella, fabricada en Gran Bretaña, de "españoles contra españoles", que les permitió alcanzar en pocos años lo que no pudieron a pesar de todos las guerras que se nos promovieron. La receta fué para nuestros enemigos tan eficaz y el apego que sienten hacia ella tan grande, que desde hace diez años se viene esgrimiendo por los Gobiernos, radios y Prensa hostiles para fomentar nuestra división, alimentando y estimulando las escisiones.

La esplendorosa floración del árbol español producía en sus siglos de grandeza tanta sombra, que sus vecinos se confabularon para socavar sus raíces. Hoy, que aquél brota con nuevos bríos y la promesa de nuevas y más grandiosas floraciones, se pretende de nuevo por los adversarios de fuera y los traidores de dentro sembrar en nuestro organismo los bacilos de la disociación. La posdata de la carta de Prieto a Blum, documento sensacional publicado en nuestro diario *Arriba,* es de una elocuencia abrumadora. Recordémosla:

"Los datos que me dais de los trabajos masónicos entre los profesores y los estudiantes de mi país son muy interesantes. Algo conocíamos de ello por noticias de procedencia "monárquica".

"Vuestra pregunta acerca del entronque de esto con el Gobierno Albornoz ha de quedar sin respuesta hoy. Buscaré; pero vos, *mon cher,* tenéis contactos sobrados con ellos, y más aún los tiene Herriot."

Todo el sístema masónico está fundamentado en *dominar* a través de unas exiguas minorías bien colocadas al resto de la nación, haciendo primar el interés del grupo o de la secta sobre el general del pueblo; pero mientras unas naciones constituyen el elemento activo de la conjura, otras son el sujeto pasivo de la masonería extranjera, lo que viene ocurriendo en España y algunos otros países desde que la masonería puso la planta en ellos.

La masonería persigue la conquista de las personas bien colocadas por su posición política, su cargo o su valer, que puedan facilitar a los masones, por su influencia y protección, el vincular a la masonería los puestos clave del Poder y de la influencia. Introducida a lomos de la intelectualidad, fué la política su primer objetivo, y, alcanzados los aledaños del trono y la influencia en la Corte, vinieron los presidentes masones y, con ellos, las dinastías masónicas de subsecretarios y directores generales, el ofrecer a través de la masonería el medio más eficaz para alcanzar las sinecuras. Nunca se habrá repetido bastante que un deber impuesto al masón es elegir sus colaboradores entre los masones y preferir a éstos sobre los profanos. Así, todo ministro masón ha designado para

subsecretario, secretario y colaboradores siempre a ma*sones,* y cuando no lo ha hecho ha tenido que enfrentarse con las iras y las sanciones de la secta.

En este camino los pasos más difíciles fueron los primeros, las primeras conquistas facilitadas por el snobismo intelectual de la aristocracia a principios del siglo XIX, que caracterizó a la invasión enciclopédica. Las luchas políticas de aquel siglo, con sus exilios frecuentes y la afiliación a los clubs y logias extranjeros de los expatriados, desnaturalizó a la masonería española y la vinculó a una supeditación a Francia e Inglaterra, en la última de las cuales la masonería constituía un timbre de la aristocracia tan favorable al snobismo de muchos españoles decadentes.

La faceta de intelectualidad que a la masonería caracterizó en su principio llevó a ésta a espigar en el campo fecundo de la Universidad, buscando, bajo el tópico de la libertad del pensamiento y de la egolatría, en la que el intelectual es tan propenso a caer, el medio para descristianizarle y alimentar el espíritu revolucionario que el siglo XIX encarnaba.

Fué así la alta sociedad española, la aristocrática, la política y la intelectual, la que ejecutó en todo ese siglo desgraciado la consigna de "españoles contra españoles", que había de lograr que, sin pena ni gloria, se perdiese un imperio donde no se ponía el sol. No constituía, como en verdad un día nuestro Caudillo proclamó, decadencia del pueblo español ni de sus clases más numerosas, pues lo mismo las medias que las humildes dieron destellos de valer y heroísmo durante esta etapa, ya fuera en nuestro solar o en los secesionados, *sino de las clases directoras, de esas minorías ambiciosas e* insaciables, que lo mismo ayer, que hoy, que mañana, si no vigilan los españoles, estarán siempre dispuestas a la traición.

El tinglado masónico estaba tan bien montado y obedecía tan bien a las consignas exteriores, que España se convertía en presa fácil para hacer que el lugar más estratégico de Europa y el pueblo más recio y viril del Universo no contasen en el concierto de los pueblos. Así, cuando España, repuesta de sus heridas, se disponía a un nuevo quehacer en el norte africano, las logias al servicio del extranjero suscitaron aquellos movimientos revolucionarios de las dos primeras décadas del siglo, a que puso término la dictadura del general Primo de Rivera; tiempos felices de las Exposiciones, que, al proyectar al exterior nuestro resurgir, despertaron el recelo de los eternos rivales.

Las logias entonces aparecían en plena decadencia por la calidad y el número de sus afiliados, que apenas rebasaba una decena de miles; pero su germen vivía latente en los hombres liberales y en aquella Institución Libre de Enseñanza, de desgraciado recuerdo, que constituía un medio de captación y de recluta entre lo más destacado de la juventud universitaria, que, como a Fausto, le abría el camino de la fama mediante la venta de su alma.

No podemos separar en este recuento al pequeño sector *del mundo sin alma de las finanzas, el de los vinculados a los* intereses de fuera, que más tarde habían de hacer el juego a la consigna masónica de difamación de la Hacienda española y de la Dictadura. Más faltaba el suceso de la calle que diera apariencias de realidad popular a lo que estaba huero y falto

de contenido. Y fueron los masones de la Universidad, que callada e hipócritamente laboraban, los que ofrecieron la noble cantera de la juventud ingenua y siempre dispuesta al desvarío, como presa fácil para servir al interés extraño.

Se fué la Dictadura, aburrida y cansada, y cayó tras ella la Monarquía, como fruta madura víctima de sus debilidades. Y a la proclamación de la República salió a la luz toda la desvergüenza, y, sin pudor y alargando la mano, muchos recibieron el precio de su traición, apareciendo los cabecillas y revoltosos de la F. U. E. cobrando la letra de sus engaños sobre sus compañeros, y en aquellos momentos de omnipotencia y de desenfreno masónico se declararon como tales los más conspicuos de aquellos elementos.

La noble reacción de la juventud no tardó en producirse, y al surgir el Movimiento Nacional sale a la luz toda la basura de las logias y se descubre cómo en la Universidad existían dos organizaciones, designadas en el argot masónico con los nombres de F. U. E. externa y E. U. E. interna. La primera comprendía la Federación Universitaria de Estudiantes, la pública, a la que la mayoría de los estudiantes pertenecía, y la otra, la secreta, la masónica, constituida por sus principales directivos y afiliados a la masonería, que recibían las consignas del gran Oriente español y que engañaban y traicionaban a sus compañeros. Organización ésta que no fué sólo española, pues se trasplantó, y hoy vive en muchos países americanos, donde unas organizaciones de este mismo carácter y disciplina secreta masónica están establecidas.

La alusión en la carta de Prieto a los trabajos sobre la Universidad con el ánimo de perturbarla, viene a confirmar nuestras observaciones sobre la periodicidad de estos intentos, que hoy se desea repetir sin pensar que existen grandes y no pequeñas diferencias: que entonces no había tenido lugar una guerra de liberación y un tributo de sangre como el de nuestra juventud, que otorga una fuerza moral indestructible a los Poderes públicos para extirpar con el mayor rigor todo germen de resurgimiento de la *traición;* que, en parangón con el régimen decadente entonces existente, tenemos hoy un Poder público fuerte y alertado, que sabe lo que es la masonería y cómo trabaja, y no parece dispuesto a darle plaza ni lugar. Y si fuera esto poco, que contamos con una juventud ejemplar, que podrá ser sorprendida en su vehemencia y engañada en sus nobles afanes, pero que bastaría una sola palabra para que se desencadenasen sus nobles, generosas y temibles reacciones. Existen demasiados antecedentes sobre los contaminados de la peste para que no fuese fácil realizar una enérgica y segunda vuelta.

ENEMIGOS ETERNOS

22 DE FEBRERO DE 1950

DEMOSTRADA en forma incontrovertible la filiación masónica de los autores principales de nuestras desgracias patrias, por haber constituido la masonería, al correr del último siglo, el arma que se esgrimió para lograr la desmembración de nuestro Imperio, la pérdida más tarde de los últimos restos coloniales y la caída en tiempos contemporáneos de la Monarquía, bastaría esta larga y fatídica historia para ser odiada y estigmatizada por todo buen español; pero si a ello se añade la condenación explícita que los Pontífices vienen haciendo en todos los tiempos de tan nefasta secta, contra la que han pronunciado los anatemas más graves que la Iglesia reserva para los grandes males, se explica que un pueblo católico como el español, en que la casi totalidad de sus naturales profesan la verdadera fe de Cristo, se consideren incompatibles con una organización que traiciona los dos grandes ideales que el pueblo profesa: el del Dios verdadero y el del amor a la Patria.

No existe, por otra parte, una sola actividad ni corporación que de manera clara no repugne la doctrina y los procedimientos masónicos como conspiración sórdida de quienes, por procedimientos inconfesables, pretenden alcanzar lo que no obtendrían en el campo de las nobles competiciones.

El que en algunas ocasiones hayan militado en la masonería personas destacadas de la política, las ciencias o las letras no podrá borrar los fines condenables que la masonería persigue y los daños que a la sociedad ocasiona. Si condenable es toda confabulación secreta para ayudarse por encima de la ética y de la equidad, lo es más cuando sus principales esfuerzos se dirigen a subvertir el orden moral establecido y trabajar por la implantación de unas leyes en pugna con la fe, la tradición y el sentir general del pueblo.

En este ambiente justamente hostil que a la masonería rodea, ésta se refugia en el! amparo que suelen prestarle los elementos extranjeros y las confesiones disidentes, a los que sirve en justa correspondencia para sus intrigas y maquinaciones en el país.

El tipo clásico del masón español es el vergonzante que no se atreve a enfrentarse con la condena general de la sociedad en que vive y que procura por todos los medios ocultar hasta a la familia íntima su actividad sectaria, pero que en la mayoría de los casos, y después de una vida más o menos perversa, acaban, en sus postrimerías, por buscar en el seno de la Iglesia el perdón y el viático para el gran viaje.

Esta tragedia en que se desenvuelve la vida del masón en nuestro país hace que las filiaciones a la masonería sean poco frecuentes, y que para unas docenas de desgraciados hijos de ateos o de masones descreídos, a los que la falta de formación religiosa facilitó su entrada, constituyen legión los que van a ella forzados para salvarse del deshonor público por un desfalco u otra clase de delincuencia, o los empujados por la ambición, vulgares logreros sin escrúpulos, que en las épocas de predominio masónico pretenden trepar por la escala que ésta les brinda hacia los puestos y las prebendas.

La puerta para la entrada de la masonería se ofrece amplia y llana; todo son facilidades para el neófito; muy poco es con lo que tropieza en su iniciación que pueda estar en pugna con su buen natural cuando se carece de fe. Poseer medios de vida,

indiferencia religiosa, aparente discreción y conocer someramente las obligaciones del aprendiz masón, que el masón presentante se ha encargado ya de enseñarle, son todas las exigencias en un principio. Los tópicos de hacer el bien, de que todas las religiones son buenas y otros lugares comunes de la propaganda masónica es lo que oirá sonar en los primeros tiempos, con los que le enmascaran los verdaderos fines.

En la iniciación y pruebas hay que establecer una diferencia entre los que van a la masonería como recurso de salvación y aquellos otros que, por el puesto que han alcanzado en la sociedad o por el porvenir que ofrecen, la masonería ve con agrado y se adelanta a su captación. Y así como a los primeros se les exigen pruebas más duras y el desarrollo de una tesis filosófica o pensamiento masónico que demuestre la entrega total del aspirante masón y lo deje sujeto por su firma a las represalias de la masonería si faltase a su palabra, a los segundos se les suele dispensar en parte o en todo de las pruebas, que pasan a ser meras formalidades.

Entre las tesis descubiertas en una logia española con motivo de la revolución figuraba la exigida a un militar que había pasado por un difícil trance, en que se desarrollaba una monstruosa diatriba contra el Ejército al que pertenecía y contra la Patria que había jurado defender. El deshonor en que hubiera caído ante toda la sociedad española caso de hacerse público lo entregaba atado de pies y manos, para siempre, a las maquinaciones de la logia.

En esto varían mucho las costumbres de unas logias a otras, según el lugar y la calidad de sus miembros. No en vano las logias españolas se han distinguido siempre por su irregularidad y su indisciplina, y ser la estafa y las trapacerías moneda corriente entre los "hermanitos".

Se podrían llenar libros con hechos sucedidos de esta naturaleza, que van desde aquel masón secretario de un capitán general de región española, que al proclamarse la República se puso al descubierto cómo traicionaba a su general y amigo, al venir entregando a los conspiradores republicanos las copias de las cartas y escritos reservados que aquél recibía de su ministro, hasta aquel otro masón que formando parte de un Tribunal de Honor contra otro compañero masón por sus actividades masónicas, votó la expulsión del "hermanito" para congraciarse con los otros elementos del Tribunal, aprovechando el secreto de las votaciones. Desleales con la Patria, desleales con sus superiores y desleales con sus propios hermanos.

Del peligro que hombres de esta calaña alcancen los puestos de dirección de las naciones nos previene aquel gran español que, al correr del siglo XVII, dedicó las vigilias de sus largos viajes a través de Europa como embajador, a dar a su Rey los frutos de su sabiduría y de su ingenio en el hermoso libro de las cien empresas, dirigidas al príncipe cristiano, en cuya empresa 52 nos pone en guardia contra lo que un día había de constituir el cáncer que corroyese a la sociedad moderna, y con cuyas palabras voy a poner digno remate a esta otra modesta empresa de divulgar entre los españoles lo que la masonería representa para ellos.

Elige Saavedra Fajardo el escorpión como símbolo para presidir su empresa, y por ello nos dice:

"Aun trasladado el escorpión al cielo y colocado entre sus constelaciones, no pierde su malicia, antes es tanto mayor que en la tierra cuanto es más extendido el poder de sus influencias venenosas sobre todo lo criado."

"Consideren bien los príncipes las calidades y partes de los sujetos que levantan a los magistrados y dignidades, porque en ellas las inclinaciones y vicios naturales crecen siempre y aún muchas veces peligran las virtudes, porque viéndose fomentada y briosa la voluntad con el poder, se opone a la razón y la vence, si no es tan compuesta y robusta la virtud que puede hacerle resistencia, sin que le deslumbren y desvanezcan los esplendores de la prosperidad."

"Si los buenos se suelen hacer malos en la grandeza de los pueblos, los malos se harán peores en ella. Y si aún castigado e infamado el vicio, tiene imitadores, más los tendría si fuese favorecido y exaltado. En pudiendo la malicia llegar a merecer los honores,

¿quién seguirá el medio de la virtud? Aquélla en nosotros es natural; ésta, adquirida o impuesta. Aquélla arrebata, ésta espera los premios, y el apetito más se satisface de su propia violencia que del mérito, y como impaciente, antes elige pender de sus diligencias que del arbitrio ajeno"

"Premiar al malo ocupándole en los puestos de la República es acobardar al bueno y dar fuerzas y poder a la malicia. Un ciudadano injusto poco daño puede hacer en la vida privada, contra pocos ejercitará sus malas costumbres; pero en *el* magistrado, contra todos, siendo árbitro de *la justicia* y *de* la administración y gobierno de todo el cuerpo de la República. No se ha de poner a los malos en los puestos donde puedan ejercer su malicia. Advertida de este inconveniente, la Naturaleza no dió alas ni pies a los animales muy venenosos porque no hiciesen mucho daño. Quien a la malicia da pies o alas, quiere que corra o que vuele."

"Suelen los príncipes valerse más de malos que de buenos, viendo que aquéllos son ordinariamente más sagaces que éstos; pero se engañan, porque no es sabiduría la malicia, no puede haber juicio claro donde no hay virtud. Por esto el Rey *Don Alonso* de Aragón y de Nápoles alababa la prudencia de los romanos en haber edificado el templo de la *Honra dentro* del de la Virtud, en forma tal que para entrar en aquél se habla de pasar por éste, juzgando que no era digno de honores el que no era virtuoso, ni que convenía pasasen a los oficios y dignidades los que no habían entrado por los portales de la virtud."

Ateos, descreídos, ambiciosos, malcasados, desfalcadores y desleales nutren en nuestra nación las filas de la masonería, acusando en los miembros de la secta la falta absoluta de virtudes. Todo cuanto Saavedra Fajardo considera nefasto para el gobierno de los pueblos. En esto y sólo en esto hemos de buscar las causas de nuestra decadencia y de las desgracias patrias.

CRÍMENES DE LAS LOGIAS

19 DE MARZO DE 1950

CON motivo de mis trabajos sobre la masonería venimos observando dos fenómenos: el de las personas que, conociendo los fines que la masonería persigue y sus actividades en otros países, se quejan de que nos hayamos permitido hacer determinadas concesiones a la masonería extranjera en orden a la calidad de sus miembros, y otro, el representado por el boletín de noticias de una Embajada, que pretende recordarnos que la masonería inglesa no es atea y sí cristiana.

Si nos colocamos en el orden de los principios y de la moral, siendo unos mismos los fines e iguales los estatutos y reglamentación, a todos debe alcanzar la condena, y reconocemos, con nuestros lectores, que es más peligrosa la masonería cuanto más se reviste con la piel del cordero y más correcta y moderada se nos presenta. Basta el que constituya una secta secreta y esté condenada por la Iglesia para que hayamos de considerarla como execrable, eso nadie puede dudarlo; que sus procedimientos son los mismos en todas las logias y que sus grados superiores, poseedores de los grandes secretos, se alcanzan después de haber superado las pruebas y adquirido un crédito de absoluta confianza a través de los grados inferiores, es también innegable; que la obediencia a los mandatos superiores de la logia obliga a todos los afiliados por encima de los dictados de la fe que se profese, de la propia conciencia y de los intereses de la patria, expresa en sí lo suficiente en orden a su reprobación; que la ayuda mutua entre los francmasones es obligada, por encima de los principios de equidad y de la sana justicia, la Historia lo demuestra; que el masón no puede desobedecer las órdenes de la logia en lo que de él dependa, y que al que desobedece en materia grave dichos designios la masonería se encarga de perseguir y castigar hasta la ejecución del sujeto, viene siendo comprobado al correr de los tiempos por la cadena de los crímenes masónicos, que en su casi totalidad vienen quedando en la más grave de las impunidades.

Ahora bien: ¿conocen todos los masones los designios secretos de la masonería? Pues si, como nosotros sabemos, existen masones enterados y masones comparsas, no es posible que arrojemos la misma responsabilidad sobre los neófitos de los primeros grados que sobre los que alcanzaron los superiores, en que ya tienen acceso a los grandes secretos. Y aun entre la masa de los grados inferiores tampoco podemos considerar la misma responsabilidad de los que entran en una logia donde militan personas bien vistas de la sociedad que la de los que se afilian a las compuestas en su casi totalidad por ateos, delincuentes y libertinos.

Que la masonería, lo mismo en España que fuera de España, ha venido constituyendo un vehículo para la traición, queda suficientemente demostrado en la historia política de las distintas secesiones. Logias inglesas fueron las que prepararon la separación de Norteamérica de Inglaterra, volviéndose contra la logia madre, y logias españolas, bajo la disciplina y consignas extranjeras, las que en el siglo pasado fraguaron la secesión de toda Hispanoamérica.

Que en la masonería se fraguan, además, crímenes políticos y de hermanos masones, es cosa probada; pero que los masones desesperadamente niegan justificándose en la impunidad que, debido a sus grandes influencias, quedan la gran mayoría de sus crímenes.

No podemos negar la técnica especial con la que las ejecuciones se llevan a cabo y se preparan para que queden en la mayor impunidad. La vinculación de la masonería con las organizaciones carbonarias, extremistas, anarquistas o de pistoleros ha quedado demostrada en la historia de los crímenes políticos españoles y extranjeros durante siglo y medio. La expansión de la masonería a grandes sectores de la Prensa y de los puestos clave en la administración de justicia permite desde los primeros momentos preparar la impunidad del crimen y desviar la atención pública hacia otros móviles. Cuántos asesinatos de los que hoy se achacan al comunismo caen en la directa responsabilidad de la masonería! Más no tenemos que remontarnos en la Historia para demostrar estos hechos.

Al desencadenarse en julio del 36 el Movimiento Nacional se sucedieron en la zona roja, bajo la presidencia y los Gobiernos masónicos, ejecuciones en masa de masones que habían sido irradiados de la masonería como consecuencia de la revolución del año 1934, pese a estar en poder del Gobierno rojo todas las fuerzas de seguridad y del Ejército de la zona que dominaban, y en el Gobierno, los jefes de las organizaciones extremistas. Ni el estar en hospitales ni tras los muros de la cárcel les sirvió de nada a aquellos desgraciados. En realidad, no se hacía más que continuar la serie iniciada después de la revolución de Asturias con el asesinato de aquel diputado melquiadista, que en tiempos había disfrutado en la masonería de un alto grado, pero que había cometido el gran delito para las logias de, llevado de su hombría de bien, condenar en las Cortes con toda energía las violencias de aquella revolución. Mientras él, reconciliado con la Iglesia, moría perdonando a sus enemigos y rogando no se ocupasen de ellos, el crimen quedaba, pese a las pistas claras, en la mayor de las impunidades. Todos los diputados radicales que cayeron en la zona roja, y que por colaboraciones con los hombres católicos y de derechas habían sido irradiados de la masonería, lo fueron bajo el brazo homicida que las logias, explotando la revolución, habían armado.

No alcanzan, sin embargo, estas ejecuciones solamente a los que, tachados de traidores a la orden, ésta decreta su exterminio, sino que alcanza también a los crímenes políticos más graves y trascendentes. A este respecto, hemos de recordar la historia de un regicidio frustrado en tiempos relativamente contemporáneos, y que vió la luz en época de la República por deseo expreso de un caracterizado masón de que se publicase después de su muerte. Daba cuenta el interesante escrito de cómo, con motivo de la visita a una base naval del Monarca español, en una logia masónica de aquella ciudad se pretendió fraguar su asesinato: un hermano masón se ofreció a atentar contra la vida de su Rey, amparado en la vía libre que para acercarse a él le daba su uniforme. Sólo la intervención enérgica y decidida del a la sazón jefe de la logia, aunque incrédulo, hombre bondadoso y de recta conciencia, se opuso terminantemente a la ejecución, pudiendo evitarse el regicidio que los otros hermanos preparaban. Lo que hubiera pasado sin la presencia de aquel espíritu más recto nadie puede dudarlo, pero el hecho importante que debemos anotar es el de que en una logia española se fraguase en la mayor impunidad el asesinato de su Monarca.

Otro crimen monstruoso tuvo lugar a raíz de la ocupación de Madrid, y que esta vez, gracias al Movimiento Nacional, no quedó, como los otros, en la impunidad. Me refiero al asesinato premeditado de un falangista español, que hubiera pasado como un accidente casual si una investigación más despierta no hubiera permitido descubrir los hilos de la trama y sacar a la luz toda la miseria moral de los que la fraguaron.

Una muchacha agraciada se ofrece como mecanógrafa para ayudar en los quehaceres de la Falange Femenina en los primeros días después de la ocupación de Madrid, y allí busca la amistad de un joven falangista que, habiendo tenido relación con la masonería, colabora con un jefe de la Guardia Civil en el descubrimiento de determinados sucesos masónicos. El muchacho no resiste a la atracción de Eva y nace el noviazgo. Cuando uno de aquellos días conversan amorosos en un parque solitario, la muchacha le propone contemplar la pistola, y, colocándola a cortísima distancia sobre su vientre, la descarga sobre la víctima. Al acudir los transeúntes, el muchacho es transportado al hospital más inmediato, donde es atendido por el médico de guardia. Las únicas palabras que pronuncia en un momento de lucidez antes de morir son: "Fulanita, ¡no te creía capaz de esto!", expirando seguidamente. Sin embargo, pasaban los días y la autora del crimen se paseaba libremente. La mano de la masonería parecía librarla del peligro que la acechaba; pero el muerto tenía amigos y camaradas que conocían que había trabajado a las órdenes del comandante Gabaldón , misteriosa y bárbaramente asesinado con su hija en los alrededores de Talavera. Era un secreto a voces entre algunos que el crimen no era casual, que la muchacha era la hija de un conocido masón y que en el hospital se sabía y comentaba entre algunos de los que le vieron morir que sus últimas palabras acusaron a la muchacha.

Una investigación se llevó a cabo, y, estrechada a preguntas, acabó confesando su delito. Todo había sido pensado y preparado: su ofrecimiento en la Falange, la atracción del muchacho, el noviazgo y la ejecución final. Había obrado instigada por su padre, el cual desde los doce años había afiliado en la masonería a aquella desgraciada. Comprobado el crimen, por esta vez el peso de la ley cayó sobre aquellos desdichados.

No se trata de un proceso quimérico, sino de una realidad viva de nuestros tiempos, un crimen monstruoso y repugnante que ni los lazos filiales respeta. ¿Cómo ha de ser para los españoles indiferente la vida de las logias en España? No es lo mismo estar en el cañón que dispara o donde el proyectil hace sus efectos. Para el que sin conciencia dispara el cañón, el juego puede ser hasta divertido; pero para el que recibe los disparos el panorama no puede ser peor.

GRADOS Y PRUEBAS

26 DE MARZO DE 1950

ENTRE las actividades de la masonería no existe ninguna que los hermanos pretendan ocultar mejor que la de los crímenes masónicos; cuando en alguna publicación se ha desarrollado este tema o se han demostrado con documentación o testimonios irrebatibles ejecuciones llevadas a cabo por orden de las logias, a ello respondió la masonería con la consigna del silencio, no aludiendo ni siquiera para desmentirlos a los hechos gravísimos que se les imputan, y solamente cuando a ello se ven directamente forzados quitan importancia al asunto, despreciándolo y negando la existencia de tales crímenes, imputándolos a invenciones de sus detractores; y cuando, en alguna ocasión, ante la prueba abrumadora de los hechos, sale a la luz la participación activa de masones en algún crimen, defienden la tesis de que porque unos masones cometan un cierto crimen, no por ello deba caer la responsabilidad sobre la secta, lo mismo que si un sacerdote comete un delito no puede por ello imputársele la responsabilidad a la Iglesia a que pertenezca.

El sistema, evidentemente, es eficaz y hábil, pues los hechos permanecen mientras dura el comentario, más la dialéctica es demasiado barata, ya que el crimen masónico no es el crimen vulgar que un masón pudiera cometer, sino aquel que se ejecuta por designios secretos de la secta para eliminar a un determinado sujeto, masón o no, al que la masonería condena, y que constituye todo un sistema que se viene repitiendo al correr de los años.

No quiere esto decir que nos echemos del lado de los que creen que el objetivo de la masonería sea el de cometer crímenes, pero sí que entre sus acciones y procedimientos figuran aquéllos para los casos graves de *deslealtad,* de desobediencia en materia esencial o de conveniencia suprema para la orden, a juicio de sus dirigentes.

Que el caso no puede ser frecuente, la naturaleza de los propios hechos lo delata, ya que si se abusase de ello las reacciones de la sociedad rebasarían todas las previsiones y acabarían echando abajo todo el tinglado de las logias.

El que de estas ejecuciones queden escasas huellas y sobre ellas no se escriba, es cosa obligada el cuidado más elemental del que comete crímenes de esa naturaleza, y mucho más cuando se trata de ejecuciones muy estudiadas y preparadas, en que no median sino las personas indispensables de alta jerarquía de la masonería; sin embargo, en los propios estatutos de la organización masónica nos encontramos en varios de sus grados con la alusión directa a esta clase de venganzas que comentamos.

Se distribuyen los grados masónicos en simbólicos (grado primero al tercero), que comprenden el período de prueba, y del que no suelen pasar los más; podríamos llamarlo el noviciado de la masonería, fácilmente penetrable a la curiosidad de los extraños; de ellos nos habla el masón renegado, sin alejarse por ello de la verdad: veladas filosóficas, acuerdos intrascendentes, teorías laicas y consignas políticas y de obediencia que de arriba les llegan. Grados capitulares (del cuarto al decimoctavo), que empiezan en el maestro secreto y acaban en el caballero rosa-cruz, en los cuales ya los masones se reúnen por grados, a través de los cuales se va haciendo la formación completa del masón, examinándole, dándole misiones de responsabilidad y probándole para que no alcance los grados superiores ni los puestos clave si no demuestra toda la discreción, fidelidad y obediencia que la masonería exige. Puede asegurarse que a medida que se progresa en los grados, son mayores el secreto y la exigencia de los juramentos, con el fin de que sólo lleguen a los superiores los más sectarios y fanáticos.

El grado decimoctavo de los capitulares, el de "caballe*ro rosa-cruz", ejerce una acción* de educación y gobierno sobre los otros grados capitulares inferiores, siendo difícil poder desligar a éstos, y que van desde el maestro secreto a este rosa-cruz que nos ocupa; pero entre ellos existe, sin embargo, un grado, el noveno, más hermético, titulado "maestro elegido de los nueve", y al que vulgarmente se llama también "el de la venganza". En las pruebas para este grado se alude simbólicamente a la muerte de Hirám y a la ejecución "de uno de los asesinos por mano de uno de los nueve elegidos", de cómo Salomón mandó colocar la cabeza del traidor en la torre oriental del templo y cómo premió a Joaben, el vengador, así como a los ocho hermanos que le acompañaron, otorgándoles el título de maestros elegidos de los nueve.

El emblema de este *grado* es *un* brazo que sostiene por los cabellos una cabeza humana y otro brazo armado de un puñal ensangrentado, y debajo la divisa *vinceri aut mori*. En el juramento que se presta figuran las siguientes frases: "Consiento que la espada de la justicia descargue sobre mi cabeza si algún día fuese traidor a la institución o faltase a las promesas que he prestado libre y espontáneamente." En este grado noveno de los capitulares es el primero en que el masón entra en la verdadera confianza real de la orden. Vienen luego los grados filosóficos (del 19 al 30), y, por último, los sublimes y de máximos poderes (del 31 al 33). De todos los grados que oficialmente existen, la práctica hace que solamente se utilicen un número contado de ellos, los más destacados e importantes, pasándose de unos a otros por saltos, en los que a un mismo tiempo se conceden varios. De estos grados filosóficos, el 30, de "caballeros Kadox", con su sobrenombre de "gran elegido", se simboliza como el del ejecutor de la venganza del que llaman el asesinato judicial de Jacobo de Molay, último gran maestre de la Orden del Temple. La alusión a la muerte del caballero de Molay, la promesa de castigar el crimen y la tiranía y defender la inocencia al tiempo que se empuña un puñal; el lema de "cumplir el deber sin mirar las consecuencias"; la alusión a la justicia "que el verdadero Kadox ha de poseer como primera de sus virtudes y no perderla de vista cuando trate de imponer castigos"; aquellas palabras que en el acto de la promoción al grado le dirige el gran maestro de ceremonias:

"Madura tus proyectos, resérvalos con prudencia hasta que, llegada la hora, puedas ponerlos en práctica con la seguridad de obtener el triunfo, y aleja de tu lado con prudencia a los que no tengan su voluntad libre", constituyen, entre otras muchas alusiones, como aquellas en que se gozan de la violación de las tumbas de Clemente V y de Felipe *el Hermoso,* una muestra del espíritu de venganza y de organización para la violencia que a este grado caracteriza.

Las frases: "Como sucesores de los templarios del siglo XIV, no hemos abandonado el propósito de vengarlos"; o esta otra: "Nuestra obra de venganza no está, pues, terminada"; y la pregunta que se dirige al recipiendario: "¿No te arredra el peso de la responsabilidad moral que vas a adquirir si persistes en penetrar nuestros secretos?"; y el juramento final: "Juro y prometo por la sagrada memoria de los seres sacrificados por la ignorancia, la impostura y la tiranía (aquí en los libros y documentos figura una línea sucesiva de puntos con que se ocultan las frases que no quieren publicar), y me condeno a la deshonra, al desprecio y a la infamia, *así como al castigo de los grandes elegidos caballeros Kadox,* si soy traidor a mis juramentos o si alguna vez paso al campo de los déspotas o de los impostores."

Esto es, que en la organización de la secta, en sus estatutos, en sus libros y documentos oficiales figuran grados especializados en la venganza, que son el eje de las ejecuciones.

Yo sé que hay quienes, mordiendo el cebo que los masones les lanzan y desconociendo la malicia y la maldad que la secta emplea, se resisten a creer que personas a muchas de las cuales han podido tener por caballeros puedan pertenecer a organización tan criminosa; yo les recomiendo, pues es aleccionador, el estudio de la historia de nuestra nación de fines del XVIII y todo el siglo XIX, de los movimientos revolucionarios en el mundo durante estos años, y podrán comprobar los extremos a que en momentos de anormalidad llega la masonería.

Veamos en este orden cómo la masonería opera. La táctica general masónica la ha llevado, desde sus orígenes, a filtrarse con preferencia en los medios políticos, invadiendo casi en su totalidad a los viejos partidos liberales, los progresistas, los modernos radicales y radicales socialistas, y demás grupos de izquierda, llegando hasta las planas mayores del socialismo, la mayoría de las cuales pertenece o ha pertenecido a la masonería; sin que ni siquiera los partidos conservadores se hayan visto libres de ellos, pues lo mismo que los beligerantes filtran espías en el bando ajeno, así la masonería, por esencia beligerante, ha logrado siempre el meter en sus cuadros a algún hermanito.

Otro de los objetivos que la masonería ha perseguido,

sobre todo desde que ha tomado vuelos, es introducirse en los sectores de la Prensa, llegando a copar la mayoría de la Prensa de izquierdas y muchos puestos en la de derechas e independiente. Más si todo esto le daba poder e influencia en la sociedad, no bastaría a asegurarles la impunidad en los momentos de crisis y en que la logia decide llevar a cabo ejecuciones. Por eso, desde su iniciación, viene apuntando a los órganos de la administración de justicia, que desde hace cerca de dos siglos cultivan con todo interés; así, la cartera ministerial de justicia es uno de los primeros objetivos, lo mismo de la masonería que de los partidos comunistas. Es para ellos la llave de la impunidad, considerando puestos claves para la orden el contar en aquel Ministerio y en la judicatura con hermanos masones bien colocados, así como en los puestos clave de la Policía, que no necesitan ser puestos destacados, pues para ellos es suficiente el tener un masón en el puesto de *juez* para que quede en la mayor impunidad el crimen que se fraguó.

La masonería no tiene prisa; sabe esperar, recuenta sus fuerzas, mueve sus peones, los previene y el día tal a la hora prevista y en el distrito elegido, generalmente el de un juez afecto, realiza su crimen. Un agente, o varios, de Policía masones estarán prevenidos en los lugares próximos al suceso. Lo demás es fácil: se borran las huellas, se falsea el *atestado* y el juez extrema su celo masónico desviando la justicia, así como la Prensa o la opinión. Y si aun así se fracasase, se cuenta con hermanos en las altas esferas para poder evitar lo irremediable. Los indultos, las amnistías y hasta las fugas preparadas hacen el resto.

Esto en cuanto a la seguridad de los ejecutores, sean o no masones, ya que gran parte de los crímenes masónicos no se realizan directamente por miembros de la secta, sino por mano de otras organizaciones extremistas o de pistoleros, a cuyos ejecutores se les facilita y se les instiga al crimen alentando sus pasiones contra la sociedad, dándose el caso frecuente, cuando son aprehendidos, de confesar con toda naturalidad el crimen y sus móviles y sorprenderse muchas veces al conocer, ya en la prisión, que el sujeto sacrificado no representaba lo que el asesino se creyó.

El almirante Darlan, aparentemente asesinado por un patriota francés, y del que en otro trabajo nos ocupamos, lo fué por la masonería inglesa, recelosa de su inteligencia con los Estados Unidos, que estorbaba los designios de gaullistas de la Gran Bretaña.

Hoy, con los adelantos científicos modernos los crímenes se han hecho para la masonería harto más fáciles, al no faltarle a la secta colaboraciones científicas que pongan la ciencia al servicio del mal. De las catástrofes de aviación en que perecieron jefes de Estado, destacados políticos o personajes odiados por la secta, existe la seguridad de que la casi totalidad haya perecido por sabotajes preparados en los aviones que los transportaban por agentes al servicio de la masonería.

Hoy mismo presenciamos en Francia un caso curioso de persecución masónica con el asunto llamado tristemente "el *affaire* de los generales". El espíritu independiente del protagonista venía estorbando desde hacía dos años a los designios de la secta, a la que un día había pertenecido. Esta necesitaba tener al frente del Alto Estado Mayor francés a un instrumento dócil y en su disciplina, y no al terco general irradiado, y se acudió primero a eliminarle por procedimiento científico que no dejara rastro. Y un sistemático envenenamiento a base de arsénico fué quebrantando su salud hace más de un año hasta obligarle a guardar cama. Varios reconocimientos y análisis hechos por orden de su médico de cabecera descubrieron el atentado que se estaba llevando a cabo. Alarmado y puesto en guardia el interesado, el asunto parecía completamente fracasado. Sin embargo, disfrutan de demasiado poder las logias galas para que dejasen de lograr el objetivo propuesto.

Sí la eliminación física se retrasaba, les quedaba, sin embargo, su influencia en todos los órdenes del Estado para poder decretar su muerte civil. Eso fué lo que perseguía el descubrimiento en poder de unos indochinos del Viet-Nam, como consecuencia de una pendencia, del informe emitido por el general francés, que, al parecer, los indiscretos y pendencieros espías llevaban sobre si para que la Policía se lo encontrase. Bastaba el escándalo que la Prensa provocaría para lograr los efectos buscados, al tiempo que se servía al espíritu antimilitarista que a las logias embarga.

Del informe que el general había emitido existían varias copias, al parecer, en poder de los entonces ministros de la Guerra y de la propia Presidencia de la nación. ¿Por qué la indiscreción o el delito habían de partir del hasta entonces pundonoroso general? Sin embargo, sobre éste solo se polarizó la acusación.

Acusado el general, éste, sin embargo, no se anonadó por ello. Se defendió con energía y apuntó a las alturas, cuando una crisis oportuna, que retiró al ministro de la Guerra, echó tierra al asunto, que amenazaba en convertirse en escándalo de orden más grave; sin embargo, poco tiempo después alguien supo explotar la inocencia americana en su afán sensacionalista, y al airearse en los Estados Unidos por la Prensa ante la opinión pública lo que acabó llamándose "el *affaire* de los generales", el jefe de Estado Mayor hubo de ser apartado por el nuevo Gobierno, y el objetivo que otros perseguían, conseguido. El general, sin duda, seguirá defendiéndose, pero su voz quedará sepultada bajo el manto del silencio con que la encubrirá las consignas de las logias.

He aquí cómo los crímenes y las persecuciones masónicas no son exclusivas de una nación, sino, por esencia, universales, aunque su utilidad suele depender del grado de necesidad y del clima moral del país en que se realizan.

HISTORIA MASÓNICA

2 DE ABRIL DE 1950

DISCUTEN nuestros historiadores cuál ha sido el año de la introducción de la masonería en nuestro país, y registran en el primer tercio del siglo XVIII la presencia en una reunión internacional de un determinado individuo en representación de una logia de Madrid. Sin embargo, la investigación histórica permite aclarar que la masonería fué introducida en España en el año 1728 por Felipe Wharton, primero y último duque de Wharton, que, exilado de su país, se puso en España al servicio de los Borbones.

Dos libros, escritos en Inglaterra, compilan la vida azarosa de este gran personaje, en el fondo un aventurero sin escrúpulos: *The Life and Writings of Phillip late Duke of Wharton,* Londres, 1732, y otro titulado *Phillip Duke of Wharton,* en 1913. Según sus historiadores, era encantador, de arrogante figura, cabellos rubios, que le caían en grandes rizos sobre los hombros; ojos azules, mirada altanera, que por su bella estampa le hacían cautivador de las mujeres y que por su generosidad, elocuencia y erudición le convirtieron en el arquetipo de la sociedad de los primeros años del siglo XVIII. El reverso de la medalla estaba constituido por sus grandes defectos: su ambición sin límites, su cinismo y su afición a la bebida que le arrastraban a la deslealtad y al libertinaje.

Un retrato curioso de la época que llega a nuestras manos puede satisfacer la curiosidad de esta figura, que encierra la carrera más rápida que hombre alguno haya podido hacer en la historia de Inglaterra, y que pobre y exilado fué a morir entre los monjes de un convento, acogiéndose a última hora a las oraciones de la Iglesia católica.

Su abuelo fué el cuarto barón de Wharton, distinguiéndole los historiadores —sin duda esto debía de tener en aquella época gran importancia— por las más bellas pantorrillas de Inglaterra. A fuerza de inteligencia y habilidad había amasado una sólida fortuna. "Combatió a Carlos I sin comprometerse, favoreció a Cromwell sin servirle, sirvió a Carlos II sin serle fiel", dicen respecto a él los historiadores. Su hijo Tomás Wharton, padre de nuestro sujeto. fué uno de los primeros instigadores de la revolución de 1688, acusándosele de ser un "presbiteriano ateo", maestro del arte de la corrupción y de la mentira, quien sostenía con cinismo "que una mentira aceptada valía tanto como la verdad". Por los cauces de la política y de la revolución había ganado dinero y gloria y hasta los honores de ser el primer marqués de Wharton y del Malmesbury. Con tales antecesores no es extraño que el nieto llegase a sobrepasar a sus progenitores.

El nacimiento de Felipe Wharton constituyó uno de los acontecimientos aristocráticos de la Inglaterra del 1698. Apadrinado por Guillermo III y la que más tarde habla de ser la Reina Ana, le fué concedido al nacer el título de vizconde Winchendon. A su formación dedicó su padre el marqués todos sus desvelos, y los clásicos, las Ciencias Exactas y la elocuencia política no tuvieron secretos para el adolescente. Al quererle apartar de las seducciones del catolicismo se le llevó a caer en el más grande de los desenfados. A los diecisiete años se casó, en contra de la voluntad paterna, con una sencilla muchacha que, aunque bella, inteligente y buena, tenía para el orgulloso marqués la tacha imperdonable de ser hija de un mayor general sin bienes de fortuna. Esta contrariedad, que de*rrumbaba*

los castillos hechos *en* el aire *sobre* el *porvenir* de su primogénito, llevó en contados meses a la muerte al marqués.

Pasados los primeros tiempos del matrimonio y satisfecha su impetuosa pasión, Felipe Wharton abandonó su hogar para ser el más destacado libertino entre todos los jóvenes de su época. A los pocos meses de la muerte del padre siguieron las de su madre y de su primogénito, que terminó de aflojar los lazos que le unían a su desgraciada, pero fiel esposa. Dueño de una inmensa fortuna, se decidió a terminar su educación viajando por Europa.

Sus intrigas acerca del pretendiente Stuard, caballero de San Jorge, y de su madre, residentes en Francia, le hicieron ganar su confianza y la promesa de hacerle duque de Northemberland; sin embargo, el sujeto dilapidó el dinero que le entregaron para esta causa. Vuelto a Inglaterra, en la Cámara de los Pares del reino de Irlanda, donde, pese a su corta edad, le permitieron sentarse, defiende la causa de los Hannover, que hace que el Rey Jorge IV le promueva a duque de Wharton a los diecinueve años de edad, caso único en la historia de Inglaterra.

La elevada posición y altanera inteligencia del joven duque acaparó en la sociedad intelectual inglesa todos los halagos. Una corte de aduladores, poetas y escritores celebraban su genio y le dedicaban sus libros, que él pagaba pródigamente. En 1721 fué admitido en la Cámara de los Lores. Su carrera política, desde el primer momento, fué en extremo explosiva; y adoptando una actitud de franca oposición a la dinastía reinante, atacó y denunció a sus ministros por sus vicios y concupiscencias, llegando a producir la muerte por impresión del viejo político

Stanhope. Nadie mejor que él, que practicaba toda clase de vicios, para desenmascarar a tales sujetos. Presidente de un club titulado "Llamas del infierno", con mascaradas impías, blasfemas y libidinosas, perseguían en Londres la propagación del vicio. Su carencia de virtudes, su ambición y su ateísmo forzosamente habían de llevarle hacia la masonería, que le recibió con los brazos abiertos. Consideraba ésta que sin la participación de la nobleza jamás podría adquirir el prestigio social y la influencia política a que aspiraba, y el joven e ilustre miembro de la Cámara de los Lores se le presentaba como una esplendorosa promesa.

Sin embargo, la ambición de Warton no le hacía fácil para la obediencia, y desde su entrada en la logia apuntó a la gran maestría de la secta; para lograrla, aprovechando la ausencia del duque de Montague, a la sazón su gran maestre, y a no haberse reunido la logia en el plazo debido para su reelección, maniobró para colocarse de hecho en el puesto que tanto codiciaba. Ni la prudencia de los otros ni el nombramiento que se hizo del ortodoxo Desaguliers como adjunto suyo, pudieron evitar que el cisma se declarase, estando a punto de dar al traste con toda la organización masónica.

Alarmados por sus actos, los masones trabajaron por desplazarle; y la pérdida por un voto de la votación para el nombramiento formal de gran maestre fué la causa de su caída, a la que siguió el ser expulsado de la logia, la que pronunciando las tradicionales palabras "¡Jubelas, Jubelos, jubelum!" quemó en sesión solemne sus guantes y su mandil.

Para vengarse, y ayudado de sus secuaces, fundó en Londres otra sociedad secreta con el nombre de "Gormogons", que parodiando la antiguedad salomónica a que la masonería *regular* hace remontar *su origen,* él hizo *remontar* la suya a los primeros emperadores de la China. Así nació una logia de renegados, de la que Felipe Wharton se erigió en jefe.

Muerta pocos años después, de abandono y de dolor, su desventurada esposa, se lanzó de lleno a la política estuardista, y acosado por sus acreedores vendió parte de sus bienes y abandonó Londres. Vuelto así a la gracia de los Estuardos, Jacobo III, a la sazón en Parma, le reconoció el título de duque de Northumberland y le concedió la Orden de la Jarretiera.

Siendo España en aquellos tiempos el centro de las intrigas europeas, allá se dirigió, procurando por todos los medios interponer su influencia para lanzarla a la guerra contra Inglaterra. Aquí conoció a una dama de la Reina, a María Teresa O'Byrne, hija del coronel O'Byrne, del regimiento Hivernia, de irlandeses al servicio de España, con la que casó abrazando la religión católica. Su conversión al catolicismo fué, sin embargo, puramente formal, pues, pese a ella, en 1728 funda en Madrid la primera logia masónica de que hay noticias, y que establece buenas relaciones con la masonería regular de la gran logia de Londres.

Hemos de anotar el hecho de que haya sido un inglés el fundador de nuestra masonería y que, pese a su historia repetida de traidor a todas las causas que en su corta vida demostró, la logia por él fundada discurriese desde los primeros momentos en íntima dependencia de la masonería inglesa, que más adelante, en el siguiente siglo, había de verse reforzada por los nacionales con motivo de la invasión francesa, que creó las logias de afrancesados de españoles traidores.

No podía estar mucho tiempo tranquilo Wharton en nuestra nación; su actividad le llevaba a todas partes. Pronto se le ve trabajar en Francia y en Italia en favor de Jacobo III; más estando en Roma, por sus borracheras y sus escándalos, es expulsado de la ciudad pontificia. Vuelto a España, toma parte en el ataque a Jibraltar, a las órdenes del conde de las Torres, en donde fué herido, siendo nombrado por el Rey coronel asociado del regimiento irlandés al servicio de España, al tiempo que en Inglaterra es expulsado de la Cámara de los Lores y confiscados sus bienes ubicados en el país.

Vuelve a París, se ofrece a Walpole, embajador inglés de los Hannover, siendo rechazado; y tras una corta etapa en aquel país, en que con el duque d'Harcourt la corre, bebe y caza, arruinado y agobiado por los acreedores, regresa a España, donde reconocido su grado de coronel va con su regimiento de guarnición en guarnición, siguiendo los azares de sus tropas. En uno de sus viajes a través de las tierras de Tarragona enferma gravemente, y transportado al monasterio de Poblet fallece, al parecer cristianamente, rodeado de los rezos de la comunidad, el 31 de *mayo* de 1731 el hombre más execrado de los ingleses.

Si tal origen y paternidad tuvieron en nuestra nación las logias españolas, no es extraño que sirviendo intereses extranjeros discurrieran, al correr de los tiempos, por los cauces de la anti-España.

PERSECUCIONES RELIGIOSAS

9 DE ABRIL DE 1950

LA publicación por *L'Osservatore Romano* de un trabajo sobre "La Iglesia y la masonería", del que es autor el maestro de Teología del Sacro Palacio Mariano Cordovani, muerto en estos mismos días, en el que con la autoridad del órgano del Vaticano y de la competencia teológica del autor se protesta enérgicamente contra ciertas noticias circuladas de pretendidos contactos entre polos tan opuestos, ha sido causa de que se haya exteriorizado en el campo masónico esa hostilidad siempre renovada contra la religión y la Iglesia, que el eminente padre Mariano Cordovan, nos recuerda en su escrito.

Salen a la luz con este motivo voces intencionadas que pretenden quitar trascendencia a la trayectoria de las sectas masónicas, haciéndolas aparecer como asociaciones más o menos frívolas que no merecen las excomuniones y reprobaciones de que la Iglesia Católica les hace objeto. Más la Iglesia, en su infinita sabiduría, mantiene en sus cánones 684 y 2.335 la condenación de la masonería y la excomunión a todos cuantos dan el nombre propio a la masonería, sin distinción de rito, apercibiendo de este modo a los católicos para que no caigan en el engaño que las apariencias exteriores les presentan y en su ignorancia pueden llegar a creer que se puede ser católico y masón.

El que algunas logias, por la calidad media de las personas, por el ambiente de paz en que se desenvuelve la política local en el país o por otras causas, aparezcan como no hostiles a los principios de la fe católica y sus fines parezcan reducirse a bailes, cabalgatas o diversiones profanas sin otra trascendencia, no quiere decir el que formen organización aparte que las exceptúe de aquel entredicho y *excomunión*. La iglesia, como bien dice el teólogo italiano, "tiene un contenido doctrinal divino que es revelador de Dios, una coherencia de vida que es una condición para la salvación eterna. Y sobre estos *elementos esenciales no puede haber compro*miso, sino fidelidad absoluta".

Todas las persecuciones que la Iglesia Católica viene sufriendo de los Poderes públicos en los últimos dos siglos han sido obra exclusiva de la masonería y de sus hijos. El que el comunismo polarice hoy, por la violencia de sus persecuciones contra la Iglesia Católica, la atención mundial, no quita trascendencia a la *obra constante* y renovada de los que le enseñaron el camino, destruyendo en cuanto estuvo en su mano la autoridad *moral y los principios de una fe* que hubieran hecho imposible las *monstruosas* persecuciones de los comunistas de hoy. Ellos allanaron el camino en el centro de Europa para que el comunismo penetrase, y su hipocresía, su malicia y su trabajo en la sombra han sido cien veces más peligrosos *que* los ataques agudos que estimulan a la defensa.

A la masonería hay que juzgarla en los dos aspectos: el del orden práctico y el doctrinal. Si examinamos sus hechos la encontramos, al correr de dos siglos, constituyendo el vehículo de las revoluciones políticas liberales y más tarde izquierdistas

dentro de una sociedad burguesa. Ha sido el arma más terrible esgrimida, bajo el secreto de las logias y los talleres, para la persecución de la fe católica y de sus instituciones, así como para la destrucción sistemática del espíritu católico de los pueblos a través de la es- cuela, la Universidad, la Prensa y el libro. Instrumento de los imperialismos, ha venido siendo esgrimida para preparar en la sombra de sus tenidas las revoluciones emancipadoras de los pueblos de América. Los tronos que en Europa cayeron y siguen cayendo lo han sido por la intriga y la conspiración masónicas, que durante lo que va de siglo vienen explotando la revolución de las masas a través de sus jefes, afiliados y subordinados a las logias.

No se trata de acusaciones gratuitas que la Historia no haya reconocido, sino de lo que las propias logias proclaman después de cada uno de sus triunfos. En propios documentos masónicos y publicaciones ha quedado registrado el parto masónico de las nuevas Repúblicas.

Pudiera por esto parecer que por la parte principalísima que la masonería tuvo en la emancipación de ciertos pueblos debiera ésta recoger el galardón que hábilmente pretenden explotar de sus servicios a la libertad e independencia de las sociedades humanas. El fin de la masonería, al trabajar por la emancipación de determinadas comarcas y acoger en su seno a los caudillos y primates de la revolución, no lo ha sido por su amor a la libertad ni por servir a las doctrinas sobre la autodeterminación de los pueblos, sino por ayudar con ello al imperialismo propio o pretender causar el máximo de daño a las naciones rivales. A través de la masonería y de los hombres de esta doble disciplina, las naciones poderosas han venido mandando y sojuzgando a muchos pueblos. Así, que ni en el orden patriótico, ni en el religioso, ni tampoco en el moral puede aceptarse la masonería, por los que la sufren, como algo innocuo y sin trascendencia.

Si del orden práctico nos trasladamos al doctrinal, al que nos presentan los estatutos y la documentación pública de las sectas, en ella encontramos, a través de los distintos grados, el mantenimiento de su carácter de sociedad secreta, en la que *el misterio* y *el secreto* se van acentuando *conforme se asciende en grados*, haciéndose los juramentos más solemnes y terribles. *Si la* masonería careciese de malicia, ¿por qué ese Secreto y ese hermetismo ante la sociedad y esas invocaciones a la responsabilidad que van a contraer los que se inicien en un grado y que los grandes maestres les encarecen con conminaciones terribles? El bien no teme la luz; sólo lo ilícito, los malhechores o los criminales se ocultan en la oscuridad o en las sombras.

¿Por qué esa ocultación, incluso a los propios miembros, de las razones y de los fines, de las resoluciones de la secta, que sólo los altos iniciados conocen, obligándose a los demás a una colaboración más o menos consentida para el logro de objetivos que ignoran? Este secreto básico de las logias constituye uno de los aspectos más esenciales para su general reprobación.

El carácter judaico de la masonería se acusa a través de su literatura y de sus ritos. El problema de si la masonería es una obra eminentemente judía o un instrumento de que el judaísmo se aprovecha a partir del siglo XIX, no tiene para nosotros trascendencia. El hecho es que marchan inseparablemente unidos y que los judíos suelen ocupar en muchas de sus logias los principales puestos.

Pero así como la masonería ha logrado dominar sobre la mayoría de los sentimientos de sus miembros no ocurre lo mismo con el judaísmo; el hebreo es antes judío que masón y subordina a su creencia y a su pasión judaica todos los intereses de la orden, no obstante lo cual aparece ocupando los principales puestos de la masonería. Esto justifica el que el ateísmo tradicional que en los países católicos la masonería arrastra, se *una en su* actuación universal al odio atávico que desde la venida de Cristo, su muerte y su resurrección siente el judío hacia la religión verdadera, que alimenta su espíritu de lucha y de destrucción del orden existente.

Más dejemos para otro día el seguir examinando aspectos tan interesantes de la doctrina y estatutos masónicos, que aclararán muchos de los sucesos internacionales de los que venimos siendo espectadores, ya que por hoy basta lo expuesto para justificar ampliamente la condenación que de la masonería viene haciendo nuestra Madre la Iglesia.

MASONERÍA ANTICATÓLICA

16 DE ABRIL DE 1950

MUCHOS hablan de la masonería y pocos los que se han detenido a estudiarla y analizarla. De la masonería hay una parte conocida y pública que figura en sus reglamentos y publicaciones, y otra oculta cuyo secreto se guarda con gravísimos juramentos y amenazas. Por eso cuando se habla de la masonería hay que acudir a hechos incontrovertibles de su historia o a los textos y documentos oficiales que de las logias se conocen, materia ésta farragosa en que la literatura judaica se mezcla a una parodia de religión, con su liturgia, templos, mandiles, candelabros, altares y atributos.

Todo ello es causa de que muchos se pregunten: ¿Qué es la masonería? ¿Un sistema filosófico, un nuevo orden moral, un postulado político o una organización benéfica? Nosotros podríamos contestarles que de todo ello quiso la masonería participar, pero que lo que pretendió ser una nueva filosofía no pasó de ser un torpe anticatolicismo; lo que aspiró a constituir un sistema moral, degeneró en instrumento destructor de los principios de la verdadera ética; la que aspiró a encarnar la representación de la más pura justicia, prostituyó *ésta con* la impunidad masónica *para sus* afiliados, y la que ante los Poderes públicos alardea de apolítica y neutral, patrocina las pasiones políticas más desatadas y dirigió la mayoría de las revoluciones; y hasta la etiqueta benéfica de que frecuentemente alardea no está respaldada por ninguna obra de este género que se conozca.

Mas no es necesario ahondar en su historia ni penetrar en sus grandes secretos para su condenación; nos basta simplemente con asomarnos a sus estatutos, a sus reglamentos o ritos para que salga a la luz la completa incompatibilidad de sus *doctrinas con los principios* de *la fe verdadera, de la Iglesia* Católica.

En los 33 grados que la masonería comprende, tres simbólicos, 15 capitulares, 12 filosóficos y tres sublimes, a través de los cuales se hace la formación completa del masón, aparecen repartidos los distintos puntos que las doctrinas masónicas comprenden, unos de carácter político y otros religioso. Los de carácter político, por haber sido en general incorporados a la legislación liberal de la mayoría de los países, han ido cayendo en desuso en la casi totalidad de las naciones, y los grados en que estos postulados figuran suelen ser concedidos varios en una sola iniciación, y aunque se jura el cumplir sus preceptos, viene careciendo en la práctica de la mayoría de los pueblos de eficacia. Los de carácter religioso, al contrario, permanecen vivos, ya que vivo está el objetivo perseguido, y aunque se abordan progresivamente en mayor o menor escala en todos los grados de la masonería, se localizan principalmente en los llamados grados capitulares, y entre ellos, en los más importantes.

En el grado 13, de los "caballeros del real arco", el gran maestre recuerda al que va a ser recibido: "Cuando fuiste iniciado en nuestra Orden manifestasteis la idea de Dios según vuestro criterio y en armonía con vuestras creencias religiosas. Aunque aprobando nosotros vuestra manera de pensar sobre este importante asunto, deseamos que os sirváis amplificar aquellas primeras opiniones acerca de la existencia de Dios y decirnos si habéis establecido alguna modificación a cuanto entonces expresasteis, como consecuencia de los estudios masónicos o de los dictados de vuestra conciencia. Los francmasones no pueden fomentar la existencia de Dios en el concepto sometido al efecto por las religiones positivas, porque en este caso tendrían que mostrarse partidarios de una u otra creencia religiosa, y bien sabéis que esto se opondría al principio de máxima libertad consignado en sus estatutos."

"El estudio de Dios entra en el de nuestro pensamiento debidamente aconsejado por la razón, y cada hombre es dueño de rendirle culto del modo que juzgue más en armonía con su razón, concretándose nuestra augusta institución al reconocimiento de la existencia de un principio regulador, absoluto e infinito con el nombre de Gran Arquitecto del Universo, bajo cuya advocación, según sabéis, trabajamos todos los francmasones."

Aquí vemos cómo el masón, que en los primeros grados se le respetó hasta cierto punto su concepto de lo sobrenatural, en este de "caballero del real arco" se le aprieta y se le examina para garantizarse del desarraigo de sus ideas religiosas y la aceptación de la diosa razón por la que la masonería labora.

En el grado 14, después de pasarle revista a los conceptos filosóficos desarrollados en anteriores grados sobre los conceptos de la creación, la vida y la muerte se contrae el siguiente juramento, que por su forma y expresión viene a constituir una parodia indigna de las religiones, a saber: "Juramos ante esta copa sagrada unirnos para siempre con el vínculo de la fraternidad y sostenemos y defendernos contra todos los que se opongan a la proclamación de los derechos y deberes del hombre. Y después de otra serie de frases de menor interés, termina "Lo que une la virtud no puede separarlo la muerte." Bebe u poco de vino contenido en la copa, la pasa al recipiendario, que hace lo mismo, y todos los hermanos la devuelven al gran maestre, éste la levanta en alto y dice: "La copa está agotada. Hemos comido del mismo pan y bebido del mismo vino. ¡Sorno hermanos! ¡La misma sangre corre por nuestras venas! ¡Que ningún otro liquido pueda servirse en esta copa ni otros labio puedan profanarla!" La arroja contra el suelo y la hace pedazos.

La ceremonia no necesita comentarios. Muchas veces hemos visto en el "cine" o en el teatro ese final aparatoso de la rotura de copas, sin pensar en el origen masónico de la costumbre.

El grado 18 de "caballero rosa-cruz", supremo entre lo capitulares, es uno de los más importantes de la masonería, *su presidente, así como* el capítulo ejercen una acción decisíva sobre los otros grados inferiores, a los que intervienen e inspeccionan.

En él se define: "... que el bien y el mal son siempre resultados de las relaciones entre los seres y no productos de entidades sobrenaturales". Considera la ciencia como patrimonio de la Humanidad, y procurando elevar a los hombres a la mayor altura en sabiduría, no reconoce más criterio de verdad para la inteligencia que el de la experiencia y la razón.

Al dirigirse el muy sabio maestre a los reunidos, en el que llaman "santuario de la masonería", que dicen ha de estar en un sitio escabroso y oculto para que ningún profano pueda vislumbrarlo, dice aquél: "Para recorrer el largo y penoso sendero que a este santuario conduce, es preciso poseer entereza de carácter, gran firmeza de voluntad y una fe hija de la razón y de una convicción tan profunda que muy pocos pueden adquirir por falta de algunos de estos requisitos."

La definición de la fe la establece de la siguiente manera:

"La fe no es para nosotros el sentimiento inconsciente que arrastra al individuo hacia la creencia de una cosa, aun no reconociéndola los sentimientos ni comprendiéndola la razón. El hombre que posea tal concepto equivocado de la fe, va en su ceguera a precipitarse en la sima del fanatismo, no puede distinguir lo justo de lo injusto, el bien del mal; cree, pero no sabe y su creencia está formada tan sólo por la imaginación, no por el entendimiento. Es la fe, según os hemos dicho, la luz brillante de la libertad que ilumina nuestro espíritu en el difícil a la par que glorioso camino de la ciencia."

En los principios de orden político que la masonería sostiene, y que el que llega a los distintos grados jura por todos los medios defender, figuran muchos en abierta pugna con doctrinas de la Iglesia Católica. Así, en el grado 19, llamado "del gran pontífice" —el nombramiento ya se las trae—, se propugna el principio de la ley del divorcio y se contrae la obligación de emplear todos los medios para implantarlo. La República masónica que España padeció tuvo ésta por una de sus principales preocupaciones. Se les había prometido a los españoles una República de curas, pero se les servía una ley de divorcio.

En el grado 20, en que se define el principio de la libertad de enseñanza, pero que es el fundamento de la persecución en la enseñanza religiosa, el espíritu antirreligioso impregna toda la literatura del grado. Su parcialidad llega a extremos como los siguientes, que figuran en el interrogatorio del gran maestre, jefe de la cámara, el recipiendario: "Nosotros queremos para conseguirlo arrancarle el arma más poderosa que le sostiene y que el mismo adelanto de la civilización puso a su alcance: la educación de las masas. La confió al clero, que recogió el botín hasta que el primero nos postró a todos a sus plantas y reyes y vasallos quedaron a merced del gran pontífice del templo de lo absoluto." "El exceso de la tiranía sacerdotal sublevó a los pueblos y la primera explosión del cráter revolucionario destronó la unidad católica con el protestantismo, y a cada sacudida del coloso van desapareciendo para siempre las obras estupendas del orgullo de los viejos gobernantes."

En esta hipócrita libertad de enseñanza se ha venido fundando, a través del último siglo, la persecución contra la enseñanza religiosa. En las frases apuntadas se ve todo el odio a lo católico que destila la organización de la masonería.

En el grado 30, del "caballero Kadox" (palabra hebrea que significa: consagrado, santo, purificado), el más importante, sin duda, entre todos los grados que la masonería registra, y en cuya cámara secreta se dicen y planean lo que llaman "castigos de la secta", el gran maestre en su discurso nos revela hallarnos ante una *pretendida religión al pronunciar* las siguientes palabras: "Al venir aquí con la serenidad de juicio que requieren los conocimientos masónicos que posees, habrás deducido de tus estudios que los grados filosóficos están dedicados a la fundación de una religión universal y regenerada, que deberá conducir a la Humanidad a la participación relativa de los resultados obtenidos por la práctica de los principios sustentados por la institución francmasónica".

Culminan en este grado lo que llaman estudios filosóficos de la masonería, y en él se llega a la siguiente conclusión: "Colocado entre estos dos infinitos, el iniciado admirará el orden maravilloso que reina en la Naturaleza y llegará poco a poco a penetrarse del deber que tiene de que todos sus actos estén en armonía con las leyes inmutables en cuya virtud los seres en número infinito evolucionan en el espacio también infinito".

"Adquiere entonces la noción del Gran Arquitecto del Universo y comprende que esta potencia suprema no guarda relación alguna con el Dios de las religiones positivas, ser hibrido creado por el hombre a su imagen y semejanza y, por lo tanto, teniendo, como éste, sus vicios, su vanidad, su deseo de dominación y hasta su crueldad e injusticia."

"Se ha hecho, en fin, sacerdote de esta religión natural; pero al contrario de los sacerdotes de algunas religiones, que han justificado el antiguo aforismo que dice "que el sacerdocio nace de las tinieblas y con él se extinguen todas las luces", este sacerdocio masónico ha nacido de los brillantes resplandores de las bellísimas auroras que esparcieron sobre el mundo sus luces creadoras y fecundas."

¿Puede alguien dudar, ante tan claras confesiones y tamañas blasfemias, las vehementes razones que a la Iglesia Católica y a sus supremas jerarquías vienen asistiendo para condenar y fulminar a los católicos que den su nombre a tan funesta secta?.

LAS LOGIAS SON POLÍTICAS

23 DE ABRIL DE 1950

SIEMPRE que se plantea el problema de la masonería en una nación pretende aquélla presentarse como apolítica, reclamando los derechos inherentes a toda sociedad legalmente constituida, merecedora del amparo de los Poderes públicos. Así sucedió en tiempos de la Dictadura del general Primo de Rivera, en que las logias masónicas de Andalucía se dirigieron al, a la sazón, subsecretario de la Presidencia pidiéndole el amparo de los Poderes públicos para el funcionamiento de las logias y que fuesen reintegrados a su función los jefes de las de Córdoba y Málaga, al parecer detenidos por la autoridad gubernativa por sus actividades clandestinas de carácter masónico. En la exposición que a los Poderes públicos hicieron entonces afirmaban el carácter apolítico de la masonería y su alejamiento de toda actividad política. El subsecretario les escuchó con complacencia, prometiéndose que si los hechos eran como los relataban no tendrían nada que temer y que se daría orden inmediata a los gobernadores para que fueran puestos en libertad los detenidos y se permitiese pleno funcionamiento a aquellas logias andaluzas, como así se *cumplió*. En los boletines oficiales de la masonería andaluza quedó registrada esta efemérides, y hasta consta en sus publicaciones el proyecto de realizar un acto de adhesión de aquellas logias a la Dictadura, que, según se expresa, evitó la oportuna intervención de su jefe supremo, el "hermanito" Martínez Barrio, que, con buen sentido, consideró no convenía comprometerse en una declaración de adhesión semejante cuando este acto no era indispensable; más pese a las promesas y definiciones; falsas hechas en aquella ocasión a los Poderes públicos, no pasó mucho tiempo sin que las logias aparecieran dirigiendo toda la conspiración política, primero contra la Dictadura e inmediatamente contra la Monarquía, que condujo a la instauración de aquella República que a sí misma se definió como la más masónica que hubiera existido.

Que la masonería es eminentemente política lo demuestra su historia y sus propios estatutos, donde al lado de los fines antirreligiosos que en otros trabajos demostramos, y que ya en sí encierran una posición política eminentemente anticatólica, existen en casi todos sus grados unos objetivos políticos definidos, que vienen nutriendo los programas políticos liberales o radicales de la mayoría de los países.

Ella misma se define declarándose en sus textos liberal y progresiva, o sea política, constituyendo su ideal la forma republicana y propugnando la soberanía de la asociación humana, defendiendo el principio de la delegación voluntaria de los asociados *en sus* representantes. Sus palabras en el grado séptimo, son: "El pueblo elige y depone, hace y deshace; es el que tiene la voluntad y el movimiento propio. Suyo es el Poder legislativo", aunque de cómo se cumple luego la voluntad del pueblo hay mucho que hablar.

No es que pretendamos con esto condenar los conceptos que vamos a recoger, en gran parte incorporados al derecho público universal, sino el demostrar su entraña y sus fines, por ellos mismos definidos de eminentemente políticos.

Hay grados exclusivamente dedicados a las definiciones políticas, y que por haber sido incorporadas al derecho positivo de los pueblos han caído, en general, en desuso. Tal ocurre con el grado séptimo, que define los derechos del hombre:

"Naturales, civiles y políticos." Sin embargo, como de llevarse a cabo una interpretación fiel de estos derechos podía peligrar el Poder en alguna de aquellas naciones a las que la masonería sirve, fué necesario ponerle un estrambote, y por ello se aclara: "Que para la distribución de los derechos políticos se necesita el mayor tino y discernimiento con especialidad en países de distintas razas y en los que los intereses encontrados existen en lucha permanente." Hijuela de la masonería son esas sociedades internacionales de los derechos del hombre, que, extendidas por la masonería en todas las naciones, atraen, con el señuelo de la defensa de esos derechos, casi universalmente aceptados, a elementos intelectuales con los que se hace amistad y a los que se atrae hacia la Orden.

La administración de Justicia es otro tema también objeto de definición en la masonería, sentando como principio la subordinación a ella del Poder ejecutivo, la administración del derecho de gracia, la constitución de los Tribunales Supremos, la institución del Jurado, la extradición y su excepción cuando los motivos sean religiosos o políticos. Todo se examina y se define en la iniciación para algunos de los grados de la Orden.

La organización del Municipio y del Estado, el concepto sobre contribuciones y exacciones, los principios de educación y libertad de enseñanza, los derechos de libertad e independencia de todas las naciones, la proclamación del derecho de reunión, son objeto de definiciones concretas que el masón ha de jurar defender. Todo el grado 17, de "caballero de Oriente y de Occidente", está precisamente dedicado a la defensa de ese derecho de reunión sin limitaciones, que permite a la sociedad masónica discurrir y conspirar contra la sociedad en general cuando ésta no se acomoda a su criterio.

La ley del divorcio, definida como garantía de los derechos

matrimoniales; la teoría del libre cambio en beneficio de las naciones mejor dotadas; el *habeas corpus* de la magna carta de Inglaterra, todo se especifica y jura defender el masón en los distintos grados, lo mismo que una igualdad social considerada como ley de la Naturaleza, que, sin embargo, viene contradecida por la subordinación al principio liberal de la explotación del hombre por el hombre, que predomina en la secta y que tiene su más torpe expresión en el grado 22, de "caballero de la real hacha a príncipe del Líbano", en el que al preguntar el "maestro muy sabio" al hermano masón que se va a recibir:

"¿Creéis, hermano, que el pueblo tenga derecho al trabajo o que el Gobierno debe proporcionárselo si le falta?", a lo que el recipiendario debe contestar: "Ese es un delirio, y si tal error no pudo reinar en las edades de ignorancia en que se suponía que el Gobierno era el padre de la nación, hoy sería necedad detenerse a combatirlo. La perfección económica está en la independencia absoluta de los trabajadores, como la política en la de los ciudadanos. El trabajo, lo mismo que la conciencia y la razón, no sufren autoridades. Son fuerzas o facultades primitivas y creadoras que obran por el derecho propio, y el porqué de su existencia es el hombre mismo. Cada uno debe buscarse trabajo, y si no hay el que le acomode en un lugar, que pase a otro. Los imbéciles son los que necesitan de tutores que los apadrinen, no los pueblos." ¡Su elocuencia no puede ser más arrebatadora! Sin embargo, ello no es óbice para que en la masonería figuren captados por las logias y traicionando a los obreros la mayoría de los jefes de sus asociaciones. Así, en España, como en Francia, Inglaterra y otros países, los primates socialistas políticos suelen ser siempre masones, y a la masonería pertenecen muchos otros jefes de las organizaciones obreras. No podía aquella perderse baza tan importante.

Si los propios estatutos de la masonería la definen como eminentemente política, y por solemnes juramentos se obligan a cumplir los masones sus preceptos y doctrinas y los masones están obligados a ejecutar en los países la política que las logias les dicten, aun suponiendo que fuera lícito lo que aquéllas les mandasen, como tales políticos están a su servicio por encima del de sus mandatarios, falseándose en el grado máximo el principio democrático. De aquí que nos aparezca la masonería como incompatible con una leal interpretación de la democracia, ya que por encima de la voluntad del pueblo se coloca la omnímoda y secreta de la masonería, la que parasitando los partidos políticos y filtrándose en ellos los sujeta a la obediencia de unos poderes ocultos por encima de la propia conveniencia de la mayoría de las naciones. Cómo se constituyen y a quiénes sirven estos poderes será objeto de un próximo trabajo.

MAQUINACIONES BÉLICAS

30 DE ABRIL DE 1950

MUCHAS son las ocasiones en que los escritores católicos se ocupan de los altos poderes masónicos y de su influencia nefasta en la vida de los Estados, sin que nadie se haya detenido a analizar la forma en que aquellos poderes están constituidos y los fines que sus actividades persiguen, lo que permite a la malicia masónica, perfectamente organizada, el extender la especie de que se trata de un fantasma creado por la imaginación fanática de algunos católicos apasionados.

Entre los tolerantes con la masonería existen también quienes no aciertan a comprender nuestro empeño de atacar tan grave mal, considerando que si verdaderamente el poder de la masonería alcanza tal grado pudiera perjudicarnos el poner a la luz sus estatutos, maquinaciones y fines secretos y condenables; los que así piensan ignoran o no quieren conocer el que la masonería no descansa ni cede en sus objetivos, y que la mediatización y anulación de nuestra nación, por ser España y por católica, vive perenne en el propósito de la masonería, cualquiera que sea el meridiano donde se ubiquen sus logias; tendríamos que renunciar al resurgimiento español, a nuestra Independencia y a los principios de esa espiritualidad tensa de nuestra fe católica si aspirásemos a que la masonería nos dejase tranquilos; más ventajas y respeto obtendremos conociéndola y sabiendo defendernos de ella que no abandonándole nuestras posiciones y permitiendo nos introduzca en su "caballo de Troya" el germen de la traición.

No tuviera la masonería como fin la destrucción de la fe católica y la de nuestra independencia y soberanía y la dejaríamos tranquila, sin ocuparnos de ella; pero no realizaron nuestras juventudes una revolución para que, como españoles e hijos fieles de la Iglesia, conociendo el mal, dejemos de atajarlo, al menos en lo que esté en nuestra mano. Si de otra forma procediésemos pecaríamos gravemente contra Dios y nuestra Patria y traicionaríamos la sangre de los que cayeron con sus nombres sagrados en los labios.

Bastaría el que la masonería huyera de la luz para sumergirse en las sombras de las logias, bajo el secreto de sus juramentos *y venganzas como lo punible y delincuente;* que examinada desde los *puntos* de vista católico, histórico español y político nos demuestre sus actividades condenables; y que al constituir un poder irresponsable y secreto, por encima de toda otra consideración e interés legítimo popular, anule las esencias de la democracia, para que las naciones tuviesen que inquietarse por la existencia en ellos de esa dictadura secreta e irresponsable, que extiende sus tentáculos por todos los lugares de la nación; más si a todo esto añadimos su carácter internacional y los objetivos que a este tenor persigue, veremos que no basta que sea extirpada en un país para que éste se vea libre de ser sujeto pasivo de su saña y de sus conjuras.

Nace la masonería en Inglaterra como una secta nacional a principios del siglo XVIII, con un carácter fisiológico e intelectual que pronto y a hombros de las clases aristocráticas, va a ser acogida con entusiasmo por la nobleza decadente de la nación francesa, que inconscientemente alimentará el instrumento que en muy poco tiempo habrá de destruirla. Si dentro de las fronteras la vemos perseguir objetivos religiosos, filosóficos o políticos, llevada al área del exterior se convierte desde su nacimiento en instrumento de influencia y de mediatización de otros países.

Con las luces de la enciclopedia penetra la masonería en la mayoría de los países europeos, deslumbrando en todas partes el torpe mariposear de las aristocracias decadentes y sin un quehacer, que quemándoles las alas las va a dejar por muchos años prisioneras del extranjero.

La fundación de las logias de una determinada disciplina en un país creaba, al lado de unos derechos para la fundadora, una dependencia y subordinación para las nuevas difíciles de sacudir. Han pasado los años y muchas de las logias de Hispanoamérica todavía discurren bajo la obediencia de las grandes logias europeas. Nos encontrábamos en los primeros años del presente siglo y todavía la influencia de las grandes logias de Inglaterra y Francia se hacía sentir sobre la mayoría de los países europeos. Sin embargo, el espíritu nacional pronto aparece en pugna con aquella subordinación y dependencia, y al organizarse en la mayoría de las naciones grandes logias, grandes orientes o supremos consejos con carácter nacional, se debilitan los lazos de aquella dependencia. Esta evolución nacional se retrasó bastante en los países católicos, en los que viviendo la masonería bajo el peso de las condenaciones de la Iglesia, cuando no fuera de la ley, hubo de vivir bajo la protección solapada de confesiones disidentes o de influencias extranjeras.

Esto ocurre durante cerca de dos siglos con las logias de nuestra nación, que poco a poco invaden a las clases directoras: nobleza, aristocracia, intelectuales de izquierda, políticos liberales, progresistas, republicanos, primates socialistas y algún que otro conservador militante en el conservadurismo para mejor servicio de las logias, a los que resiste el pueblo católico y la Iglesia. Está harto probado que nuestras desventuradas empresas en estos años no se perdieron en los campos de batalla, sino en los talleres de la masonería, con los que a través de ministros y parlamentarios masones, el extranjero regía nuestros tristes destinos.

Aquella independización progresiva de las masonerías de los diversos Estados con la debilitación de las influencias masónicas de las naciones poderosas, en contraste con el área cada vez mayor, de sus intereses, aconsejó a éstas el tratar de integrar a la masonería bajo una suprema dirección, que por ellas manejada pudiera ejercer su autoridad sobre las grandes logias, los grandes orientes o los supremos consejos de todos los países. Una especie de Sociedad de las Naciones masónica, sin luz ni taquígrafos, donde en la irresponsabilidad del secreto masónico se interviniese y se mandase sobre los principales Gobiernos.

Se aprovechó la victoria aliada en la primera guerra universal para restablecer en el Continente aquella hegemonía inglesa, que un día había logrado la logia madre de Inglaterra través de las masonerías europeas de ella dependientes, constituyendo una asociación masónica internacional bajo ese signo, que tiene su alumbramiento el año 1921; sin embargo, la subida al Poder de Mussolini en Italia y más tarde de Hitler en Alemania dieron al traste con las previsiones aliadas y la masonería sufrió en uno y otro

país la más honda de las crisis, teniendo que volver en ellos a las sombras de la clandestinidad, a la labor de zapa y a esa filtración que había de fructificar en los días malos de la guerra en el complot real contra Mussolini y en el más vasto del atentado contra el Fúhrer de Alemania.

La segunda guerra mundial y la victoria sobre los países del

Eje en Europa reforzaron de manera considerable la influencia y el poder masónicos. La guerra, con sus sistemas de excepción y plenos poderes, la falta de normas para la utilización del personal, llena las oficinas de la Administración y las direcciones principales de los Estados beligerantes con las clientelas masónicas de los masones en el Poder. A todo se atreven éstos con la disculpa de la guerra.

El carácter secreto de la masonería y las vinculaciones entre las logias favorecen el establecimiento de los servicios de espionaje fructíferos, y la máquina, que siempre se ofreció maravillosa para amparar las revoluciones, se presenta igualmente eficaz para las intrigas de la guerra. El poder que con ello la masonería alcanza es después difícil de des- montar.

La existencia al frente de los destinos de los principales países de presidentes, reyes y gobernantes masónicos caracteriza el afianzamiento de la invasión masónica en la Administración de los Estados, que con los masones exilados había de llevar a los países liberados el espíritu de pasión y de revancha para la persecución y anulación de sus más importantes enemigos. Y, así, mientras a reyes, príncipes y gobernantes masones colaboradores de Alemania e Italia se les perdonan sus ayudas y su entendimiento con el Eje, a otros, como el católico Rey de los belgas o a la nación española, se los sitia y se los busca como blanco de la persecución masónica.

En el occidente del Continente europeo existe una suprema autoridad masónica internacional creada en el año 1921, que, reforzada considerablemente por esta situación derivada de la guerra, ejerce su poderosa acción sobre la mayoría de los Gobiernos nacionales desde las sombras de su templo.

Su *organización* y sus actividades las dejaremos para nuevo trabajo.

Internacionalismo

17 DE MAYO DE 1950

HEMOS anunciado en trabajos anteriores la existencia en el mundo internacional de unos altos poderes masónicos que desde la sombra de su templo mueven los hilos de la política y de las relaciones entre los pueblos; sin embargo, la creencia, muy generalizada, que echa sobre el judaísmo internacional el peso de la conspiración descristianizadora que el mundo sufre, viene desviando la atención pública de la causa verdadera, al ser la masonería internacional el instrumento esencial del que unos y otros se sirven para esa acción.

La conspiración taimada que las fuerzas del mal han venido haciendo en el interior de las naciones a través de la masonería se eleva al orden internacional con la constitución de la Asociación masónica, que da carácter de universalidad a las conspiraciones, antaño encerradas en el seno de las naciones y que no solían rebasar el área bilateral de la nación influyente y de la influida.

Si este acceso al área de lo internacional aparece siguiendo a la primera gran contienda, y sus actividades dan comienzo en el año 1921 al lado de la antigua Sociedad de las Naciones, sin embargo, su auge y su eficacia son relativamente modernos, ya que los primeros años constituyeron para la Asociación masónica una etapa de grandes dificultades, de resistencias que se presentaban como insuperables, de pugnas doctrinales entre las masonerías anglosajonas con reservas cristianas y el espíritu antidogmático y ateo de las continentales, aportándose desde los primeros momentos de la Asociación y quedando fuera de ella, con las logias norteamericanas, las de la disciplina inglesa y de los Países Bajos y prohibido su funcionamiento en Rusia, Alemania e Italia.

El haber alcanzado la Asociación a los diez años de constituida el reunir en su seno a 34 potencias masónicas de

Europa y América, obligó a la masonería inglesa, para no perder su influencia, a pensar en incorporarse a la organización de que tanto recelaba, y en la que llegó a tomar asiento con los honores e influencia correspondientes a la considerada como logia madre, fundadora de logia y sin la cual la Asociación masónica veía muy menguada su eficacia. La derrota de Alemania e Italia posteriormente y la vuelta a la influencia en esas naciones de los masones exilados, permitió completar el cuadro de los miembros de la Asociación, alcanzando un poder e influencia hasta entonces insospechados.

Tras una declaración de principios de respeto a la soberanía de las distintas potencias masónicas, de considerarse una institución tradicional filantrópica, filosófica y progresiva basada sobre la exaltación del principio de que todos los hombres son hermanos y por fin la busca de la verdad y el estudio y la práctica de la moral y de la solidaridad, intenta presentársenos a A.M.I. como persiguiendo el perfeccionamiento intelectual y social de los humanos, a los que pretende extender los lazos fraternales que unen a los francmasones.

Sus estudios, por lo demás muy sintéticos, se ocupan de establecer las bases de la Asociación, cuyo órgano soberano lo constituye el convento internacional en que cada dos años se reúnen los delegados de las potencias masónicas asociadas. A él se reservan las grandes decisiones de carácter público, la aprobación de cuentas y resoluciones administrativas. El poder ejecutivo descansa en un Comité ejecutivo compuesto por representantes de las potencias masónicas designados por el convento, y cuyo número no puede ser superior a la cuarta parte de sus miembros. Un Comité consultivo integrado por antiguos miembros de la Asociación en número no superior a tres, y nombrado a propuesta del Comité ejecutivo, con voz, pero sin voto, colabora y da continuidad a las decisiones del Comité ejecutivo. Una Cancillería, bajo la autoridad soberana del convento y del Comité ejecutivo, ejecuta las decisiones de éstos y mantiene la actividad masónica y las relaciones con las potencias masónicas. Su personal pertenece íntegro a la masonería en sus grados superiores.

Este Comité ejecutivo de la Asociación masónica internacional constituye el órgano secreto de gobierno que maneja los hilos invisibles que mueven el tinglado de la política internacional, y del que parten las órdenes y consignas que en servicio de sus fines cree prudente tomar. Se reúnen todos los días laborales, y en él se examinan los problemas más importantes y graves que afectan a !a política del mundo. Mantiene un enlace íntimo con las potencias principales a él asociadas y recibe completa información de las potencias afiliadas, que le permite estar al tanto y prevenir los distintos acontecimientos.

Si nos limitamos a leer sus estatutos y por ello creemos juzgar de los fines que persigue, se nos presenta como una Asociación pacifista que, sin embargo, no le impidió en la última contienda tratar por todos los medios de incluir en ella a las naciones neutrales. Sucede con la organización internacional masónica lo mismo que con las masonerías nacionales, que necesitan vestirse con el ropaje exterior de lo lícito para ocultar sus verdaderas actividades. Sin embargo, en las distintas declaraciones recogidas en las actas de sus conventos se anuncia como propósito: "el lograr una A. M. I. grande, fuerte y gloriosa"; "intentar todo lo necesario para hacerse un organismo sólido capaz de hacer reinar la masonería en el mundo"- "dar a la A. M. I. el reinado que debe tener'; "constituir un instrumento secreto y poderoso de las grandes logias ejecutoras de sus fines en lo internacional"; "su decisión de participar en la constitución de un mundo nuevo edificado sobre los principios de la moral masónica"; "su propósito de establecer entre las potencias masónicas solidaridad y contactos permanentes, con lo que su fuerza individual será acrecentada y su reino extendido". Sus ambiciones de dominio no pueden estar más claras.

Se presenta en público la Asociación como los paladines más preclaros del pacifismo, después de haber patrocinado todas las revoluciones internas de los pueblos durante siglo y medio. Si todo fuese licito, ¿para qué ese secreto y esos terribles juramentos y amenazas con que se pretende encadenar a los asociados?

Cuida mucho la masonería internacional de aparecer como apolítica, de no presentarse públicamente entremetiéndose en las actividades de los Estados; pero, sin embargo, en la propia documentación de los congresos masónicos y publicaciones queda huella perenne de esos fines políticos. Son apolíticos y neutrales mientras se les permitan sus actividades clandestinas, infiltrarse en los países y gobernarlos a su antojo; pero cuando la gran mayoría de la nación se planta y se enfrenta con la conspiración o la traición, entonces se muestra activamente política. En el convento internacional de 1927, de París, ha quedado registrado cómo el hermano Costa Santos del gran oriente de Portugal, llevó a aquella reunión de la Asociación Masónica Internacional los lamentos de la masonería portuguesa, que dice estar "bajo el golpe de una dictadura militar feroz". El presidente de la asamblea les ofrece ayuda, quedando registradas sólo las palabras prudentes:

"Hagamos de forma que ningún eslabón de la A. M. I. sea roto." Igualmente, con ocasión del convenio del año 1925, en que el hermano Barcia asistió representando a la masonería española, publicó éste una memoria en que explica cómo se suscitó en la asamblea de Ginebra de la A. M. I. la cuestión de "intervenir o provocar la intervención en Italia para proteger a sus afiliados" oprimidos, a lo que se opuso el delegado del gran oriente italiano, general Capello, que se negó resueltamente a esa iniciativa, afirmando de un modo solemne que se trataba de un problema que exclusivamente tocaba resolver a la francmasonería italiana. Las palabras del militar evitaron entonces toda polémica, y la A.

M. I., "después de ofrecer su apoyo y su amparo a los hermanos de Italia", acordó abstenerse de toda intervención.

A continuación refiere el mismo masonazo español que "en el ánimo de los espíritus más avisados, de los hombres cumbres que dirigen la Asociación nació una inquietud, brotó un nuevo sentimiento de sus deberes, surgió una idea que habrá de ser objeto de reflexión y estudio y que seguramente constituirá en el porvenir un empeño de la A. M. I.", haciendo la siguiente afirmación: "Si la francmasonería constituye una minoría caracterizada por los principios morales que la informan, en disidencia y oposición con una mayoría que le es hostil, mayoría que no la respeta, mayoría que por fuerza llega a influir en los Poderes públicos, negando y desacatando esos magnos preceptos de la tolerancia en la esfera del espíritu, en el campo de las ideas y de los sentimientos, ¿*no* podría ser planteado el caso en la Sociedad de las Naciones como de obligada protección a una minoría perseguida? He aquí un problema que preocupa a estas horas a los hombres que asumen la representación y son, a la vez, el órgano ejecutivo de la A. M. I."

Como se ve, trasluce el intento de intervención extraña cuando, por voluntad de la gran mayoría de un país, se sacude o se imposibilita el progreso de esa lacra que en el cuerpo nacional constituye la masonería. Y en la misma memoria, en la página 29, explica "Como una de las cuestiones que siempre se trata y motiva cambio de impresiones y "diálogos confidenciales" entre los más calificados miembros de la A.M.I. (que no pasan a las actas) es la relativa a las condiciones en que vive y se desenvuelve la orden dentro de cada país".

Y no hablemos, *pues* lo dejamos para otra ocasión, de las muchas diligencias desarrolladas por la masonería española antes de la guerra en los años de la Monarquía, en la guerra de Liberación, en la guerra universal y en los tiempos actuales, para lograr de la Asociación Masónica Internacional y de las masonerías extranjeras una acción común contra su Patria, y de cuya ejecución los españoles tienen amplia prueba.

Si la masonería internacional constituye el compendio y suma de las masonerías nacionales, forzosamente habrá de participar de las características que las potencias masónicas como miembros le aportan, y lo mismo que en el área nacional toda la política es interferida por la influencia nefasta e irresponsabilidad de las logias, lo mismo en lo internacional la Asociación masónica, a través de sus grandes logias y orientes de ella dependientes, viene ejerciendo su acción en las resoluciones de los grandes asuntos interiores e internacionales. El hecho de que la masonería americana permanezca

apartada y escindida de la masonería europea, si bien resta a la Asociación masónica parte del poder omnímodo que de otra forma tendría, no está de ella tan lejos que no permita los mutuos servicios masónicos y que a través de las logias dependientes todavía de las masonerías europeas ubicadas en América, y que Norteamérica aspira a incorporar, se realicen gestiones y se busquen apoyos de la masonería americana.

ASOCIACIONES Y CONGRESOS

21 DE MAYO DE 1950

PUBLICADO en su tiempo el texto adoptado por el Congreso masónico internacional de Génova, que tuvo lugar del 19 al 23 de octubre de 1921, con su declaración de principios y adiciones votadas en el convenio de 1923 y 1927 y el baremo de las contribuciones anuales votadas por el convenio de 1930 para su sostenimiento, así como los boletines oficiales de sus legislaciones y Congresos durante casi veinte años, na- die puede negar ya la existencia de una suprema organización masónica que, reuniendo en su seno a la totalidad de las masonerías europeas y a la mayoría de las iberoamericanas, dirige la acción masónica internacional en una extensísima área.

La actividad constante de sus Comités consultivo y ejecutivo, reunidos a diario en la evacuación de las consultas y resolución de pleitos entre las obediencias, la reunión cada dos años de sus Congresos, que vienen dejando huella en sus boletines, demuestra, aun sin necesidad de introducirnos en el campo de sus actividades secretas, la existencia de una actividad masónica internacional sobre la casi totalidad del universo.

Conviene no incurrir en esto en confusión, como a algunos sucede, y distinguir a la "Asociación masónica internacional" que nos ocupa de la "Liga internacional de francmasones", que, aunque de existencia anterior, lleva vida precaria, pues aun coadyuvando a un mismo fin aquélla es poderosa y une a las potencias masónicas colectivamente organizadas, ejerciendo sobre ellas una acción oficial, mientras la otra sólo acerca individualmente a hermanos de distintas procedencias, persiguiendo que se traten y conozcan.

La "Liga internacional de francmasones" fué en los primeros años de este siglo la patrocinadora y el paladín en la propagación del esperanto como lengua de entendimiento universal, adquiriendo entonces algún prestigio al dirigirla como presidente el que fué gran maestre de la masonería portuguesa, Magalhaes Lima, muerto hace algunos años.

Existía también entonces un "Bureau masónico internacional", patrocinado por el muy destacado masón Quartier La-tante, con el que la Liga estableció relaciones de inteligencia, que vino a perturbar el estallido de la primera gran contienda universal.

Al concretarse en la Asociación masónica internacional, al final de la primera gran contienda, los ideales y propósitos que a Quartier La-tante y a tantos otros masones animaban, y adherirse a ella desde los primeros momentos las más importantes logias europeas, desaparecieron los papeles que desempeñaban el Bureau y la Liga; y pese a los esfuerzos que por sobrevivirlos vienen haciendo sus partidarios, al compás que la A.M.I. adquiere más pujanza languidece la Liga en sus actividades.

Si se examina la vida de la Asociación masónica internacional en estos veinte años, se ve que uno de los problemas que le dió más fuerza y prestigio entre las "obediencias" fué el haberse encarado desde un principio con el problema de la territorialidad: consumía a los masones el cáncer de las divisiones y constituía una aspiración de las distintas masonerías el llegar a ejercer el monopolio de la masonería en sus naciones respectivas.

El que no pudieran en ellas crearse logias de otras obediencias, y que si se creaban tropezaran con el boicot de las demás masonerías regulares, privándolas de la solidaridad

internacional; si a esto se unía el hondo problema de soberanía, planteado de fecha remota en muchas de las que habían sacudido de hecho su dependencia de las fundadoras se comprende el apoyo que había de recibir de la masonería de la mayoría de las naciones pequeñas y medias, deseosas de refrendar su independencia, y las reservas y apartamiento que había de provocar entre las grandes lógias fundadoras, que veían amenazados su predominio e influencia.

En los estatutos de la Asociación quedó establecido: que ninguna obediencia adherida a la A. M. I. podría crear logias sobre territorio sometido a la jurisdicción de otra, excepto para aquellos extranjeros a los que se les negase la entrada en las logias nacionales. Y aunque se respetaban las situaciones interiores, la A. M. I. hizo todos los esfuerzos para alcanzar la unidad de las masonerías nacionales.

Todo ello fué motivo de que, a su amparo, se regularizase la situación de muchas obediencias y fuesen aceptadas por las naciones fundadoras las autonomías conquistadas de hecho, así como que se sometiesen a dependencia de los grandes orientes y grandes logias nacionales, logias de disciplina extranjera enquistadas en el territorio de su soberanía. La masonería alcanzaba así la unidad y universalidad que constituían la base de su ideario.

El mantenimiento de las logias de Norteamérica fuera de la organización masónica internacional, siguiendo el primer impulso de la masonería anglosajona de separación de la masonería atea y antidogmática del continente europeo, sirviendo aparentemente al sentir del sector protestante de aquella masonería, encubre en el fondo el deseo de seguir una política de manos libres y de unificación masónica americana bajo la égida de los Estados Unidos, que en los últimos diez años viene señalándose.

El imperio del dólar trasciende así lo masónico y son muchas ya las Logias captadas por la influencia norteamericana y muchísimas también las nuevamente fundadas por Norteamérica que reciben a los masones pasados de las otras. Las conquistas realizadas por Branden en este orden ante los países iberoamericanos han sido tan notorias, que han llegado a alarmar a la masonería europea, que viene echando en la cuestión el peso del prestigio e influencia de las viejas logias y la experiencia de la logia madre inglesa, tan acostumbrada a estas batallas; más la escisión sigue, sin embargo, en pie por el abismo que el asesinato del almirante Darlan abrió entre las dos masonerías, y que los magnates de la masonería americana se encargan de mantener.

Si la masonería, en el orden interior de las naciones en la que constituye una exigua minoría, viene durante los dos últimos siglos patrocinando las revoluciones interiores, amparando a delincuentes y revolucionarios, minando los tronos estimulando su derrumbamiento, utilizándose como instrumento para fomentar la traición en el campo de las naciones rivales y combatiendo por todos los medios el desarrollo y la propagación de la fe católica, pese al principio democrático de la ley de mayorías, burladas por la hipocresía y la traición masónicas, hay que imaginarse lo que pasará en el orden internacional sin mayorías interesadas que se opongan y en el que la confabulación de los masones viene colocando a las naciones ante hechos consumados; pero el problema éste es en sí tan importante que bien merece trabajo aparte.

LA DIPLOMACIA DEL TRIANGULO

28 DE MAYO DE 1950

HEMOS venido demostrando con citas de sus propios estatutos y de los boletines masónicos como la masonería persigue en el interior de los pueblos miras eminentemente políticas, dirigidas al establecimiento de Gobiernos de carácter masónico, y hemos analizado cómo en los distintos grados se va definiendo su ideario, lo mismo en lo religioso que en lo político. Si observamos, en cambio, su táctica, la vemos perseguir la conquista metódica de los puestos clave que permita a una reducida minoría el dominar y gobernar al resto del país. La acción subsiguiente de la masonería, desarrollada desde los puestos de poder y de influencia, facilita el progreso masónico, al atraer, por la protección que ofrece, nuevos afiliados a la masonería.

La táctica masónica es harto flexible, adaptándola a las circunstancias y a las

necesidades de los tiempos. Así, en su primera época, invade las organizaciones políticas, a los partidos turnantes en el Gobierno, especialmente los de carácter liberal o progresista; y cuando no logra alcanzar por los caminos naturales sus objetivos, patrocina las revoluciones que le permitan el lograr establecer a sus facciones en el Poder. Penetran en la Universidad bajo la capa del patrocinio de las ideas enciclopédicas, estimulando en aquélla el desvío de lo religioso. Se filtran en el Ejército y socavan su disciplina, si así conviene al interés político revolucionario o secesionista. Se introducen en la Prensa cuando ven a ésta alcanzar influencia y poder, siendo pocos los periódicos diarios que se libran de la filtración masónica. Atraen a las logias a los cabecillas sindicales cuando se aperciben que el peso de sus masas va a ser decisivo en la política; y, así, en la sombra y sin dar la cara, una exigua minoría francmasona manda y dispone sobre la mayoría en gran parte de los países.

Cuando, con motivo de la primera guerra mundial, toma importancia en los Estados la política exterior, la masonería se adelanta a aprovecharse de su hora, ya que no en vano lleva cerca de dos siglos preparándose para dominar en este campo. Si se analizan los momentos en que fué concebida la primera Sociedad de las Naciones, antes de terminar la primera gran contienda, por un masón, el diputado André Lebey, miembro del Consejo superior del gran oriente de Francia, que reunido con otros significados miembros de la masonería en un Congreso masónico en París, que tuvo lugar del 28 al 30 de junio de 1917, y en el que tomaron parte los representantes de las grandes logias de Inglaterra, Francia y de los Estados neutrales, presentó un proyecto de la organización de una Sociedad de las Naciones concebida sobre los mismos términos que más tarde dieron vida al pacto de la Sociedad de las Naciones, que fué aceptado con entusiasmo por los reunidos; y si se revisan los acuerdos de aquel Congreso, publicados en la Prensa masónica de aquellos días, se demostrará la identidad entre lo concebido por los masones y lo más tarde instaurado.

Un solo párrafo de aquellas conclusiones nos dará una muestra de su paternidad masónica: "Si en 1789 se proclamaron los derechos del hombre, la Liga de las Naciones tendrá que proclamar, ante todo, los derechos de los pueblos. Ninguna nación tiene el derecho de declarar la guerra a otra, puesto que la guerra es un crimen de lesa humanidad. Toda disputa entre naciones será juzgada por el Parlamento internacional. La nación que obre contrariamente a esta ley se colocará fuera de la Liga de las Naciones." Los otros pormenores de la asamblea del Consejo del Tribunal de Arbitraje parecen casi calcados en los estatutos de la Sociedad de las Naciones.

La constitución en el año 1921 de la Asociación masónica internacional con la misma sede, en Ginebra, que la Sociedad de las Naciones, después de las declaraciones del publicista francés Valot en una logia de Viena, en la que anunció el proyecto de establecer un círculo en Ginebra donde se reunieran los masones que asistan a las asambleas de la Sociedad de las Naciones, demostró la íntima relación que se buscaba entre las dos organizaciones.

La circunstancia de pertenecer Chamberlain, Briand, Benesch y una gran mayoría de los miembros fundadores de la Sociedad de las Naciones a la masonería, así como Alberto Thomas, también masón, presidente de la Oficina Internacional del Trabajo de la Sociedad de las Naciones, diese a conocer sus estatutos a una asamblea de la Asociación masónica internacional, y que posteriormente Stresemann, secretario de Estado alemán, al ingresar en la Sociedad de las Naciones, en uno de sus discursos aludiese con desenfado al "Gran Arquitecto del Universo", justifican suficientemente la acusación que a la Sociedad de las Naciones durante mucho tiempo se le ha venido haciendo de encontrarse bajo el dominio y la influencia decisiva de la masonería.

Si, por otro lado, se tiene en cuenta la gran pretensión masónica de definirse como la institución pacifista por excelencia y considerarse los paladines más esforzados de la paz y la fraternidad universales, se comprende el que aprovechasen aquellos momentos en que los gobernantes masones de las naciones aliadas eran omnipotentes para asentar su influencia decisiva en los destinos internacionales.

Más antes de seguir adelante no podemos dejar sin replica esta pretensión masónica de erigirse en campeones del pacifismo y de la fraternidad, tantas veces desmentido durante dos siglos de revoluciones, de derramamientos de sangre, de guerras civiles por ella estimuladas, cuando no dirigidas. Su pacifismo se asienta, como el soviético, sobre el principio previo de la unificación y el dominio sobre todos los países del universo, el sueño eterno de todos los imperios.

Muchas veces se vino acusando a la Sociedad de las Naciones de existir entre su sede y la de la Asociación masónica internacional de la calle Bovy Lysberg una comunicación directa por la que se consultaba a los altos magnates de la A. M. I. antes de decidir cualquiera cuestión. Si este hecho pudo ocurrir en alguna ocasión, hemos de reconocer que no lo necesitaba, pues normalmente los representantes masones en la Sociedad, que constituían legión, y entre los que figuraban los delegados de los países más influyentes, asistían frecuentemente a la sede de la masonería, de la que recibían sus consignas.

La vida de la Sociedad de las Naciones fué, sin embargo, bastante precaria. La ausencia de ella de los Estados Unidos de América, la de Rusia hasta los últimos tiempos y su total ineficacia frente a las conquistas de Abisinia y a la invasión de Finlandia, acabó sumiéndola en el más grande de los desprestigios, del que la masonería, que la había fundado y mantenido hábilmente, se zafó para, con tenacidad digna de mejor causa, renacer, cual nueva ave fénix, de sus cenizas, patrocinando, al revuelo de una situación parecida, a la nueva

Organización de las Naciones Unidas.

Las circunstancias que concurrieron en el nuevo parto son harto conocidas: aniquilada Alemania y destruido el fascismo en Italia la masonería cobraba su victoria, los masones exilados se encaramaban en el Gobierno de los pueblos y las persecuciones, la depuración de los tribunales populares, los asaltos a las cárceles y las ejecuciones sin proceso permitían saciar la venganza masónica en sus más preclaros y distinguidos enemigos. Mientras, en la primera asamblea de la O. N. U. en San Francisco se abría pródiga la nómina de la nueva Sociedad de las Naciones a varios miles de masones, de los más conspicuos, en una verdadera apoteosis de la masonería.

La "Ferrerada"

4 DE JUNIO DE 1950

DEMOSTRADA en trabajos anteriores la influencia decisiva de la masonería en la Sociedad de las Naciones, nos corresponde analizar la influencia de la nefasta secta en cuantos problemas con Francia se relacionaron.

El pararrayos masónico de definirse estrechamente como ajenos a la política y a los problemas internos de los pueblos han hecho que muchos inscritos, aceptando esa definición, no hayan dado trascendencia a las actividades ocultas de la secta. Hemos de reconocer que en una nación constituida en "paraíso masónico", donde la mayoría de sus miembros militasen en la masonería, ésta tendría poco que hacer en sus luchas internas de partidos, de que no debería favorecer a unos hermanos en perjuicio de los otros; pero es el caso muy distinto cuando no se ha alcanzado ese ideal masónico y la masonería está compuesta por una minoría que lucha secretamente y por todos los medios para alcanzar su predominio. La historia de la masonería en nuestra nación es elocuentísima a este respecto.

El que la Asociación masónica internacional, ante los problemas, escisiones y recelos que a la masonería acompañan, y frente a la necesidad de presentarse como Asociación pacífica y neutral, respetuosa ante los problemas internos de las naciones, haya llevado a sus estatutos una definición clara de neutralidad e indiferencia no representa en el fondo nada, pues los hermanos lo interpretan dentro del mundo de los masones y no para su relación con los profanos; en muchas de las decisiones del Comité ejecutivo de la Asociación Masónica Internacional, así como en las actas de sus Congresos, se revela la protección más absoluta a cuanto tiende a favorecer el dominio masónico y a prestar su amparo y solidaridad a aquellos masones de las grandes logias o grandes orientes que soliciten su ayuda.

No hemos de perder nunca de vista que en la masonería hay dos actuaciones: la pública de la que tiene conocimiento la mayoría de sus miembros, que se debate en la solemnidad de las logias y se incluye en sus publicaciones, y la secreta, en la que sólo intervienen determinados masones, y que tiene lugar en la traslogia o conciliábulo de los elegidos, de los que se sabe poco y se conoce menos; sin embargo, nos basta sólo analizar lo que de ello trasluce al exterior para que, atando cabos sueltos, nos apercibamos cómo la actuación masónica desmiente sus enunciados y se entremete de manera decisiva en los problemas políticos internos y externos de las naciones, muy especialmente si en alguna forma éstos afectan a la masonería.

Nadie será capaz de controvertir que el problema de la masonería española preocupa a los masones internacionales en todo lo que va de siglo. Un síntoma gravísimo de esto se ha tenido en aquella campaña desencadenada en Paris y Bélgica, conocida por la "ferrerada", que en 1909 realizaron las logias continentales europeas más importantes con motivo dc la sentencia de muerte y ejecución del anarquista español y miembro de varias logias extranjeras, Francisco Ferrer Guardia. Una acción de infundios, de calumnias contra nuestra nación, de injurias a la Monarquía y a la Iglesia Católica, se desarrolló durante dos años en los medios internacionales de Paris y Bruselas.

El 31 de octubre de 1909 el Concejo comunal de Bruselas adoptaba por 31 votos contra ocho —las izquierdas unidas contra los elementos de derecha del Municipio— el orden del día presentado por el masón doctor Depage, profesor en la Universidad libre de

Bruselas, para condenar la muerte de Ferrer como un atentado grave a las leyes de la civilización moderna, protestando con indignación por la ejecución del masón anarquista y patrocinando la erección por suscripción pública de un monumento digno de la capital frente a la intolerancia española.

Dos años duró la resaca de la propaganda masónica contra la nación española. Se troqueló una medalla con la efigie del anarquista, con las fechas de su nacimiento en Alella y de su ejecución en Montjuich. Se le colocó una lápida en la Gran Plaza de la Villa de Bruselas con la inscripción siguiente: "A la memoria de los condes d'Egmond y de Hornes, decapitados en este lugar por orden de Felipe II en 1568 por haber defendido la libertad de conciencia. Este mármol les fué dedicado por el comité internacional instituido para conmemorar la muerte heroica de Francisco Ferrer, fusilado en Montjuich por la misma causa en 1909."

Así se reunía en una sola lápida la condenación de la obra de nuestro preclaro Rey Felipe II y la del desdichado criminal, elevado por su filiación masónica a una categoría insospechada.

A la inauguración de la placa, en 21 de agosto, a las once de la mañana, entre representantes de las distintas masonerías y la presencia de Soledad Villafranca, la amiga del difunto, asistió una Comisión española, presidida por el doctor Simarro, aquel masón que, con audacia incomprensible, se permitió ofrecer un día a nuestro Monarca Alfonso XIII el apoyo internacional de la masonería si aceptaba su afiliación a las logias.

Folletos, reuniones literarias, mitines, actos culturales pro Ferrer, manifestaciones diversas mantenidas muchas veces y organizadas por la Liga belga de los derechos del hombre, Sociedad que es hijuela de la masonería, se repetían en territorio belga para injuriar a la nación española, al tiempo que se recaudaban fondos para el monumento que, con una altura de siete metros, se elevó en aquel país.

No existía entonces contra España la disculpa de la presencia de otro régimen que el monárquico, constitucional y parlamentario; pero había que abrir a las izquierdas masónicas revolucionarias y explotar la desgracia de aquel desdichado anarquista ácrata para, saliendo en defensa del masón, cohibir con la coacción el libre juego de nuestra política y con el "Maura, no", fabricado fuera de las fronteras, cerrar el camino legítimo de los partidos falseando la democracia.

Ni las ejecuciones de Núremberg, que llevaron la justicia hasta la venganza, ahorcando a los jefes con los cuales se contendió, ni los asaltos a las prisiones en Francia y la ejecución de verdaderos adversarios políticos movió un ápice el sentimentalismo masónico, ya que en este caso la masonería era la directora y la estimuladora de tales persecuciones.

Discurrían los días de gobierno del General Primo de Rivera, de la pacificación completa de Marruecos y de las Exposiciones de Sevilla y Barcelona, en que se daba al mundo una muestra del resurgir español, cuando de nuevo los masones, doliéndose de esta paz y progreso, maquinaban con los afiliados de España, intentando explotar las ambiciones políticas de unos corros de politicastros despechados y de cortesanos ambiciosos, para intentar abrir brecha en un Régimen secular y acabar sustituyéndolo con aquella República masónica que padecimos.

No fué, ciertamente, aguda la Dictadura del General Primo de Rivera en apreciar el mal. Había muchas personas en España que, por haber convivido con la masonería en nuestras campañas coloniales, parecían no asustarse gran cosa de ella y una pereza mental nos hacía no profundizar en el análisis y mirarla como cuentos antiguos de beatas o de reaccionarios. Existió, sin embargo, una voz de alarma. El viaje de los Reyes a Italia puso en contacto al Dictador español y al Jefe del Gobierno italiano. Ambos estaban en la luna de miel de sus respectivos años de gobierno. El nuestro, todo nobleza, generosidad e hidalguía; el otro, humano, sagaz y político. En los coloquios que con motivo de la visita se

celebraron previno Mussolini al Presidente del Consejo español cómo en la requisa de la documentación de las logias italianas habían encontrado pruebas de la actuación de la masonería contra la nación española; que la cosa era mucho más seria y grave de lo que en España se apreciaba, que lo tuviera en cuenta; que era una voz de amigo la que le avisaba; que para él las cosas se le presentaban muy claras: o España cerraba el paso a la masonería, o ésta acabarla a plazo fijo por destruir su obra y derribar a la Corona.

Agradeció el Dictador el consejo del amigo, meditó en el viaje sobre su alcance y consecuencias, y aunque la violencia estaba en pugna con su carácter y su generosidad, proyectó el poner fuera de la ley el peligro que se le señalaba, redactando en el viaje hacia España en unas cuartillas, que mandó poner en limpio a uno de sus colaboradores, que vive todavía, el oportuno proyecto de decreto.

Más llegado a Barcelona y cambiadas impresiones con él a la *sazón* Capitán General de Cataluña (General Barrera, según una anotación manual en el libro), éste le disuadió del propósito, repitiendo el cuento conocido de los carbonarios, de la poca extensión en nuestra nación de la secta y de lo inofensivo de la orden. "Pero, Miguel, ¿te acuerdas de Fulano y de Mengano?" Y así surgieron, con el recuerdo de Cuba y Filipinas, los nombres de viejos camaradas, masones inofensivos, que se habían adocenado militando en las sectas. El decreto no vió jamás la luz.

Conspiraciones antiespañolas

11 DE JUNIO DE 1950

Se vive en el mundo bajo una frivolidad y una pereza mental, que existen muchos sucesos contemporáneos que pasan inadvertidos para la mayoría de las gentes y que pocos se detienen a analizar y a notar, cuando son base para explicarse otros acontecimientos de la época difíciles de comprender si no se tienen en cuenta aquellos antecedentes. Así sucede con muchos hechos contemporáneos en que la masonería ha sido la protagonista y que fueron anuncio de lo que posteriormente había de suceder.

El mayor beneficio que de esa pereza mental saca la masonería es el de esa tonta benevolencia que ha conquistado en la sociedad moderna de considerarla como asociación inofensiva en los tiempos bonancibles, pero que cuando la revolución o la desgracia se presentan aparece controlando y dirigiendo como dueña y señora las fuerzas ocultas de la revolución.

El creerse que la masonería puede descansar es una quimera. La masonería es una conspiración en marcha para conquistar el gobierno de los pueblos, que presenta dos vidas: una, aparente, y otra, oculta y secreta, dinámica y real, que si parece someterse externamente a las situaciones de hecho, no renuncia jamás a sus fines y postulados, que a la luz o a la sombra, según el ambiente exterior se le presenta, persigue con tenacidad implacable.

Ese *slogan* de la masonería inofensiva es el opio que se derrama sobre la víctima, a la que por este procedimiento se coge desprevenida.

¿Qué suerte podría esperarle al sujeto que, creyéndose sin enemigos, viviese alegre y confiado, si un enemigo secreto conspirase y le acechase un día tras otro para aprovechar sus menores descuidos para destruirle? En una o en otra asechanza acabaría, sin duda, cayendo.

Pues éste es el fin de la sociedad católica y de los Estados que repugnan lo masónico ante la conspiración masónica que constantemente los acecha.

Pocos se imaginaban en España, en aquellos tiempos bonancibles de la Dictadura del general Primo de Rivera, que en las traslogias españolas se fraguase con toda intensidad la conspiración que poco tiempo después había de destruir a nuestra Monarquía secular. Aquellas reuniones inofensivas de San Sebastián, en que se pactaba la desmembración de la Patria, parecían a los más quimera de locos o insensatos. Si alguien entonces quiso interpretar agudamente las benevolencias de algunos personajes con la masonería se le tachó de malicioso y visionario, y, sin embargo, muy poco tiempo después la nación entera pagaba cara contribución a su generosidad y a su benevolencia con los masones.

Leyendo las actas y memorias, que quieren ser inocentes, de la documentación masónica de aquellos días, aparece, sin embargo, entre muchos detalles, esa actitud tan característica de la masonería española de pedir la intervención extranjera para vencer sus contrariedades interiores, y la benévola acogida que algunos personajes españoles, especialmente los extranjerizados, tenían para las actuaciones masónicas, y que vistas en nuestros días nos definen toda una trayectoria.

Corrían aquellos días, que hoy tantos masones han de considerar felices, de la Dictadura de nuestro llorado General, cuando se celebraba en Ginebra uno de esos convenios en que cada dos años se reúnen en congreso los delegados masónicos de los grandes orientes y grandes logias integrados en la Asociación masónica internacional, y

representaba al conocido masón Augusto Barcia, en cuya memoria, presentada a su regreso a Madrid, refiere las gestiones llevadas a cabo en Ginebra y en París en servicio dc las logias españolas. Nos confiesa el autor cómo antes de partir consultó al consejo federal simbólico del gran oriente español su criterio, aprobado por aquél, respecto a la situación de la masonería en España, en que se recogían las dificultades que las actividades de las logias encontraron en Andalucía y el amparo que el subsecretario de la Presidencia, señor Nouvilas, les ofreció; pero el temor de que volviesen a reproducirse las dificultades le hacía expresarse con el siguiente y elocuente párrafo: "Si estos días de verdadera adversidad y peligro llegasen, "sólo un apoyo exterior" podría ser el medio eficaz para mantener a raya a nuestros enemigos." Estimaba, en previsión de que este suceso llegase a producirse, "la conveniencia de aprovechar la reunión de Ginebra para hacer una información fidedigna y completa de nuestra situación". Por lo que consta en la memoria, fué aprobada y calurosamente aplaudida la previsión del comisionado.

A su tenor nos dice haber obrado al llegar a Ginebra, tratando con los miembros del comité consultivo la situación española, con los que acordó esperar a que se tratase en el Orden del día el caso de Italia para hacer él sus manifestaciones sobre España. Llegado ese día se expresó en la sesión pública en los siguientes términos: "Que sus inquietudes y persecuciones no nacían del Gobierno del Directorio, sino del proceder de las autoridades locales bajo la presión de elementos reaccionarios que aprovechaban esta coyuntura, que suponían favorable, para combatirnos y vencernos." En prueba de su tesis recordó "todo lo ocurrido en Andalucía, donde las autoridades locales tuvieron que rectificar todas las medidas que habían tomado contra la orden, en virtud de órdenes concretas y terminantes emanadas de Madrid".

Al siguiente día de esta declaración, relata que llegó a su poder una "plancha" del gran consejo federal simbólico haciéndose cargo de una iniciativa de la gran logia del Nordeste, en la que se pedía "se gestionase un apoyo oficial de las potencias masónicas reunidas en Ginebra para poner fin a las medidas ilegales de mortificación y vejación de que eran objeto", llegando a Ginebra directamente un delegado de aquella gran logia portador de otra "plancha" en la que constaban aquellos acuerdos y "demandando una gestión suficientemente eficaz para lograr los apoyos solicitados".

Después de grandes cabildeos y considerar que no convenía hacer pública ante las otras logias una confesión de importancia y recibir una tutela mortificante en su condición de francmasones españoles, se acordó poner a los comisionados en relación con el comité consultivo de la A. M. I., como así sucedió. Dice a este respecto el masón Barcia en su memoria:

"Supe entonces lo que habían sido las gestiones hechas en Basilea y que de ellas había pendiente una que había de celebrar el gran oriente de Francia con nuestro embajador en París. Como esto, aunque en forma atenuada, era una intervención del exterior en nuestros asuntos de vida interior, expuse la conveniencia de que esa gestión fuese hecha directamente por un español, que bien podría ser el propio delegado de Barcelona. Me insinuó éste, con delicadeza que agradecí y agradezco, que, siendo yo el representante del consejo federal simbólico en la asamblea, yo era el llamado a cumplir esta misión, y no dudé en aceptar y me ofrecí a ir a París.

"Allí invité al delegado de la gran logia del Nordeste a que me acompañase en la visita que yo había de llevar a cabo al día siguiente, ya que telefónicamente había pedido ser recibido por nuestro embajador. El señor delegado extremó su confianza en mí y su delicadeza hasta el límite de rogarme que yo fuese solo a la entrevista, ya que la presencia de él podía coartar la libertad del embajador, a quien no conocía personalmente.

"Celebrada la visita, que duró dos horas, informé de ella detalladamente al señor delegado de Barcelona de los términos en que el diálogo sostenido con el embajador se había desarrollado y del resultado conseguido. Empecé por exponer, en los mismos

términos en que lo había hecho en Ginebra, nuestra situación actual en relación con el Directorio, las persecuciones de que éramos objeto por parte de las autoridades provinciales y locales en determinados sitios, de que ellas se ajustaban al plan de persecución inspirado por elementos jesuíticos; los sinsabores y disgustos que a nosotros nos podría producir una política de hostilidad y acoso a la masonería, hoy universalmente estimada y respetada, si se exceptúa Italia, donde las persecuciones obedecen a razones políticas y a presiones de los elementos religiosos. Hice historia al embajador de nuestra conducta y proceder desde el día en que se constituyó el Directorio Militar; de cómo éste atendió nuestras quejas; de las resistencias de las autoridades locales a seguir las normas que le fueron trazadas por el general

Nouvilas, de acuerdo con las declaraciones del general Primo de Rivera, distinguiéndose en esta actitud las autoridades gubernativas de Barcelona, Sevilla, Córdoba y Valladolid, en contraste con las de Madrid, Valencia, Alicante, Almería y Oviedo, que jamás nos causaron daño ni molestia. También cuidé de insinuar con toda transparencia el peligro en que estábamos, si las persecuciones proseguían o no se rectificaba radicalmente la política de los Gobiernos Civiles de Barcelona, Sevilla, Córdoba y Valladolid, de tener que realizar una acción defensiva que pudiera tener repercusiones en el exterior, que todos estábamos obligados a evitar por el buen nombre y prestigio de España.

"No le oculté que dentro de la orden existía una corriente fuerte que, sintiéndose humillada y vejada por estas persecuciones, que ya no se estilan en el mundo civilizado, pedía una campaña de protesta franca y clara, tanto más necesaria cuanto que la masonería se abstenía de toda labor política y no participaba para nada en ella".

"Le invité con viva insistencia a que me expusiese sin rodeos ni eufemismos su criterio sobre este problema, que Podía ser para la masonería española de una capital importancia. La contestación del embajador fué terminante: "En mi próximo viaje a España me ocuparé de esta cuestión. Se la plantearé personalmente al presidente del Directorio Militar, y, siendo cierto que ustedes no hacen política ni se mezclan en ella, haré saber oficialmente mi opinión de que no pueden ni deben ser ustedes molestados por nadie."

"Para conocimiento de todos los hermanos, debo consignar mi firme impresión, sacada de este diálogo, de que el embajador en Paris está perfectamente informado de nuestra labor en el extranjero, sigue con atención y conocimiento perfecto nuestros trabajos, y, aunque el embajador es un hombre de ideas muy conservadoras, conocedor de los fines y medios que nuestra institución persigue y emplea, tiene para ella toda clase de respetos."

De cómo pagó a la Monarquía y al Directorio la masonería tanta comprensión y generosidad, nos lo demuestran las conspiraciones desleales de la orden para el derrocamiento del régimen y los cinco años de política masónica de persecuciones y de vergüenzas nacionales. Una cosa es lo que la masonería públicamente dice, y otra muy contraria, lo que en la práctica realiza.

MASONERÍA ESPAÑOLA

18 DE JUNIO DE 1950

La característica más acusada en la masonería española es la atea y antinacional. Hemos visto en trabajos anteriores la expresión de sus fobias anticatólicas y su ausencia absoluta de sentido español al servir los intereses extranjeros contra su Patria y buscar la intervención extraña cuando, con razón, se sentían más o menos amenazados.

Si nos circunscribimos a los días de nuestra Cruzada, a aquellos tiempos de la España sin ley en que una masa anarcocomunista, bajo la dirección de capitostes masones, presidía los tristes destinos de la República española, la encontramos de nuevo mendigando en el extranjero acciones de violencia y de intervención contra su Patria.

En un folleto publicado en la imprenta Lucifer, plaza de la Chapelle, 8, de Bruselas, en mayo de 1937, del que figura como autor el gran maestre nacional adjunto del gran oriente español, Ceferino González, y dedicado por el masonazo español "a su muy excelente amigo Felicianne Court, uno de los más puros valores de la francmasonería universal y el más entusiasta defensor de la causa de los francmasones españoles", personaje que ejerció durante muchos años el cargo de "garante de amistad en los valles de España",

.algo así como el comisario político masónico francés en la masonería española, se intenta presentar al público una persecución cruel y sanguinaria de los masones en nuestra Patria, al tiempo que se pretende arrojar sobre la Iglesia de Roma, blanco constante de los odios de la secta, y sobre lo que el autor llama su "rabiosa intolerancia", las culpas de cuanto en España ocurría.

Invirtiendo los términos del verdadero problema planteado, y sin duda para justificar las terribles persecuciones religiosas de que hizo objeto a la Iglesia la República española con sus quemas de conventos, disolución de jesuitas, leyes laicas, así como el asesinato cometido en aquellos mismos días, en la jurisdicción de la República, de más de siete mil entre obispos, religiosos y sacerdotes, pretende levantar sobre la muerte, en las primeras revueltas de la guerra, de algunos cabecillas rojos de filiación masónica, la monstruosa calumnia de que la Iglesia Católica fuese la instigadora y la responsable directa de esas muertes.

La falsedad absoluta con que la francmasonería obra se puede juzgar por el siguiente párrafo que a continuación insertamos, copiado del folleto aludido, y que sometemos al juicio sereno de cualquier conciencia honrada. Dice así:

"Todo el mundo sabe también que el Levantamiento militar fué preparado no en los cuarteles, sino en las oficinas de los altos dignatarios de la Iglesia, por los cardenales, los arzobispos y otros eclesiásticos, los que han financiado la revuelta, los que han dirigido las Juntas revolucionarias y los que han mandado los pelotones de ejecución encargados de asesinar cobardemente la "élite" de la población civil española, y marcadamente los francmasones."

El párrafo, como se ve, no tiene desperdicio. El odio de la masonería a la fe católica brota en la venenosa calumnia que el maestre incluye en su mensaje al mundo masónico.

Si masones eran los principales cabecillas rojos, los gobernadores, muchos jefes de Policía y presidentes de Comités de salud pública, que desde los primeros momentos de iniciarse el Glorioso Alzamiento Nacional ejercieron el mando en la mayoría de los pueblos y lugares de España, ejecutando las órdenes circuladas con meses de anticipación para desencadenar la acción general revolucionaria, a la que el Movimiento Nacional salió al paso, ¿qué de particular tiene que hayan podido caer algunos masones en los primeros encuentros? ¿Qué pretendían? ¿Que cayeran los de abajo y se libraran los de arriba?

¿Qué de particular hay que en una guerra civil tan pródiga en sangre caigan los que militan bajo una bandera o se hacen responsables de crímenes monstruosos ante los Tribunales de Justicia y que, según propia confesión del autor del folleto aludido, más se destacaron? En la página 27 nos dice: "El valor y la heroica resistencia del Ejército popular español, que a la presente es casi enteramente mandado por masones", lo que demuestra claramente que masones eran los principales actores de la España roja.

Lo que oculta, sin embargo, maliciosamente el masonazo español es que una gran parte de los masones asesinados en España lo fueron mientras estaban en la cárcel bajo la autoridad de Gobiernos y de jefes masónicos, y que esto se hizo cumpliendo órdenes de las logias para llevar a cabo la venganza decretada por ellas contra los masones moderados que con Lerroux y otros radicales colaboraron el último año de la República con las derechas. Constituyen legión los diputados radicales masones que fueron fusilados sin proceso, cuando se encontraban en las cárceles o en sus domicilios, bajo la garantía de los Gobiernos y de las autoridades republicanas. Se ve que de los masones caídos sólo interesan los que servían a los rojos, pero no las víctimas del fratricidio masónico: el exministro Salazar Alonso, juzgado y ejecutado por un Tribunal popular irregular, sin causa alguna que pudiera justificarlo; Abad Conde, destacado masón republicano, asesinado durante la persecución inicua decretada por las logias contra los partidarios de Lerroux; Melquíades Alvarez, en un tiempo gran oriente español, asesinado en la cárcel oficial, bajo la custodia de las fuerzas del Gobierno, con otros muchos diputados y masones; López Ochoa, el destacado general masón, convertido en héroe de la República, muerto en el hospital de Carabanchel, donde estaba hospitalizado bajo la custodia militar del Gobierno republicano, por orden de las logias; Rico Avello, asesinado, ciertamente, por no haberse querido someter al dictado de las logias, y muchos otros diputados radicales, que en provincias, y bajo el dominio de las autoridades republicanas, fueron sacados de sus domicilios para ser ejecutados por el único motivo de la "depuración" que querían hacer los masones entre los radicales. Todas estas personas pacíficas y prestigiosas no cuentan para el hermano Ceferino González. Se necesita ser cabecilla rojo o forajido para que el dolor masónico se acuse.

La masonería española es así y no podrá dejar de serlo. No ha ocurrido episodio en España durante siglo y medio en que, con motivo de cualquier clase de revuelta, revolución o guerra civil, no la aprovechase la masonería para atacar con monstruosas calumnias a lo que viene constituyendo desde su nacimiento el blanco de sus odios: la Iglesia Católica, Apostólica, Romana. Quemas de iglesias, persecuciones de frailes y de pacíficos sacerdotes, sin que jamás haya podido demostrarse a través de la Historia la menor intervención de la Iglesia o de sus representantes en las calumnias que se levantaron.

El espíritu ateo y perseguidor de la fe católica vive perenne en la masonería continental, y especialmente en la española; lo destila el calumnioso folleto que comentamos, que acaba descubriéndonos sin pudor en los siguientes párrafos su fobia anticatólica:

"Esto debería hacernos pensar a nosotros los francmasones hasta qué límite debemos llevar nuestra tolerancia, pues a causa de esto, de que la República española y los francmasones han sido excesivamente tolerantes vis a vis de hombres reaccionarios de la Iglesia, el que nosotros hayamos de sufrir este duro calvario.

"No se puede ser tolerante respecto de los que predican y de los que practican la intolerancia, la persecución, el odio y la exterminación contra todos aquellos que no quieran someterse sin condiciones a su tutela o a su tiranía. La tolerancia en este caso equivale a una deserción del deber, a un pacto con el enemigo y muchas veces a una traición."

Después de tan calumnioso y monstruoso exordio había de venir, como consecuencia forzada, la apelación a la solidaridad masónica internacional, y entre otras muchas razones destaca el siguiente párrafo:

"En efecto, este gran conflicto ha puesto a prueba, frecuentemente con consecuencias trágicas, a muchos de nuestros hermanos de España; pero al mismo tiempo es justo y natural que deba poner a prueba también de una manera imperativa, categórica, sin que nadie pueda escapar a sus deberes de ayuda y solidaridad a todos los francmasones del universo, que no podrán jamás dejar de solidarizarse, ni moralmente ni materialmente, con sus hermanos de España, porque con ellos están sólidamente e indisolublemente unidos por sus principios, por sus juramentos solemnes prestados y por sus compromisos voluntariamente empeñados."

Y no he de cansar a los lectores transcribiendo sus jeremíacas e insidiosas apelaciones a los sentimientos humanitarios de los pueblos por los bombardeos de las poblaciones civiles, que la paz demostró estar solamente en la imaginación masónica del autor; pero con ello se pretendía justificar el asesinato en masa de los ministros de la fe católica y movilizar a los elementos masónicos del universo para la conjura internacional contra nuestra Patria, que con siete años de retraso fructificó en la Organización de las Naciones Unidas donde tanto masón encuentra asiento.

LAS GRANDES CONJURAS

25 DE JUNIO DE 1950

LA influencia que en la política exterior europea ha tenido durante muchos años la Gran Bretaña y el prestigio de que gozan las logias en aquel país, al pertenecer a ellas los principales miembros de la familia real, de su nobleza y la totalidad de sus gobernantes, ha trascendido al mundo diplomático y captado para la masonería inglesa a muchos diplomáticos extranjeros desarraigados de sus países, que fueron quedando uncidos al yugo de la influencia británica. Personajes que en sus países de origen se avergonzarían de pertenecer a las logias, por su descrédito y bajo nivel moral, no han tenido inconveniente en figurar en las extranjeras.

En las Memorias que de su puño y letra dejó escritas el último Presidente de la República española, señor Azaña, presenta el caso de un diplomático español que, desempeñando un alto cargo a sus órdenes, le escribe, y, al tiempo que le confiesa su calidad de masón inglés, le acusa las bajas y despreciables intrigas de los masones españoles a sus órdenes. Algunos de esos embajadores "amicísimos" a que alude en su libro el agudo conde de Romanones, debieron a su filiación a las logias extranjeras el secreto de sus aparentes triunfos en las cosas pequeñas, porque en las grandes sacrificaron siempre los intereses de su nación a las consignas que las logias extranjeras les dieron.

No hay como las revoluciones para poder contemplar a esos individuos, pobres de espíritu y sin frenos religiosos o espirituales, caídos en las redes masónicas extranjeras, echarse decididamente en sus brazos, sujetos mimados y colocados por el extranjero en pingües cargos.

Si se examinan muchas de las personas que suelen concurrir a los Congresos internacionales, se encuentra entre ellas una gran proporción de personajes vinculados a la masonería, a los que los ministros masones suelen nombrar para estas comisiones de libre elección, lo que explica el predominio de lo masónico en la mayoría de las Asambleas internacionales.

Cuida la masonería de lo internacional, porque en ese campo reside su principal influencia, y aprovecha el desconocimiento que muchos de los Gobiernos tienen de los problemas concretos internacionales para que esos representantes masones, faltos de instrucciones determinadas de sus Gobiernos, puedan ejecutar la voluntad omnímoda de las logias. La decisión sobre los asuntos suele quedar en la mayoría de los casos abandonada al criterio personal del delegado, que, tenidas en cuenta la malicia que la masonería utiliza sobre sus afiliados y el número de masones influyentes colocados en las Direcciones y en las Secretarías, puede asegurarse se desarrollará la táctica más conveniente a sus propósitos. Unas veces se procura sorprender con las votaciones imprevistas a aquellos a los que no se domina; en otras, en que la votación está perdida, se trata sólo de disminuir la victoria contraria o buscar un aplazamiento, y así vemos tantas y tantas malicias en las reuniones internacionales, que pocos aciertan a explicarse, pero que tienen su base en las conjuras masónicas.

El caso de España en las Asambleas internacionales de los últimos años es harto elocuente. En él la conjura masónica brilló a alturas insospechadas, llegando incluso a sacrificar el propio prestigio de la institución. En la historia de las relaciones internacionales quedará el caso como un hito, el más monstruoso y cínico que los tiempos modernos

registran. Mientras Rusia destruía países, se armaba hasta los dientes, amenazaba la paz y arrastraba al Occidente a destruir los principios solemnemente proclamados de la Carta del Atlántico, se discutía en el Consejo de Seguridad si una nación pacífica, con veintiocho millones de habitantes y una modesta industria, neutral en las dos mayores conflagraciones que la Historia conoce, podía constituir una amenaza en potencia para la paz. Se olvidaban, asimismo, las ayudas y concesiones hechas a Alemania por los principales países de Europa que cayeron bajo el área de su presión, en holocausto a la filiación masónica de sus príncipes y de sus políticos, al tiempo que se faltaba a las promesas públicas y solemnes que Roosevelt había hecho a España en los momentos más críticos de la guerra.

Si alguien pudo hacerse ilusiones con la nueva sociedad, ella se encargó de desvanecerlas. Ni la carencia de causa, unánimemente reconocida, ni la barrera de los propios estatutos, que prohíben a la O. N. U. inmiscuirse en lo que es privativo de la soberanía de cada nación, ni la ética internacional, pisoteada en este caso como nunca, sirvieron frente a la conjura que las logias habían preparado.

En los pormenores se llegó a casos verdaderamente inauditos. Como el de uno de los promotores *en* San Francisco, masón aprovechado, que cobró en oro de los rojos españoles su intervención contra nuestra Nación; otro delegado que en el Consejo de Seguridad, en Londres, emitió su voto contra lo que su Gobierno le había ordenado, obedeciendo antes los mandatos de la masonería que la voz de su país, y que hubo de ser sustituido; otros, a la hora de votar en Nueva York, teniendo órdenes de su Gobierno de hacerlo favorablemente, se ausentaron de la sala o se hicieron los enfermos. De todo hubo en las lamentables sesiones de las Naciones Unidas para hacer un guiso de liebre sin liebre; pero si nos asomamos a los órganos de trabajo de la Organización de las Naciones Unidas tenemos que confesar que no podía ser de otra manera, ya que, como toda obra inspirada por la masonería, colocó en su Secretariado a un destacadísimo masón, a Trygve Lie, el que, ejecutando aparentemente la consigna masónica de emplear en los puestos de él dependientes a sus afiliados, con malicia y tenacidad llenó de masones de doble obediencia las oficinas del organismo. Creían los masones que apoyaron su candidatura haber logrado con ella una buena jugada masónica, pero pronto advirtieron su equivocación, ya que el secretario, pese a su alta categoría masónica, tenía un nuevo amo: pertenecía a los hombres de doble nacionalidad, a los súbditos secretos de Moscú, y Moscú es el que entonces dicta y ordena en la Secretaría que Trygve Lie sirve.

La urgente movilización por los Estados Unidos de Benjamín Cohen y Branden, para unirlos como adjuntos a la Secretaría de las Naciones Unidas, sólo pudo paliar en algo el mal. El caso de Trygve Lie es un ejemplo que no debe olvidarse.

ACLARACIÓN A UN ARTÍCULO

27 DE JUNIO DE 1950

EN nuestra redacción se ha recibido una carta con el ruego de que hagamos una rectificación respecto al texto de uno de los artículos que bajo el título general de "Masonería" viene publicando nuestro colaborador J. Boor.

Fácilmente podemos complacer a nuestros amables comunicantes, puesto que nuestro colaborador J. Boor, en artículo de fecha 18 de junio, se refería, con carácter general, al afán que tenían los masones de eliminar a todos los diputados radicales que no estuviesen dispuestos a secundar sus planes.

Todos nuestros lectores recordarán el abolengo masónico del partido radical. Sus principales jefes, don Alejandro Lerroux y Martínez Barrio, nunca negaron su afiliación a las logias, y casi todo el estado mayor que los rodeó antes y después de su rompimiento estaba compuesto, en buena parte, por masones. Esto no presupone que entre los dirigentes del partido radical no hubiese gentes ajenas a la turbiedad de las logias. Cuando don Alejandro Lerroux y Diego Martínez Barrio marcharon por diferentes caminos políticos, este último, como Gran Oriente español, dispuso el ataque de la masonería contra el sector enemigo de sus antiguos correligionarios. La escisión radical se sustanció de un modo sangriento durante nuestra guerra, y el puro problema interno de esta escisión llevó a la muerte a muchos radicales, unos masones y otros no.

Y es que entre los diputados radicales los hubo quienes murieron como buenos españoles, y su muerte se produjo en circunstancias bajo las cuales el problema interno del partido radical quedó ampliamente rebasado por el problema de España. Y a España entregaron su vida, generosamente, muchos diputados radicales alevosamente asesinados en la zona marxista-masónica.

DE YALTA A POTSDAM

2 DE JULIO DE 1950

CON motivo de mis trabajos sobre la masonería son varios los lectores que me piden les aclare cuál es la situación de Rusia con la masonería y el porqué de las concesiones que en Yalta, Teherán y Potsdam hicieron a Rusia masones tan conspicuos como Roosevelt y Churchill, y aún han venido haciéndolas después de haber faltado aquella a todo lo pactado.

Mis lectores han tocado el punto más grave y delicado de toda la política internacional contemporánea, el secreto que se guarda cuidadosamente como la más trascendental de las vergüenzas. No ha de olvidarse que todo lo que en la sombra se oculta suele ser malo, turbio y venenoso, y la masonería, que se oculta en el secreto de las logias y en la severa disciplina de sus juramentos, padece en todas las latitudes de esas mismas cualidades. Nada, por lo tanto, puede sorprendernos de lo que en la masonería ocurra.

Nos basta seguir los pasos de la secta para que descubramos mucho en el camino que nos interesa. No existe la masonería en Rusia. Si no admite las sociedades públicas, menos podrá admitir las secretas. Sin embargo, podemos afirmar que Rusia conoce la masonería.

En alguno de nuestros trabajos anteriores hemos aludido a un personaje interesante de los años de la guerra, a Harry Hopkins, aquel consejero privado del Presidente Roosevelt, a quien muchos llamaban el Richelieu americano, y que acompañó hasta el último momento al Presidente en sus viajes y reuniones internacionales. Nadie se detuvo a preguntar entonces qué representaba aquel hombre en la vida del Presidente, nadie lo comentaba; seguía a Roosevelt como la sombra al cuerpo, y hasta en muy breve plazo le siguió en su viaje al "oriente eterno", no muy cómodo, por cierto, para sus pecados.

Dicen los que le conocieron que su consejo llegó a ser decisivo en todos los asuntos, peculiaridad ésta de los consejeros privados que no comprendemos los hombres de Europa, en la que los consejeros de los hombres de Estado contraen una responsabilidad directa, como los ministros. El valido es aquí figura relegada a la historia vieja del absolutismo de los reyes.

No pretendemos cargar sobre el privado las graves responsabilidades que Roosevelt, como Presidente, contrajo, ya que a él correspondía el no equivocarse, aunque sobre el valido caiga la responsabilidad moral del mal consejo. Harry Hopkins era hombre competente y discreto, pero fué, sin duda, el hombre de Rusia, al que se le comisionaban las más delicadas misiones y el que parecía gozar en la U.R.S.S. de cierta confianza. En momentos graves y decisivos de la guerra, y pese a su delicado estado de salud, desempeñó importantísimas misiones confidenciales en Moscú.

¿Qué es lo que le unía y acercaba a Stalin? ¿Qué era lo que los atraía y los obligaba que desconocemos? Tanta afición a la publicidad de documentos y libros blancos en los Estados Unidos y quedan inéditos estos pasajes de tanto interés para el análisis de las debilidades y de las intrigas de la posguerra.

En una de las muchas informaciones que sobre el espionaje

ruso aparecen en el expediente sobre actividades antiamericanas ha visto la luz, y la recogió la Prensa, la declaración de un aviador que afirmaba haber llevado durante la guerra a Rusia uranio por orden superior, denunciando como autor de tales envíos a Harry Hopkins, cuyas iniciales —H. H.— iban consignadas en la expedición. ¿No es extraña esta coincidencia, el hombre grato a Stalin y los envíos del uranio?

Otro personaje americano para considerar, perteneciente al círculo de los masones gobernantes, y que tras un ruidoso proceso acabó condenado por los tribunales americanos, convicto de haber entregado a Rusia importantes secretos atómicos, es Hiss, a quien en la desgracia el actual secretario de Estado llegó a reiterarle su amistad.

La presencia en la Secretaria de Estado americana durante toda la contienda de un elevadísimo número de agentes secretos soviéticos, muchos de los cuales fueron expulsados por la administración Truman, revela que los que dirigieron en aquellos tiempos la guerra incurrieron en flaquezas o complacencias comunistas. Espanta la facilidad con que el comunismo se movió en los puntos neurálgicos de la política americana.

Si enlazamos estos hechos con el del importante masón Trygve Lie, secretario de la

O. N. U., positivamente bajo la influencia rusa, comprenderemos las posibilidades que ofrece la masonería a un hombre astuto como Stalin para el logro de sus propósitos. El hecho de que un masón de la categoría del secretario de las Naciones aparezca traicionando a la orden y sirviendo a Moscú, es harto elocuente para ser despreciado. Se olvida el Occidente que se encuentra ante un enemigo inteligente, que vive para sus fines exclusivamente y que cuando parece ceder no es que entrega nada, sino que le conviene retroceder sus posiciones para un salto mayor. Cuestión exclusivamente de táctica. La diferencia es bien profunda: mientras el Occidente teme la guerra y vive para la paz, los soviets, desde que subieron al Poder, viven para la revolución y para extender al mundo su dominio; en nada reparan y en nada se detienen.

Los agentes comunistas son elegidos entre los hombres más hábiles e intencionados en un país de gran demografía, como Rusia, y preparados desde su juventud concienzudamente. Lo particular, en Rusia, no distrae del servicio de los soviets. El equivocarse es fatal en aquel meridiano. Treinta años llevan los soviets estudiando y espiando el Occidente, preparando concienzudamente su hora, sin reparar los medios; cuando su poder de captación no llega, su oro sabe abrir las puertas.

No pudo pasar inadvertido para Moscú quiénes eran los que mandaban en el mundo de los occidentales, la filiación masónica de Roosevelt y de sus consejeros; quiénes decidían, con o sin responsabilidad, en Europa y América, y puso su sitio a la fortaleza, y evidentemente la conquistó. Rusia dispuso en el círculo masónico de Roosevelt y de los gobernantes americanos durante mucho tiempo de una influencia decisiva.

En el mundo materialista, todo es cuestión de precio, y para los soviets el precio no cuenta cuando el objetivo es codiciado.

No se preocupen mis lectores: no hay masonería en los soviets, pero la conocen y la compran cuando es menester.

MANIOBRAS MASÓNICAS

9 DE JULIO DE 1950

AL analizar los distintos sectores de las actividades masónicas nos hemos encontrado frente al hecho incontrovertible de la influencia y las filtraciones soviéticas en aquellos puntos clave que la masonería creía inaccesibles para sus adversarios. Lo que a tantos "hermanitos" les hace rasgar las vestiduras y clamar "¡jubelas! ¡Jubelos! ¡Jubelum!" se presenta para nosotros como un hecho natural correspondiente a la acción política que la masonería desarrolla. La filtración dc espías en el campo de los enemigos figuró siempre en el abecé de las tácticas políticas. ¿Por qué habíamos de considerar a Stalin y a su política tan torpes — que, por cierto, no han pecado de ello— para perdonar esta fuente de información y de influencia que se les ofrece? ¿Es que se presenta tan difícil en el mundo materialista de las logias el encontrar hombres que se vendan o filtrar en ellas gentes hipócritas de segura disciplina? En esto pasó lo que tenía que pasar, y lo que viene ocurriendo en muchos países desde que la masonería es masonería.

El *Boletín de la Asociación de Estudios e Informaciones Políticas Internacionales,* publicación bimensual, correspondiente al mes de julio actual, inserta en su número 29 una crónica sobre Trygve Lie digna de ser divulgada, y que viene a confirmar lo que en uno de nuestros últimos trabajos exponíamos sobre el sometimiento a Moscú del secretario general de las Naciones Unidas. De sus antecedentes nos dice:

"Trygve Lie, en tanto que funcionario dirigente del partido socialdemócrata obrero noruego, una de las primeras secciones de la Internacional comunista, ha pertenecido desde 1919 a esta organización hasta 1923, fecha de la ruptura entre su partido y Moscú. Poco después de esto, al margen de las relaciones oficiales, quedó en excelentes relaciones personales con el Estado soviético, cultivando el presente y preparando el porvenir.

"Convertido en ministro de justicia, tuvo en 1936 ocasión de hacer a Stalin un servicio que no deja lugar a dudas en cuanto a los lazos secretos, ya anudados, entre él y el Poder soviético. El 13 de agosto de 1936 León Trotsky, refugiado en Noruega desde junio de 1935, recibía la visita de la Policía noruega sin motivo ni ocasión aparente. Al día siguiente Moscú anunciaba el primer proceso de los antiguos dirigentes comunistas rusos Zinovicht, Ramenev y otros, tachados de diversos crímenes ficticios, comprendidos entre ellos el del trotskysmo. Trvgve Lie estaba, pues, advertido y había rendido un servicio al Kremlin sin siquiera esperar la apertura, todavía no iniciada, del primer proceso."

"En aquella idea, puesta en obra por Stalin para exterminar la vieja guardia de su partido, existía la connivencia de Trygve Lie con la G. P. U. Cuando la Prensa noruega, debidamente movida, se puso bruscamente a acusar de amenazas hitlerianas a un exilado, al cual hasta entonces nada había habido que reprochar, todos sabían de dónde venía la inspiración y por quién había sido transmitida. Trigve Lie obedecía con toda disciplina a las instrucciones de Moscú."

Liberamos a nuestros lectores del relato que el *Boletín* publica sobre el celo puesto por Trygve Lie contra su prisionero Trotsky, las persecuciones e intervenciones de que le hace objeto, hasta que le obliga a embarcar clandestinamente para Méjico, donde le esperaban los asesinos de la G. P. U., que, cuatro años más tarde, cumplían las consignas policíacas stalinianas. A este respecto, el *Boletín* acusa: "Que Lie se comportó, no como ministro de Justicia de un Estado de civilización occidental, sino como un aventurero político aliado con Moscú y un auxiliar consciente de la dictadura y de la vindicta implacable de Stalin."

Como se ve, la figura de Lie no era una figura inédita. Muy conocido en su país, destacaba por sus servicios al comunismo, y, sin embargo, medraba en las logias y alcanzaba los más elevados grados de la masonería; pero no hacía falta ir a pozar en su vida pasada, pues muy recientemente, en 1945, nos recuerda el *Boletín* que, siendo ministro de Negocios Extranjeros del Gobierno noruego, propuso a la Unión Soviética una defensa militar conjunta en Spitzberg, o sea, que un mes antes del fin de la guerra europea pretendía entregar Spitzberg a Rusia y defenderlo conjuntamente, ¿contra quién? Evidentemente, contra Inglaterra y Norteamérica. La proposición de Líe incluía, al parecer, la fortificación del archipiélago Svalbard, comprendiendo en él la isla de los Osos, en el Ártico. La iniciativa fué torpedeada firmemente por la diplomacia británica; pero sin que esto impidiese que, fracasada su candidatura para presidente de la Asamblea General de la O. N. U., fuese, sin embargo, aceptado para la Secretaria General, a propuesta de Rusia, después de haber anunciado ésta su veto a la propuesta del embajador del Canadá en Wáshington.

Hoy el mundo internacional se siente alarmado ante la conducta de Trygve Lie, y a este propósito, el *Boletín* aludido nos informa de los poderes excepcionales que la Secretaria General asume diciéndonos "que Trygve Lie ha podido seleccionar a su gusto su personal de secretarios adjuntos, a los ocho altos funcionarios que dirigen a las 2.600 personas de su secretariado; que él ha nombrado en seguida a Arcadi Savokf como adjunto para los negocios del Consejo de Seguridad, posición clave de él; al puesto de agente para los negocios sociales, a Henry Langier, bolchevizante notorio, vicepresidente de la "Raprochement franc-sovietique"; el puesto de agente para los negocios jurídicos, a Iván Kern, satélite checoslovaco; a las funciones de consejero y director de la sección jurídica, a Abraham Feller, sovietófilo declarado, miembro de varios grupos relacionados con el comunismo, etc. Bajo las órdenes de un tal Estado Mayor pululan los espías y los agentes a la Goubichev (aquél, recientemente condenado por un Tribunal de Nueva York y expulsado de los Estados Unidos), y, sobre todo, a gentes que se afirman no comunistas para mejor cumplir las necesidades conforme a la política de Moscú; no se trata, pues, más que de una ideología, de complacencia hacia un Estado corruptor, que sabe remunerar, intimidar o pervertir como ninguna otra potencia".

Acusa igualmente el *Boletín* las maniobras de Trygve Lie en cuantos asuntos fueron sometidos al Consejo de Seguridad. Lo que pasó sobre la guerra civil en Grecia, donde fueron comisionados por el secretario general comunistas y agentes rusos de lo más destacado; la sustracción de documentos en las Comisiones nombradas o las maniobras en la presentación de los asuntos o en la eliminación del orden del día. Hechos relatados con cierta minuciosidad que vienen a confirmar la entrega incondicional a Moscú del secretario de la Organización de las Naciones Unidas.

Otro punto neurálgico de esta filtración soviética que la masonería nos presenta es la del Estado de Israel, donde, a pretexto de crear un Estado confesional judío, se ha llevado a cabo una concentración de elementos ateos del centro de

Europa y de los bajos fondos internacionales, que acaban tachando de fariseos y de atrasados a los ministros y representantes de la fe mosaica. Lo que quiso ser un Estado judío edificado sobre los viejos moldes del judaísmo internacional, se convierte así en foco de concentración de gentes sin fe y sin arraigo, abiertas a las consignas y a las influencias extranjeras.

Una vez más aprovecha Rusia el estado de cosas que la masonería le ofrece para servir a su interés. Conocía Rusia la gran influencia del judaísmo en la política americana, la presencia en muchos de los Gobiernos de Europa y de América de destacados miembros de las sectas masónicas, el juramento contraído por éstos al pasar por los grados XV y XVI de "caballeros de oriente o de la espada y de príncipes de Jerusalén",

respectivamente; "de devolver al pueblo hebreo todo aquello que perdió por la fuerza", y mientras ayudaba y sostenía los atentados terroristas del Stern en el Oriente Medio, trabajaba en las reuniones internacionales para favorecer los ideales sionistas, que pondrían la bomba en el campo de sus enemigos, pues para Rusia, antes de la guerra, en la guerra y después de la guerra, las naciones que no se le someten son siempre su enemigo.

Nadie más deseoso que las naciones occidentales en mantener la paz y el orden en el Oriente Medio; pero ninguna tampoco más interesada que Rusia en crear un centro de disociación en el frente unido que el Oriente Medio ofrecía a las ambiciones de expansión soviética. El momento no podía ser más favorable. La creación de Israel fué un parto soviético. Aquí, como en el caso de Lie, también el presidente Bengurion se nos ofrece con la complejidad de su doble nacionalidad, ya que con nombre diferente militó en las filas comunistas.

No perdamos de vista el diminuto Estado, que, si pequeño es su contenido, es ambicioso en sus aspiraciones, que alcanzan los límites del Éufrates, que, por disparatado que esto nos parezca, existe quien alimenta la hoguera que puede un día convertirse en incendio devorador, tras el que irrumpan los tanques de los bárbaros modernos.

ACCIONES ASESINAS

16 DE JULIO DE 1950

UNO de los principales argumentos que la masonería esgrime en su defensa es el de aprovechar las inexactitudes que algunas veces se escriben sobre la secta y fundamentar sobre ellas el que son igualmente falsas las acusaciones verdaderas que por tantos motivos se le hacen.

El secreto con que la masonería obra y con el que defiende sus actividades criminosas, así como la influencia e impunidad de que disfruta en muchos países, le permite borrar con facilidad las huellas de sus acciones y que, por falta muchas veces de pruebas materiales, pueda incurrirse en error.

En otras muchas ocasiones se desvía la atención pública y acaba polarizando la repulsa hacia otras autoridades secretas internacionales, como el comunismo y el judaísmo, alejando de la masonería la sospecha.

Judaísmo, masonería y comunismo son tres cosas distintas, que no hay que confundir, aunque muchas veces las veamos trabajar en el mismo sentido y aprovecharse unas de las conspiraciones que promueven las otras; sin embargo, la masonería es entre ellas la más organizada y poderosa en el mundo occidental y la que mejor aprovecha la susceptibilidad que en la opinión pública las otras provocan.

La publicación y difusión que hace cerca de veinte años tuvo el famoso libro de H. Ford *El judío internacional,* también llamado *Los protocolos de los sabios de* Sion, provocó en la opinión pública del mundo una profunda impresión, al conocer la participación del judaísmo en los acontecimientos políticos internacionales que siguieron a la primera gran contienda, al ponerse al descubierto las doctrinas talmúdicas y su conspiración para apoderarse de los resortes de la sociedad, concentrándose sobre el judaísmo el recelo y la suspicacia de la opinión pública de las naciones en los años siguientes y desviándolas del verdadero centro de poder que la masonería encarnaba.

Recientemente, con motivo de una importante pastoral que el señor obispo de Teruel dirigió a sus fieles, y en que se ocupaba del gravísimo mal que la masonería representaba, se utilizaron las alusiones que en el escrito se hacían de la obra del judaísmo para, alimentando viejos recelos, excitar al mundo judío contra nuestra Patria; así, al tiempo que se hacía una propaganda contra España, se utilizaba al judaísmo como pararrayos que desviase las acusaciones y condenaciones terminantes que el prelado, siguiendo las normas de la Iglesia, hacía de la masonería en su pastoral, pastoral que la Prensa extranjera, insidiosamente, convertía en un artículo de un periódico político suscrito por un prelado.

El que la Iglesia cuide y dedique preferente atención a cuanto trata de socavar la fe y de impedir a través de leyes laicas y materialistas el ejercicio de su apostolado y de sus fines espirituales y educativos, no sólo es cosa natural y lícita, sino que constituye un deber que, por penoso que muchas veces se presente, es ineludible para quienes por su jerarquía y responsabilidad tienen encomendada la defensa y el cuidado de las almas. Pastorales análogas a la del obispo de Teruel vimos publicadas en muchos países en los últimos años y recientemente por la jerarquía de una de las Repúblicas hispanas que, al igual que el obispo de Teruel, recordó a sus fieles las condenaciones expresas y terminantes que la Iglesia había fulminado en todos los tiempos contra los miembros de la masonería y la incompatibilidad expresa entre católicos y masones.

Por todo esto es muy conveniente aclarar bien los papeles para no confundir las cosas ni darles medios de defensa a los "hermanitos", y que cada palo aguante su correspondiente vela. Que lo español, por católico y por español, es igualmente detestado por la masonería y el judaísmo, es evidente; pero judaísmo no quiere decir pueblo hebreo, sino esa minoría judía conspiradora que utiliza a la masonería como uno de sus instrumentos.

Desde que la herejía luterana y la traición inglesa a la causa de la fe católica desencadenaron en Europa las luchas de religión, España viene siendo el blanco de la conspiración de las sectas disidentes. La leyenda negra por ellas levantada se mantuvo viva y renovada periódicamente. Había que desprestigiar a España en el exterior y minar su poderío en el interior, y la masonería fué el instrumento más eficaz que, a través de los siglos XVIII y XIX, vino moviendo los hilos de la conspiración.

Si hemos de analizar, aunque sea someramente, los daños que la masonería en estos siglos causó a la Nación española, es necesario conocer los prolegómenos de aquel movimiento.

Se ha pretendido, a través de la Historia, arrojar sobre España la acusación de su espíritu antijudío, fundamentada sobre la expulsión que los Reyes Católicos hicieron de los judíos existentes en su Reino, sin tener en cuenta los artificiosos detractores de nuestra Nación que esto venía ocurriendo en aquellos siglos en muchos países de Europa, y que antes de ser expulsados de España, los judíos lo habían sido también de Inglaterra y de Francia, y en alguna nación, por dos o tres veces.

La expulsión de los judíos de España no revestía un carácter racial e incluso religioso, ya que los judíos habían perdido este carácter para convertirse, durante el siglo XV, en una secta fanática, incrédula y tenebrosa, carente de fundamentos religiosos, pero que animados de un rencor profundo contra los católicos conspiraban contra ellos con alevosa hipocresía.

En la historia de las Cortes de Castilla y en las de Aragón y Navarra aparecen en el último tercio de aquel siglo severas recriminaciones contra los hechos gravísimos de que los judíos eran actores. El acontecer de aquellos siglos recogido por nuestros historiadores refleja hechos tan elocuentes como el sucedido en Segovia, en que los judíos se hacen con una hostia consagrada con ánimo de profanarla, y un hecho portentoso los aterra: el que da lugar a una fiesta anual antiquísima que recuerda el milagro; pero no es sólo en España, pues en la catedral de Bruselas se conserva también la hostia de que brotó sangre al atravesarla los judíos con sus puñales, y que aquellas generaciones llevaron a las vidrieras de sus cristales, que exponen los hechos a los ojos del mundo.

Asesinatos de niños y de adultos en reuniones secretas. El caso conocido del acólito de la catedral de la Seo de Zaragoza, hijo del notario Sancho Valero, crucificado en la pared de la "alajama" y atravesado por una pica por el judío Mossed Albayucete, que al descubrirse milagrosamente el cadáver convierte al rabino y a sus secuaces.

En el año 1454, en el Señorío de don Luis de Almansa,

dos judíos mataron a un niño y lo enterraron después de haberle arrancado el corazón para hacer con él un maleficio.

Otras dos tentativas de asesinato hubo en Toro en el año 1457, cometidas por judíos de aquella ciudad bajo el imperio del descreído Monarca Don Enrique IV, *el Impotente,* influido por judíos y conversos, que deja impunes tales crímenes.

En Sepúlveda, en 1468, un rabino llamado Salomón Pichot se apoderó de un niño y lo asesinó cruelmente en complicidad con otros judíos del mismo pueblo, lo que despertó la indignación popular contra la secta en la mayoría de los pueblos de Castilla, provocando en muchos casos la justicia del pueblo por desasistencia de la oficial. La influencia de los magnates judíos y de su dinero alcanzaban a prostituir a la justicia.

En Toledo, en la Puerta del Perdón, donde pedía limosna una pobre ciega, un hijo pequeño suyo fué raptado por un falso converso de la guardia, llevado a una caverna,

donde fué azotado y crucificado, haciendo un simulacro de la Pasión de Jesús, asesinando al niño y abriéndole el costado para sacarle el corazón, que fué llevado por un malvado, llamado Masuras, a la sinagoga de Zamora, lo que fué demostrado en el proceso abierto en Avila, con el que se escribió la historia del martirio del niño inocente. El asesinato en Zaragoza, tres años después, del inquisidor San Pedro de Arbúes, asesinato pagado por los judíos y abogados de la capital de Aragón, que provocó una explosión del pueblo zaragozano contra los judíos y conversos, que evitó el arzobispo don Alonso de Aragón.

En 1460, los grandes de Castilla ya habían pedido a Don

Enrique *el Impotente* la expulsión de los judíos, no sólo de su Consejo, sino de sus Estados. No se trataba de la destrucción de un movimiento religioso o de conciencias, sino de la extirpación de unas sectas degeneradas, secretas, conspiradoras y criminales, que si no eran ya una francmasonería, constituían un preludio de lo que ésta había de ser.

Los Reyes Católicos, al promulgar su decreto de la conversión o expulsión de los judíos, no hacían más que satisfacer una necesidad nacional, demandada por el pueblo a través de los últimos veinticinco años.

Que en las medidas de expulsión de los judíos pudieran haber pagado justos por pecadores, es cosa muy posible: no podía exigírsele mucho más a la justicia de aquellos tiempos; pero lo que sí interesa afirmar es que la expulsión española no fué sino una más de las que en Europa tuvieron lugar e impuesta por la opinión pública contra las maquinaciones repetidas de las sectas secretas.

No desapareció, sin embargo, con la expulsión de unos judíos y la conversión de otros el peligro que las sociedades secretas judías representaban para la unidad religiosa y la paz interna de la Nación, pues aprovechando cualquier coyuntura una parte de aquellos judíos conversos ejecutaban aquella consigna que rodaba entonces entre los judíos por las ciudades españolas de "bautizar los cuerpos, pero guardar las almas".

A la muerte de Don Fernando *el Católico,* surge entre los cristianos nuevos e hijos de conversos de Aragón y Cataluña la intriga cerca de los validos del nuevo Monarca, a los que se ofrecen montañas de oro por la supresión del Santo Oficio siendo apoyados por muchos grandes y magnates dolidos por la política de los Reyes Católicos, que había disminuido su Poder y su influencia. La figura de Cisneros, en lucha firme y tenaz contra las insolencias de la nobleza y la venalidad cortesana, se impuso, con el armamento de cuarenta mil labradores y menestrales castellanos, a las intrigas, conspiraciones y rapacerías de los descontentos.

Este es el momento en que resurgen y toman cuerpo las comunidades de Castilla, tan españolas como difamadas, y cuyo nombre, bastardeado, un día va a servir para designar una de las ramas masónicas que envilecieron nuestro país.

DAÑOS A ESPAÑA

23 DE JULIO DE 1950

SI queremos explicar los acontecimientos masónicos que tanto daño causaron a nuestra Patria al correr de los dos últimos siglos, necesitamos examinar la influencia que la gran apostasía de la un día católica nación inglesa tuvo sobre la descristianización del occidente europeo y su repercusión en. la revolución intelectual del siglo XVIII.

Cuando se examina la Historia con la perspectiva que ofrece la distancia, se aprecian los fenómenos de muy distinta manera de la que pudieron hacerlo los que han vivido bajo el torbellino de aquellos acontecimientos.

El nacimiento en Londres de la masonería en el alborear del siglo XVIII, al tiempo que en Francia reinaba Luis XIV, cuya gloria y poder tenía humillada y resentida a su nobleza, simpatizante con la revolución y que en los clubs y salones intelectuales de París y Londres conspiraban contra su legítimo señor, forzosamente había de tener una influencia decisiva en la preparación del camino de la Revolución francesa.

La muerte del Rey Sol fué la señal para la descomposición de la gran Monarquía católica, y nada como el ambiente que rodeó a aquel trágico acontecimiento para revelarnos el grado de degeneración en que había caído la nobleza gala. Son muy elocuentes las palabras de un moderno historiador francés al referirse a aquellos acontecimientos:

"En el llano de San Denis el pueblo bajo corría para ver

sus funerales, amontonándose y riendo como en un espectáculo de feria. Una alegría tan escandalosa no habría jamás estallado y no se hubiera mostrado si el ejemplo no hubiese venido de más alto; aunque los altos poderes nada hubieran dicho, ni nada mandado, el Regente, duque de Orleáns, había decidido dar el menor esplendor posible a los funerales y la Corte se había abstenido de aparecer. En la ceremonia de los grandes jesuitas no se vió ni a diez cortesanos. Los duques y los pares, radiantes de alegría, se habían precipitado a casa del Regente y no habían soñado más que en aprovechar la ocasión que les ofrecía el destino para brillar y para mandar. Respiraban como los niños a los cuales el maestro acaba de morir. Con Luis XIV pensaban ver terminado un largo periodo en el que la nobleza no había conocido más que desagrados y humillaciones."

Con la muerte de Luis XIV desaparecía el señor temido, que había tenido en su puño a todo el país, que no consentía tibios ni toleraba traidores y en el que la unidad de la fe católica rechazaba mixtificaciones y jansenismos.

No se apercibía esta nobleza ambiciosa y decadente que con sus logias y clubs forjaba el instrumento que a plazo fijo había de destruir su propia existencia. La emancipación de esta nobleza imprime desde entonces un nuevo tono a la sociedad europea. El ateísmo y el materialismo que desde el siglo XVII venían roncando sordamente en Francia iban a tener ocasión de manifestarse al abrigo del snobismo intelectual de la nobleza. Los salones de Paris y Londres se convirtieron en los centros de propaganda de aquella época. En ellos y en sus logias polarizaban los visitantes extranjeros, y en sus tertulias se forjaban las reputaciones intelectuales y se creaban los académicos, así como se elevaban gobernantes y reformadores. Y aquella clase sin moral formaba cola en los palacios de las favoritas, donde se administraban los favores de aquella gran sociedad de socorros mutuos que constituía el intelectualismo del siglo XVIII.

La atracción que París y Londres ejercían sobre el extranjero crea un espíritu cosmopolita, que lleva a los nobles a servir bajo banderas extranjeras y a los matrimonios

internacionales entre la nobleza, que habían de socavar el patriotismo y las nobles tradiciones de las naciones que desaparecían ante el empuje de las ideas nuevas de la sociedad materialista que nacía.

Pese a la fe católica de nuestra España y al apego a sus tradiciones del pueblo, no pudo aquélla aislarse del movimiento renovador, pues a ello contribuía de manera decisiva el asentamiento en el Trono de España de la dinastía borbónica, que imprimió a la Corte, nobleza y clases directoras el espíritu de la moda francesa. Contra ello reaccionó, en la débil medida de sus posibilidades, el buen pueblo español con aquellas algaradas que más que revoluciones podríamos llamar explosiones de ironía y buen humor.

La permanencia, pese a todas estas influencias, en el mapa dilatado de España de un espíritu católico y tradicional, enraizado en el campo y en sus provincias, acentuó el divorcio entre el pueblo y los que pozando en los pestilentes pantanos europeos pretendían traernos a hombros de una fisonomía materialista las directrices políticas en que asentar la vida de la Patria. Iniciándose desde entonces la enemiga contra nuestra nación de la masonería europea, defraudada en sus afanes proselitistas al resistirse a su invasión desde las trincheras de su fe y de sus tradiciones.

Es necesario meditar sobre el estado de las clases directoras de aquella sociedad europea masónica y atea para poder apreciar el daño gravísimo que iba a extenderse en breve plazo por Europa y América.

El anticristianismo y el ateísmo, que nacidos en Holanda tomaron pie en Inglaterra por la apostasía del Soberano inglés y de la alta nobleza y medios cultivados y aristocráticos, con la muerte de la fe católica en aquel país y la corrupción subsiguiente de las autoridades y minorías directoras de otros países, tiene tal influencia en el destino de los pueblos que nada más elocuente a estos efectos que las palabras de San Alfonso Ligorio al juzgar la trascendencia de la conducta en el camino de la fe de los príncipes y gobernantes: "Si yo logro ganar un Rey, yo habré hecho más por la causa de Dios que si hubiera predicado centenares y millares de Misiones. Lo que un Soberano tocado por la gracia de Dios puede hacer en el servicio de la Iglesia y de las almas, mil Misiones no lo harían jamás." Si tanto puede, a juicio del Santo, el ejemplo y la virtud del príncipe en el camino del bien y de la salvación de las almas, peor ocurre cuando la impiedad o el ateísmo del príncipe y de los jefes es conocido por los gobernados.

No podríamos entrar en el análisis de los daños que la masonería causó a España en estos siglos sin conocer el espíritu que reinaba en esta corrompida sociedad europea, en que los papanatas de medio mundo se miraban.

FILOSOFÍA MASÓNICA

30 DE JULIO DE 1950

La aportación del extranjero a la historia de nuestra nación nos ha sido generalmente adversa. Así, el entroncamiento con la Casa de Austria desvió a España del camino que le trazaba el testamento de Isabel y Fernando, posponiendo aquél a los intereses europeos de la nueva dinastía, que con sus príncipes había de traernos su Corte de flamencos y la tolerancia con los errores religiosos en boga en Europa, de lo que sólo pudo salvarnos la santa intransigencia española; pero no sin pasar por el período precedente de contagio.

Nacionalizada la dinastía y vuelta España a la ruta de sus nobles empresas, la muerte del último de los Austrias nos llevó, tras la guerra de la sucesión, al predominio de la rama borbónica, que abrió nuestra nación a la influencia gala e inició la etapa de nuestra decadencia, que los años siguientes habían de acelerar. Con ella penetran en nuestro solar la masonería y el jansenismo, amenazando quebrar la línea clara de nuestra fe y de nuestras tradiciones. El calor con que el pueblo español respaldó la acción justiciera de los Tribunales inquisitoriales permitió cortar en flor el mal que ya empezaba a corromper a nuestras instituciones religiosas. La influencia, sin embargo, de la invasión de las ideas extranjeras en el orden civil no pudo ser más perniciosa. El mal ejemplo desplegado desde las alturas por gobernantes y favoritos adueñados de la voluntad vacilante de los Monarcas, forzosamente había de propagar el mal entre la nobleza y las clases directoras.

El prestigio del progreso científico en Inglaterra y de las letras francesas, con su pléyade de poetas y de literatos, reúne en Londres y en París a lo más inquieto de la sociedad europea, que con un mimetismo suicida había de esparcir muy pronto por el mundo, bajo la etiqueta prestigiosa de las ciencias y de las letras, los errores y males de la época.

La estafa, sin embargo, no podía ser mayor; detrás del nombre prestigioso de Isaac Newton y del mundo selecto de los intelectuales reinaba en el pueblo inglés un estado de miseria y abandono que no admitía comparación con otras épocas anteriores. Los periódicos y libros de entonces registraban el caso de la ciudad de Londres, invadida materialmente por los mendigos; el cuadro espeluznante de los suicidios de muchos de estos desgraciados, colgados de los árboles de los parques públicos o flotando sobre las riberas del Támesis. Los asaltos a las diligencias en todos los caminos y la piratería con bandera inglesa apoderada de las aguas de las Antillas. El espectáculo de las calles de Londres, a juicio de los historiadores revelaba una ordinariez y una corrupción tales que no se contemplaban más que crímenes y desenfrenos de todas clases. Esta bestialidad de costumbres parecía no querer verse por la sociedad europea, deslumbrada por los esplendores de la ciencia.

La dama más importante de aquella época, la que dominaba la voluntad de la Reina Ana y a través de ella mandaba en el país la duquesa de Marlborough, no ocultaba su impiedad. De la degeneración de las logias era su más alta expresión el club titulado "Llamas del infierno", que, nutrido por la alta sociedad, se ocupaba de blasfemar de Dios, de la Virgen y de sus Santos mártires. Los clubs de sodomía eran también muy numerosos, y en un solo día la Policía registra veinte casas en que tenían lugar estas reuniones, considerándose impotente para dominar un mal fomentado por el ejemplo de la vida depravada de los grandes. Los clubs se multiplicaban en la capital inglesa, reuniéndose en las trastiendas de cada establecimiento varias veces por semana.

Lógico encontraríamos que se aprovechase aquel avance considerable que para el progreso humano representaban los descubrimientos del sabio británico transformando con las matemáticas todas las ciencias físicas y dando al mundo la ley de la gravitación universal de los cuerpos. Lo que nadie puede explicarse es que, amparados en el prestigio de la ciencia, se introdujesen en Europa los vicios y las taras de aquella sociedad corrompida.

La apostasía de la fe católica forzosamente habla de traer graves consecuencias para la suerte del cristianismo en Europa. Las logias que tenían sus asambleas en los cabarets de *A l'oie y et aut grill, A la couronne, Aut pommier y Aut Grand Verre et a la grapp de Raccine* se funden en 24 de junio de 1717 para constituir la Gran Logia de Inglaterra, que en quince años se había de convertir en el centro de la masonería inglesa y europea.

La antigua corporación de masones había gozado en las Islas Británicas, en los siglos anteriores, de gran prestigio; constituía en su origen un sindicato profesional, una hermandad como muchas de las existentes en Europa en la Edad Media. La falta de arquitectos era sustituida por una técnica y práctica profesional guardada en las corporaciones con sus planos secretos, que habían venido de Oriente a través de los países de Europa. Los masones conservaban esos secretos celosamente y los guardaban con juramento, dando a la hermandad un carácter religioso y mítico.

Al venir, con el Renacimiento, la decadencia del arte

gótico y no construirse ya las grandes catedrales de otras épocas, las sociedades secretas de albañiles y constructores se convirtieron en puntos de reunión de conspiradores y desplazados. La masonería va a cobijar desde ahora a cuantos se enfrentasen por una causa u otra con la rigidez moral de la sociedad de entonces. Muere la masonería profesional, para dar paso a la filosófica.

La masonería no sólo no ha de encontrar enfrente resistencia religiosa ante el error, sino que recibe todo el apoyo del protestantismo. No en vano el blanco de sus pasiones lo constituyen desde el principio la Iglesia de Roma y las Monarquías católicas europeas. El clero inglés entró en masa en la masonería, que aporta nuevos elementos racionalistas a la decadente vida religiosa de Inglaterra. La intimidad en que viven desde entonces la Iglesia reformada y las logias establece una confusión, ofreciendo a la masonería una influencia decisiva sobre los países.

Pastores protestantes, comerciantes y nobles hugonotes que huyendo de Francia buscan en Inglaterra asilo, así como realistas y partidarios ingleses de la Casa de Stuard refugiados en Francia, forman una sociedad internacional que nutre las logias y los clubs de intelectuales y de conspiradores.

En el primer cuarto del siglo XVIII lo inglés está de moda en Francia, donde Voltaire es el niño mimado de los salones y por encima de las guerras y de las veleidades predomina el lazo de los masones intelectuales.

El nombre de Isaac Newton fué bandera esgrimida por las logias para su propaganda. Sin embargo, Isaac Newton fue un creyente, que terminado el primer periodo de su vida, de sus grandes descubrimientos matemáticos y físicos, se interesó por las cuestiones religiosas, consagrando largas horas de su vida a su comentario sobre el Apocalipsis y los Profetas. Newton, que es un hombre de ciencia, pero no un sectario, se apercibe pronto de la impotencia de la Iglesia protestante, atomizada, para contener las pasiones de los hombres y frenar sus instintos, pero como protestante, así como sus íntimos, participaba del odio de sus compatriotas contra el Papado y la Iglesia Católica.

El papel que la Iglesia había desempeñado en la Edad Media en la sociedad pretende desde entonces ocuparlo la masonería. El vendaval nacido en Inglaterra penetra en nuestra nación por sus puertos y gobernantes, y las Marinas de guerra y mercante, con los Consulados ingleses, van a extenderla en lo sucesivo por toda América.

BATALLAS POLÍTICAS

6 DE AGOSTO DE 1950

La importancia que la acción secreta de la masonería tiene en la vida política de muchas naciones y la decisiva que tuvo en la destrucción del poderío español, y que viene teniendo en su propósito de obstaculizar nuestro resurgimiento, me han llevado a ir analizando de la vida de las sectas masónicas del occidente europeo lo que ellas mismas publican de sus constituciones y reglamentos y su influencia e intervención en la política internacional del Occidente que pudiera afectarnos.

Creía agotado lo que más podía interesarnos, y cuando después de un bosquejo general del ambiente europeo del siglo XVIII iba a entrar en la intervención oprobiosa de las logias españolas en el pasado siglo, los gravísimos acontecimientos de la nación belga, dirigidos y desencadenados desde la sombra por la masonerías vienen a exigir a mi pluma el no pasar por alto la provechosa lección que la nación belga nos ofrece, recogiendo sucesos de tanta trascendencia para la historia de la masonería de todos los tiempos.

La honda crisis política que amenaza con dividir a la sensata y laboriosa nación belga en dos bandos irreconciliables con motivo del regreso del soberano a su país, no es más que la máscara con que se disfraza el poder maligno de la hidra masónica, que extiende sus tentáculos a los mandos de las organizaciones políticas y elementos directivos de las agrupaciones sindicales y a los órganos, redacción y mando de los medios de difusión de periódicos y Radios.

En la misma falta de contenido de las acusaciones de que el partido socialista ha hecho objeto al caballero soberano, y a las que el liberal en gran parte se ha sumado, se aprecia lo artificioso del problema y la desproporción entre el supuesto pecado y los males que a la nación se han inferido por la pasión vesánica de políticos y masones sin conciencia. Ni la supuesta negativa del soberano de abandonar sus tropas en trance de derrota y refugiarse en el extranjero, ni el haber contraído matrimonio morganático durante el cautiverio, podrán justificar jamás ante la Historia la conducta política y los daños inferidos a su Patria por quienes vienen actuando en este desdichado proceso. Un rey huyendo y abandonando a sus soldados en la derrota es la figura ideal que estos desdichados buscaban para su nación. Si el rey lo hubiera hecho, tal vez hubiese momentáneamente y por un azar salvado su trono, pero a costa de su honor y prestigio, hundiendo al hombre, que es lo que, sin duda, buscaban sus debeladores. Entre los dos caminos que en aquel trágico trance al rey se le ofrecían, el soberano belga eligió el más duro y penoso, pero el que le marcaba el honor: el de seguir la suerte de sus buenos soldados.

¡Qué fácil es, después de resuelta la guerra por el Supremo decidor de las batallas, el definir lo que debiera haber sido más provechoso! Lo difícil es tomar resolución cuando el futuro no está todavía determinado. Habría de recordar hoy al pueblo belga cuáles eran los momentos en que su soberano hubo de tomar partido, cómo se presentaba el porvenir en aquellos difíciles momentos en que Hitler, victorioso en Europa, había derrotado a los ejércitos aliados, y los ingleses, abandonando el campo, se refugiaban sobre sus islas en un catastrófico Dunquerque. ¿Quién en aquellos momentos en que Rusia era una colaboradora eficacísima de la victoria hitleriana y en que los ejércitos alemanes, sin desgaste apreciable, habían ocupado los dos tercios de Europa y nadie resistía ya en el continente podía augurar que, pasados tres años, la paz iba a venir por el triunfo de las armas del Occidente? Sólo el que tiene en la mano el supremo destino de los pueblos puede convertir en victoria la derrota, lo que nadie en aquellos momentos era capaz de predecir.

La conducta del soberano belga ningún mal le acarreó a su Patria; pero si la guerra hubiera seguido otros derroteros, el sacrificio del soberano belga hubiese sido de lo más beneficioso para su pueblo. El rey de los belgas hizo lo que le correspondía a su honor de soberano y de soldado.

Si comparamos este proceder con el de otros príncipes europeos, que ante la amenaza extraña no resistieron, conviviendo con los invasores o les hicieron concesiones que facilitaron sus planes militares, sin la menor oposición de sus pueblos, ni de los partidos socialistas, ni de la masonería, resulta mucho más meritoria, airosa y trascendente la conducta que el rey de los belgas tuvo como patriota, como rey y como soldado. Nadie, en sus países ni fuera de estos países, pide cuentas a soberanos ni a Gobiernos de aquellas debilidades. La razón es muy clara: la cualidad masónica, en este caso, de los príncipes y políticos que dirigieron o que aceptaron aquellos hechos; en cambio, en el caso belga fueron los masones los que, abandonando a su país, huyeron como ratas al extranjero, los que desde allí prepararon esta batalla difamando al príncipe católico que estorbaba sus designios para, más tarde, buscar entre los propios "hermanitos" el Caín que pudiera servir a sus propósitos.

De la causa sentimental del matrimonio no es, sin duda, el pueblo sencillo y romántico de Bélgica el que, asegurada la legítima sucesión por su primer matrimonio, quiera pedir cuentas en estos tiempos a su rey de lo que en todos los hogares belgas encuentra simpatía y comprensión. Sólo una nobleza intolerante y apegada a sus viejas tradiciones podría, en su caso, demandarlo; pero el hecho paradójico ha sido el de que esa hostilidad haya partido y se haya formalizado precisamente en los medios populares por el partido socialista, debelador de toda nobleza, tradición y jerarquía.

Las razones verdaderas que han movido la inicua campaña que, pese a la victoria de las urnas, ha terminado con el triunfo de la intriga de los malos, ha sido la decisión masónica, tomada por los masones belgas con los internacionales durante su exilio en Londres, de aprovechar la coyuntura para anular al príncipe católico, que, por su recta conciencia, constituía un obstáculo en la realización de las aspiraciones de dominio absoluto de su país por la masonería. Si la resistencia del rey les obligaba a darle la batalla, entonces se hubiera logrado de una sola vez el objetivo de la siguiente etapa: el ideal masónico de derrocar a las monarquías e implantar la república masónica, desiderátum de la secta.

En esta batalla política que la masonería dió, que democráticamente debía perder, pero que ha ganado, destaca la siniestra figura del potentado socialista M. Spaak, alma de la conspiración masónica, en que la pasión sectaria pudo más que los supremos intereses de la patria ante la grave situación internacional que al Occidente amenaza. Nadie podrá negarle habilidad y valentía, pero lo que no podrá borrar jamás será su irresponsabilidad sectaria como hombre de gobierno.

No creo que se haya registrado en la historia de las democracias un hecho más escandaloso que el que en estos momentos vivimos, en que una minoría de un cuarenta y tres por ciento imponga su voluntad por la violencia a la mayoría del cincuenta y siete por ciento del país, y que dentro de aquélla sea un grupo exiguo de masones el que engañe y estafe, a través de la violencia y de las huelgas, a un pueblo sencillo, y bueno, y digno de mejor suerte.

De hoy en adelante, la nave de la nación belga pasará a manos más débiles y sin experiencia, a quien la masonería maneje, o, en caso contrario, se apresurará esa segunda etapa con que se fueron destruyendo los tronos que en Europa existieron.

Que la lección de Bélgica ilumine a los torpes y a los obcecados; ni la masonería se detendrá jamás ante nada ni ante nadie ni los regímenes monárquicos constitucionales y parlamentarios pueden tener otro final que el que en Europa han tenido.

Revolucionarismo y ateísmo

13 DE AGOSTO DE 1950

La inquietud por sacar a la luz la obra siniestra de la masonería en el correr de los tiempos constituye para nosotros una necesidad ineludible. Si queremos corregir las causas que han conducido al mundo a la grave situación que padecemos, forzosamente hemos de ir a buscarlas en la orientación que presidió la marcha de las principales naciones en los últimos siglos.

El que España en esta hora turbulenta del mundo permanezca como en un remanso de paz, en el que parece refugiarse el espíritu del Occidente, tampoco es un hecho ocasional, sino la consecuencia natural y directa del triunfo de las fuerzas del espíritu sobre las del mal que venían aniquilándola.

Uno de los más clarividentes apóstoles de nuestra fe anunciaba ya con voz profética en el pasado siglo: "Que la ley ordinaria de la Providencia en el gobierno de los pueblos es la ley de Talión; lo que las naciones hagan a Dios, eso hará Dios con las naciones."

"Que el poder que ignora a Dios será ignorado de Dios."

"Que cuando se trata de naciones que no pueden recibir su castigo en la otra vida, esta ley de Talión acaba siempre por cumplirse sobre la tierra."

Clama la voz autorizada de los Pontífices un siglo tras otro, en nombre del Dios verdadero, contra los males de la época; pero el mundo oficial de las naciones se manifiesta sordo a sus proféticas palabras.

"El ateísmo legal erigido en sistema de civilización es el que ha precipitado al mundo en un mar de sangre", proclama Benedicto XV en su alocución de 1917 al Sagrado Colegio Cardenalicio.

"Porque los hombres se han alejado miserablemente de Dios y de Jesucristo han pasado de su bienestar anterior a ser sumergidos en un mar de males", expresa en su Encíclica *Urbi Arcano Dei consilio* Su Santidad Pío XI.

Todos los grandes pensadores del universo vienen reconociendo "que el debilitamiento del Derecho cristiano en Europa ha sido la señal de la decadencia y de la inestabilidad de los poderes humanos". Y es que del error de dejar el paso libre a todos los errores nacen las impiedades legales que arrastran con sí todos los males.

La fe de las naciones está universalmente reconocido que se viene derrumbando desde que los Gobiernos impíos o neutros escalan el Poder, y claman los pensadores católicos con unanimidad contra la obra general de racionalización y naturalismo, que hace que por donde ella pasa la vida cristiana se destruya hasta en sus cimientos.

Más el origen de toda esta ola de males es la masonería, la que durante dos siglos viene trabajando por descristianizar el universo con todos aquellos errores que vienen definiéndose en las Encíclicas de nuestros Papas, y que están grabados como objetivo a lograr en las constituciones de la masonería.

Al triunfo de Trento, al divorcio de la España católica de entonces con la Europa protestante y laica, había de suceder la filtración del mal a través de la invasión enciclopédica de nuestros medios intelectuales. La batalla que a principios del siglo XVIII se inició en Europa del mal contra el bien no podía dejar de apuntar a la nación que, católica por excelencia, con su floración de Santos, de genios, artistas y guerreros había cegado a Europa con sus resplandores en el siglo anterior.

La influencia que París y Londres ejercen sobre el mundo intelectual de aquella época explica la influencia decisiva que sobre las clases directivas españolas iban a tener las ideas en boga más allá de nuestras fronteras.

La aceptación de extranjeros al servicio de nuestros reyes y la influencia que lord Wéllington y sus Estados Mayores tuvieron durante varios años sobre una parte de la Corte y de la sociedad aristocrática de entonces, pesaron notablemente para el nacimiento de las primeras logias. Si la fundación de la primera logia en Madrid había precedido al nacimiento, en 1831, de la de Cádiz, sin embargo, ésta iba a tener una influencia decisiva en el futuro sobre nuestro mundo marinero y colonial.

A la masonería se acogen desde entonces los residuos de viejas herejías y de las organizaciones secretas de conspiradores que, con una etiqueta u otra, habían intentado perturbar la vida de España en los siglos anteriores. Todo el que se siente en lo sucesivo desplazado o perseguido busca refugio bajo la protección o el secreto de las logias.

Ha habido quien ha pretendido entroncar a nuestra masonería con aquellas sociedades secretas y paganas que en los siglos XVI y XVII conspiraron contra la unidad de la fe en nuestras ciudades o intentado relajar la moral de nuestros monasterios, cuando el único lazo que unas y otras han tenido es el de constituir distintas formas de la conspiración del espíritu del mal acogido a las sombras de la secta. Lograron, sin embargo, los masones, al abrigo de ciertas apariencias, el enlazar sus logias con sucesos anteriores de nuestra historia, llegando las logias de Avila a fechar sus planchas en el Oriente de Mosén Rubí, para dar así a la masonería un rango y tradición de la que estaba muy lejos.

Fué siempre vana pretensión en la masonería el remontar a los primeros siglos de la historia el nacimiento de la secta. Por ello, pese a los símbolos y apariencias que en Avila se ofrecen, nada tiene de particular se haya querido aprovechar por las logias abulenses la coincidencia que les ofreció el extraño misterio de la capilla de Mosén Rubí y las circunstancias que rodearon a la muerte de don Diego de Bracamonte para hacerlos aparecer como predecesores.

El misterioso suceso a que nos referimos atrae desde hace años la curiosidad local de los eruditos. El mismo año en que en Aragón era decapitado Lanuza se ajusticiaba en Avila al noble caballero don Diego de Bracamonte, como consecuencia y autor de los pasquines que, excitando a la rebelión contra el Rey y su Gobierno, habían sido fijados profusamente en la capital de aquella provincia. Fueron presos un cura, tres nobles, un médico, un escribano y un licenciado. Don Diego fué degollado en la plaza del Mercado Chico en público cadalso. Según los historiadores, fué conducido con gran acompañamiento de frailes, pobres y Cofradías, sin que en el tránsito ni en la plaza se viese a ningún caballero ni hidalgo. Hora y media estuvo confesándose el acusado; no declaró ningún cómplice y proclamó la inocencia de dos de sus compañeros presos.

El cadáver de Bracamonte fué enterrado en su capilla de Mosén Rubí, cuya estructura se acusa como muy caprichosa e irregular, por ser formada con tres triángulos y ostentarse en los muros y en las vidrieras la escuadra y el martillo. La estatua de Mosén Rubí saca la espada con la mano izquierda y la de su esposa tiene la mano derecha sobre el antebrazo izquierdo, en actitud de dolor, tildada de masónica. En los emblemas dominantes aparecen el compás, la escuadra y el martillo, y el adorno que sirve de remate a la silla presidencial del coro es una esfera o globo terrestre atravesado por un púñal blandido por una mano. Las gentes hablan de un eco misterioso que al entrar en la iglesia se produce en la bóveda del coro, en forma de golpes que van propagándose por todo el espacio, sin que, al parecer, expliquen el motivo casual o acústico a que el ruido de los repetidos golpes obedece.

El que la hospedería fuese destinada a una obra de beneficencia más que de caridad y que el personaje a quien se invistió del patronato hubiese residido largo tiempo en

Flandes, unido a la exención canónica de toda visita eclesiástica y gobierno diocesano, a fin de que se la considerase como una institución legal y civil, son extremos que echan profundas sospechas sobre sus fundadores y que, sin duda, fueron motivo de que la Inquisición impidiera la conclusión de la obra.

No debemos olvidar que entre los teólogos que acompañaron al Emperador a Flandes, y como consecuencia del trato con los protestantes, se apuntaron muestras de contagio que nuestra Inquisición supo segar en flor. El que el fundador hubiese sido uno de estos hombres contagiados durante su residencia en Flandes del protestantismo, y que el arquitecto perteneciese a las organizaciones de masones constructores de su época, y que el propio Mosén Rubí lo hubiera sido o no lo fuese, no hay razón para derivar por su obra o sus emblemas un entronque de la masonería actual con aquellos sucesos. La rebeldía de don Diego de Bracamonte es una expresión de las pequeñas conspiraciones de los nobles de aquella época, amparadas siempre en la sombra y en el secreto de las organizaciones clandestinas, pero sin vinculo apreciable con la masonería, que vamos a ver cómo acoge y ampara, desde su introducción en España, todas las rebeldías y conspiraciones contra la fe católica de nuestra nación.

La masonería en España no ha tenido aquel carácter filosófico que sus fundadores pretendieron darle. Ha sido desde su nacimiento eminentemente atea, política y revolucionaria. Nace arrullada por los cálidos vientos franceses, es impulsada por la mano de extranjeros como Wéllington y Napoleón y va a vivir consentida por el mando débil y vacilante de los primeros Borbones.

Un decreto antimasónico

20 DE AGOSTO DE 1950

NO pueden comprenderse los gravísimos males a que la masonería ha arrastrado a la sociedad moderna cuando se vive en las tinieblas, a espaldas de la verdadera fe. Se han de padecer los males que la generación presente sufre y todavía permanecer ciegos a la luz divina que todo lo ilumina. ¿Cómo es posible que puedan apreciarse los males de la descristianización de las naciones, cuando no se cree en la existencia y en el poder de ese Dios que se desconoce? Si existe un Dios y éste es todopoderoso, no puede dejar sin castigo los enormes crímenes contra su Ley.

Todo el misterio de la filosofía de la historia descansa en la voluntad y la decisión divinas. La sociedad moderna camina hacia el abismo porque ha perdido, con su espíritu, el alma. Un cuerpo sin alma es cadáver que a plazo fijo cae en la descomposición. Se cumplen así las palabras de la Escritura:

"Aquellos que abandonen al Señor serán consumidos."

Alumbradas las naciones a la luz del Evangelio, reciben de Dios la riqueza o la pobreza; El las empuja a la victoria o las precipita en la derrota, hace aquélla fructífera o estéril; les derrama bendiciones o les vierte castigos, según sean fieles o rebeldes a su Ley.

Pueden los pueblos nuevos de corta vida, que hoy verdaderamente empiezan a tejer, cerrar los ojos a las clarividentes lecciones de la Historia; pero los viejos pueblos católicos, que, como nuestra nación, vivimos íntimamente el recuerdo de nuestras grandezas y arrastramos el peso de nuestras desgracias, no podemos separar de nuestra conciencia el paralelismo que se establece entre nuestros días de gloria y el resurgimiento de la fe católica en nuestro país: los hechos brillantes de la Reconquista española, el descubrimiento y evangelización de América, la victoria de Lepanto, los hechos portentosos de nuestros conquistadores y capitanes, la misma reciente victoria de las armas nacionales en nuestra Cruzada son frutos dorados de nuestra fe, regalo de la voluntad divina, así como todas nuestras desgracias coinciden en tiempo y en lugar con el alejamiento de Dios de nuestro pueblo y el abandono de la fe o apostasía de nuestros príncipes y gobernantes. No en vano nuestra Santa Iglesia ha definido "que cuando Dios se va de los Estados es el demonio el que entra; que el Estado sin Dios es el Estado dirigido y conducido por el demonio y que la apostasía social es el reinado en el mundo de Satán".

Si durante veinte siglos Europa conservó el centro de la civilización, no podemos perder de vista que ese centro coincidió con el del catolicismo militante, y que cuando, como ahora, éste decae, se abaten sobre ella las desgracias y el centro de la civilización parece trasladarse a otros meridianos. Por todo ello, los que sabemos el peso decisivo que la masonería ha tenido en estos males y conocemos su conspiración taimada y tenaz contra el reinado del Dios verdadero, no podemos callar.

Nace la masonería en tierras de apostasía al calor del protestantismo inglés, por esfuerzo y voluntad de un hugonote; enraíza en aquella sociedad en pugna con la fe católica y en lucha sorda contra el Papado, y en sus constituciones establece un programa completo de descristianización: secularización absoluta de las leyes, de la educación, del régimen administrativo, de la Universidad y de toda la economía social;

secularización que implica la ruptura con el principio divino. Cultivo y propagación del naturalismo, que haciendo abstracción de la revelación pretende que las fuerzas solas de la razón y de la

naturaleza basten para conducir el hombre y la sociedad hacia la perfección. Sus principios básicos son la libertad de conciencia y la secularización de las leyes y de las instituciones, todo ello disfrazado bajo la máscara de la abstención, la neutralidad, la igualdad de las religiones y la emancipación de la sociedad humana del orden religioso, cuando sustraer la sociedad pública del gobierno de la Ley de Dios es conducirla hacia una meta donde se encuentra la apostasía. Libertad de conciencia que un cardenal famoso, con palabra certera, tituló "libertad de blasfemia". Todo el objeto de la ley laica es el formar librepensadores.

No se trata de las actividades o fines secretos de la secta que puedan escapar a nuestra investigación, sino de sus fines públicos impresos en sus constituciones y reglamentos. Males todos que durante dos siglos vienen denunciándose en las Encíclicas y en las preocupaciones de nuestros Pontífices, y que todos tienen su origen y su propagación en esa siembra que la masonería viene haciendo en las distintas naciones.

Los primeros blancos de la masonería forzosamente habían de ser la un día cristianísima Francia, cuya nobleza había abierto sus puertas al mal que a plazo fijo había de destruirla. Los Estados italianos, donde se ubicaban los pontificios, y el reducto católico español, en cuyo recinto se había abierto un portillo con la introducción de la dinastía francesa.

Si los éxitos que la masonería pudo apuntarse en Francia y en Italia fueron muy importantes, no puede decirse lo mismo en cuanto a España se refiere, ya que durante la primera mitad del siglo XVIII la masonería lleva vida harto precaria ante la natural resistencia del pueblo católico español a las innovaciones y la alarma que la bula *In menti,* de Clemente XII, produjo entre los medios religiosos. Y aunque la reacción en las esferas del Poder fuese lenta, en 1751 se registra el primer real decreto contra la secta masónica, dado por Fernando VI, en que por su propio texto se ve el escaso conocimiento e importancia que se daba a su propagación. Por ser la primera disposición del Estado contra ese mal lo considero digno de conocerse:

"Real Decreto.—Hallándome informado de que la invención de los que se llaman francmasones es sospechosa a la religión y al Estado, y que como tal está prohibida por la Santa Sede debajo de excomunión y también por las leyes de estos Reinos, que impiden las congregaciones de muchedumbres no constando sus fines e instituto a su soberanía: he resuelto atajar tan grave inconveniente con toda mi autoridad, y en su consecuencia prohíbo en todos mis Reinos las congregaciones de los francmasones debajo de la pena de mi real indignación y de las demás que tuviere por conveniente imponer a los que incurrieren en esta culpa; y mando al Consejo que haga publicar esta prohibición por edicto en estos mis Reinos, encargando en su observancia al celo de los intendentes, corregidores y justicias aseguren a los contraventores, dándose cuenta de los que fueren por remedio del mismo Consejo para que sufran las penas que merezcan: en inteligencia de que he prevenido a los capitanes generales, a los gobernadores de plaza, jefes militares, intendentes del Ejército y Armada naval hagan notoria y celen la citada prohibición, imponiendo a cualquier oficial o individuo de su jurisdicción mezclado o que se mezclare en esta congregación la pena de privarle y arrojarle de su empleo con ignominia. Tendráse entendido mi Consejo y dispondrá su cumplimiento en la parte que le toca. En Aranjuez, a 2 de julio de 1751."

¿Cuál era la extensión de la masonería en esta fecha? Es poco conocida. Sólo un dato del mal que empezaba entonces a tomar incremento nos lo da el abate Hervás y Panduro en el libro titulado *Causas morales de la revolución francesa,* en el que dice: "Que el embajador español en Viena avisó a nuestra Corte que el año 1748 se había hallado en una logia alemana allí descubierta un manuscrito intitulado *Antorchas resplandecientes,* en el cual, entre otras logias correspondientes, se contaban las de Cádiz, y afiliados en ellas, ochocientos masones." Como se ve, el número no era muy grande; sin embargo,

alcanzaba a las clases elevadas e intelectuales y al sector de los puertos y de la Marina. El cosmopolitismo de éstos, las visitas de los barcos extranjeros, el trato con protestantes y navegantes extraños, así como con mercaderes y marinos extranjeros, las escasas creencias religiosas y las costumbres libres, hicieron que en los principales puertos españoles arraigase más que en otros lugares la masonería.

En Italia la propagación del mal fué rápida y notable, y su infiltración en el Reino de Nápoles, entre su aristocracia y la familia real, alcanzó límites insospechados. A través de ella y en la Corte se concentraban las intrigas de Inglaterra y Francia para ganar sobre ella influencia y poder.

El advenimiento al Trono español de Carlos III, procedente de Nápoles, hizo que la masonería en la Corte de Madrid tomara mayor incremento, pues si Carlos III no pudo en ningún momento demostrarse que fuese masón, lo fueron, sin embargo, los elementos de que se rodeó y los que desde Nápoles le acompañaron. Su reinado, fecundo en muchos otros aspectos constructivos, fué, sin embargo, nefasto para nuestra fe y en él se había de echar la semilla de todos los males que nos aquejaron en el siguiente siglo.

El motín de Esquilache

27 DE AGOSTO DE 1950

HEMOS destacado en otros trabajos cuánta era la importancia que en la vida de los pueblos tiene la formación moral de sus príncipes y gobernantes, y a cada paso que damos en la Historia vemos destacar su trascendencia al análisis de los acontecimientos. En el siglo XVIII, que venimos examinando, como consecuencia de la apostasía de sus reyes, que arrastraron la de toda la nación, se nos presenta Inglaterra con sus gobernantes y diplomáticos patrocinando la expansión de la masonería por Europa; al paso que la debilidad y decadencia borbónica, siguiendo los pasos de los Orleáns y la nobleza en sus complacencias con las sectas, precipitan a la nación francesa por la pendiente de la descristianización; pero lo que para unas naciones va a constituir un mal, va a ser explotado por otras como una palanca de poder y de influencia; así observamos al gran oriente inglés desarrollar a través de sus diplomáticos una política de captación en los medios dirigentes y aristocráticos de las naciones y por medio de ellos ejercer una intervención decisiva en la mayoría de los acontecimientos políticos que tienen lugar en este siglo.

La influencia británica sobre las logias de Italia avanza rápidamente, y en Flandes la captación masónica sobre su nobleza llega hasta las gradas del trono, alcanzando a muchos miembros de la familia real. El omnipotente Tanucci, ministro y consejero íntimo de la reina Carolina; el príncipe Caracciolo, su ministro de Estado; el príncipe Caramanico, virrey de Sicilia;

el príncipe Otaiano, el duque de la Rocca y muchos otros nobles, incluido gran número de los Caballeros de Malta, gozantes en la Corte de influencia y poder, ingresan en la masonería, de la que aparece como gran maestre el príncipe Caramanico. No podría explicarse el rápido poder que adquiere la masonería y su influencia sobre los años que van a seguir sin este precedente de la participación y pernicioso ejemplo de los príncipes y clases directoras sobre los pueblos.

La influencia que los masones llegaron a tener en la Corte española de Carlos III fué igualmente decisiva. Poco importaba que el rey no hubiera llegado a ser masón si consentía que sus ministros y consejeros obedecieran a las inspiraciones y los dictados de las logias. La prueba de su influencia sobre la persona real nos la da el hecho de que el rey hubiera nombrado ayo de su hijo, el príncipe Fernando, al príncipe de San Nicandro, francmasón reconocido que, naturalmente, había de enseñarle poco y pervertirle mucho.

Si fecundos pudieran considerarse en el orden material y constructivo los dilatados años del reinado de Carlos III, en cuyo periodo la Administración pública se distinguió por activa y eficaz, como lo pregonan las obras públicas nacionales acometidas en aquella época, sin embargo, en el orden espiritual para nuestro destino histórico no pudieron ser más dañinos. Sólo conociendo lo que representó para la fe católica en general y para España en particular la existencia de un Ignacio de Loyola y su grandiosa obra de la Compañía de Jesús, se pueden apreciar la intención y alcance de aquella expulsión de los jesuitas, que concibió la masonería y que en España ejecutaron, con la firma real, los ministros masones que a Carlos III rodearon. He aquí, una vez más, demostrados los males que pueden acarrearse a los países por la perversidad y filiación masónica de sus ministros, así como las consecuencias de las debilidades, torpezas o pobre formación de sus monarcas.

El burdo motín llamado de Esquilache, tramado por determinados masones españoles aparentemente con el fin de desplazar a los consejeros italianos de Su

Majestad, explotando la inocencia y buena fe del pueblo madrileño, siempre presto "a tragarse caramelos envenenados", tenía en el fondo un alcance mayor que el que aparentemente presentaba. Lo de menos era el corte de las capas ni el cambio de sombreros, que al pueblo, y con razón, tanto había enojado y que el edicto real había mandado cumplir bajo la sanción de seis ducados, para poner a la capital a la moda gala, lo que insensiblemente se venía realizando por la burguesía, y que, pese al motín, acabó entre ella por imponerse; lo importante era la anulación en los Consejos reales del católico marqués de la Ensenada, la destrucción de la Compañía de Jesús y el alcanzar el poder y la privanza real para aquellos masones a los que la masonería había destinado para la dirección de nuestra Patria. Si entre los incidentes del motín se vislumbra una determinada escisión masónica, ésta era un reflejo más de la lucha oculta, puesta de manifiesto en Nápoles, de los masones de obediencia inglesa contra los que, emancipándose, habían ya convertido la gran logia provincial de Nápoles en logia nacional napolitana independiente.

La obra nefasta de aquel embajador inglés, Keene, y la influencia que a través del ministro Wall llegó a tener sobre la Corte española en el reinado de Fernando VI explican muchas cosas de las que después acontecieron. Perseguía el embajador destruir nuestro comercio con ultramar y nuestra pujante Marina, obra predilecta del católico Ensenada, y a ello se prestaba la impiedad y el sectarismo del ministro Wall, convertido, con su pandilla, en ejecutor fiel de las maquinaciones británicas. De sello inglés venía siendo el partido que en todas las Cortes europeas se formó en este año para reclutar adeptos en los medios aristocráticos, literarios y de abogados, militares e indiferentes contra el Papa y la Iglesia católica, y que apuntaba ya contra la forma monárquica de los Gobiernos de los Estados.

Destacan en el posterior motín de Esquilache varios hechos, que los historiadores liberales, en buena parte masones, no quisieron desentrañar; pero que no pudieron borrar de los escritos y documentos de la época. Nadie puede explicarse que, iniciado el motín por grupos débiles y mal armados, se dejase crecer sin tomar providencia; el porqué a la propuesta del duque de Arcos de reducirlos cargando con su escuadrón de guardias sobre los amotinados, se opuso el marqués de Sarriá, que ejercía el mando de la Guardia Española; ni menos cómo se llegó a entregar a las turbas a un desgraciado guardia valona que, habiendo disparado al aire frente a los perturbadores, se había refugiado entre su fuerza, que fue entregado a los amotinados y en su presencia muerto a palos y a pedradas por la turba. Lo que despide un claro tufo de cobardía y complicación masónica.

Igualmente quedó registrado en la historia de aquellos sucesos la seguridad de las turbas de no ser atacadas y cómo, obedeciendo determinadas consignas, se movieron, comieron y bebieron en las tabernas sin pagar el gasto, que determinados sujetos avalaban, y que a los pocos días fué satisfecho por varios comisionados, que por tascas y bodegones pagaron los gastos y perjuicios que, bajo su palabra, manifestaron los taberneros. Muchos y muy elocuentes comentarios se suscitaron durante bastantes años sobre la lenidad y forma en que se solventó el suceso, sin que hubiese el menor interés en las alturas en averiguar lo que públicamente se venía acusando, e impidiendo, incluso, se diese estado y se sacasen consecuencias de las gravísimas acusaciones que el opulento y volteriano americano señor Hermoso hizo contra los consejeros del monarca en el proceso que se le siguió, y al que se impidió y cohibió en su natural defensa.

El objetivo inmediato del motín era explotar el disgusto del pueblo y exacerbar los ánimos para engañar al rey intimidándole, garantizándose por la dirección de ambos bandos el control de los acontecimientos; pero lo que creemos no pretendiesen y que no pudieron evitar fué que, desatadas las pasiones y excitadas las turbas, éstas llegasen a denigrar y humillar a la majestad real, obligando al rey a salir al balcón e inclinarse ante las exigencias de los amotinados, empeñándoles su palabra de honor de acceder a cuanto en su ultimátum le pedían. Llegó tan lejos la maniobra y fué tan fuerte la intimidación del rey y de algunos de sus leales, que aquella misma noche, en secreto y por una puerta falsa, huyeron de Madrid en cuatro coches la familia real con el duque de Medinaceli, el de Arcos, el duque de Losada y el marqués de Esquilache, llegando a la madrugada a Aranjuez, desde donde se mandó cortar puentes, establecer avanzadas y concentrar fuerzas de artillería.

Temiendo los conspiradores que la marcha del rey y las previsiones militares tomadas, fuera ya del peso de la intimidación, pudieran significar una rectificación en la voluntad del monarca, que podría volverse contra los promotores, decidieron, con el pretexto de organizar una manifestación que fuese a Palacio a vitorear al rey, desencadenar más graves alborotos, llegándose en el desvarío a consentir se armase al pueblo, que, una vez más, fué el sujeto pasivo de sus maquinaciones, y que una vez despejado para los promotores el horizonte y asegurada la victoria, se sometió tras el cambio de mensajes que llevó y trajo hasta la propia cámara real el tristemente ya histórico calesero Bernardo.

Acusan algunos historiadores la vil ralea de los primeros grupos amotinados: gentuza de mala condición, maleantes profesionales reclutados en los barrios de la villa entre gente sin juicio; ni artesanos, ni el buen pueblo de Madrid figuraban entre ellos en los primeros momentos; grupos que fueron creciendo al sumárseles curiosos y aprovechados, envalentonados por las complicidades y seguridad que tenían de que las fuerzas no se moverían. Lo falso de la revolución lo acusa el que, a una consigna, los mismos que antes amenazaban, vitoreasen sin el menor pudor, al muy amado monarca. Clientela asalariada de las logias que vamos a ver intervenir en todos los sucesos revolucionarios del siguiente siglo.

No apuntaba sólo el motín a la privanza, sino que perseguía objetivos más importantes e iba contra el renacimiento de la Marina española, de la que el marqués de la Ensenada se consideraba el paladín. Estorbaba a la hegemonía que Inglaterra ya se fabricaba y que su embajador, Keene, había perseguido, cuando en el reinado de Fernando VI había logrado la caída de Ensenada. Una España disociada y sin Marina haría que se viniese abajo todo lo de ultramar, y nada más fácil que explotar a aquellos pobres que nada sabían de Ensenada ni de su obra, para que pidiesen en el motín la vuelta de Ensenada, esperando que entre los que rodeaban e intimidaban al monarca habría quien, prevenido, lo recogiese y le diese estado. Su misma catolicidad sin tacha permitiría explotarlo relacionándole con la Compañía de Jesús, que iba a ser el blanco principal de la maniobra.

Aparece hoy fuera de toda duda que el ministro Wall y el

duque de Alba dirigieron, de acuerdo con las inspiraciones del nuevo embajador inglés y la francmasonería, las infames maniobras y el motín, y que en ellos tomaron parte el conde de Aranda, Roda, Campomanes, Floridablanca, Azava y demás francmasones impíos captados por las propagandas masónicas y ateas.

No parece, a la verdad, fácil en un pueblo consciente que este aceptara atribuir a los jesuitas lo que ni por sus fines, ni por las personas puestas en juego, ni por los procedimientos, podía estar más lejos de lo que la Compañía de Jesús representa; pero todo es posible cuando se especula con la bondad e inocencia de un pueblo y la bajeza y la maldad, elevadas a grado insospechado, se abrigan en el corazón de los que ante el pueblo vienen pasando por nobles y poderosos. Lo que, conocido por el pueblo, sin duda le llevaría a arrastrar sin piedad a los infames maquinadores, se convierte en silencio y en complicidad cuando desde el Poder se le deslumbra y se le engaña, y si a ello se une la presentación de pruebas materiales aparentes, se comprenden fácilmente la aceptación y el engaño.

Era menester lograr estas pruebas materiales, y no se paró en ello: la conciencia de los maquinadores responde a la buena escuela masónica de que, cuando no existen pruebas, se fabrican. Así se ejecutó en este caso: se confeccionaron cartas apócrifas, manifiestos e impresos supuestos que se atribuyeron a los jesuitas; se compraron testigos, se sobornó a la Justicia con ascensos y premios, y, aun así, poco o nada pudo conseguirse, pues las pruebas se derrumbaban al primer contraste; pero, sin embargo, era lo suficiente para arrancar al acobardado monarca el decreto real que se requería. Las cartas supuestas, dirigidas a los jesuitas de Tucumán por su hermano el padre Rábago, resultaron de una falsedad completa, así como las patrañas de que querían insubordinar a las Misiones de Uruguay y

Paraguay para formar una monarquía independiente.

Los triunfantes en el complot tuvieron todo en su mano para investigar sobre el asunto. El haberse comisionado al conde de Aranda, masón e impío, a quien Voltaire públicamente distinguió con su aprecio, el mando de Madrid, con poder militar y político excepcionales, dejó en manos de la francmasonería medios inigualables para poder demostrar el complot de que se acusaba a sus enemigos, caso de haber éste existido; pero, lejos de esto, en lo que se ocupó fué en encubrir y tapar las infames maquinaciones de la secta.

Que el duque de Alba fué quien, de acuerdo con la masonería, fraguó el complot, que montó el motín y lo achacó a los jesuitas, está ya en la Historia sobradamente probado. Un historiador que no nos es afecto, el protestante Cristóbal Mur, en el tomo IX, página 229, de su *Diario para la historia de la literatura,* afirma "que el duque de Alba, en 1776, estando para morir, declaró haber sido el autor del motín y de las patrañas contra los jesuitas". Su narración se basaba en el testimonio de testigos que en 1780, cuando esto escribía, todavía vivían.

Que los ministros que engañaron a Carlos III eran enemigos de Dios y de la Iglesia es cosa probada que el Papa Clemente XIII sostiene en su carta *Tu quoque fili mi...,* dirigida a Carlos III. Que su ministro de Gracia y Justicia, Roda, era masón y perseguidor enconado de la fe católica, se demuestra en su correspondencia con Choiseul, ministro de Luis XV, en carta fechada en 17 de diciembre de 1767, en que le manifestaba: "Hemos matado al hijo; ya no nos queda más que hacer otro tanto con la Madre, nuestra Santa Iglesia Romana."

La expulsión de siete mil españoles beneméritos, arrojados bajo el peso de horrendas calumnias de la Patria con sanción de

Su Majestad Católica, de un modo inicuo e inhumano, fué el atentado más grave que sufrió el prestigio de la fe católica en España y en sus colonias, de donde se vió salir como malhechores a los que hasta entonces habían constituido la más firme vanguardia de la fe. Los males que se derivarían de ello vamos a recogerlos en el próximo siglo.

Infiltración masónica

3 DE SEPTIEMBRE DE 1950

GAÑADA por la secta masónica la que ella misma designó como su principal batalla del siglo XVIII, y desterrada de la Península Ibérica la Compañía de Jesús, se produjo en nuestro país la más grave de las crisis religiosas de aquellos tiempos, y a los muchos males que desde el Poder se producían se unió la falta de defensas en el sector religioso, con la invasión jansenista y la relajación del clero y de la Iglesia en muchas diócesis, llegando la infiltración masónica a ser tan grande en la dirección de las instituciones seglares durante aquel desgraciado reinado, que hasta el inquisidor Arce y el propio secretario del Santo Oficio, el canónigo Llorente, figuraron bajo la obediencia de las logias, haciendo que las causas de la institución constituyesen una pura burla. No podía ser de otro modo cuando el Poder desciende a colocarse al servicio del mal.

La expulsión de los jesuitas fué la forma más fácil para facilitar la penetración de la masonería y su extensión por España y América. El voto expreso de obediencia al Pontífice los colocaba en la vanguardia de la fidelidad a los dictados del Vaticano, así como la ilustración de sus miembros y el medio social en que se movían los había alertado desde el primer momento de la importancia del mal que otros no supieron ver tan claro.

Hemos de reconocer, en favor de los que, por ignorancia o por pereza mental, se inhibieron en aquella batalla, que la masonería, pese a las graves sanciones pontificias decretadas, estaba casi inédita y se encubría fácilmente tras los resplandores de los avances intelectuales y de los progresos de las ciencias, aunque de aquel movimiento intelectual que del extranjero venía, y que llegó a constituir la moda en los salones de las clases elevadas del siglo XVIII, sólo se asimiló de aquellas figuras que trataban de emular lo fácil y chabacano, lo negativo, lo que estaba al alcance de su cretinismo: el ateísmo que las envilecía. La decadencia de los estudios filosóficos en aquella sociedad venía ofreciendo amplio campo a la filosofía barata de los enciclopedistas, facilitando que la desvergüenza pudiera cabalgar a lomos de la erudición.

Toda la evolución del pensamiento político en el siglo XVIII aparece caracterizada por esa conspiración contra el principio cristiano. Su objetivo inmediato fué el de independizar a las constituciones humanas de la Ley de Dios, y desde que la masonería toma estado en las distintas naciones, se presenta explotando todas las revoluciones que desde entonces se suceden; poco importa que en ellas fuese la secta la principal protagonista, pues aprovecha el río revuelto que otros desencadenan para filtrar a sus "hermanos" entre los usufructuarios del Poder; su intriga y su constancia acaban triunfando siempre sobre la buena fe y la falta de previsión de las juventudes revolucionarias. Sólo en los tiempos modernos una revolución se libra de este funesto destino, y es la Revolución Nacional española, que vino precisamente a poner coto a los desastres que la invasión masónico- comunista había acumulado durante dos siglos sobre la Patria.

¿Fueron los príncipes y gobernantes que consintieron o propulsaron el mal, conscientes del daño que iban a ocasionar, u obraban sólo por debilidades y apetitos personales de poder y de mando? No puede claramente determinarse. Que el Rey, tibio de fe y torpe y débil frente a las maquinaciones de sus ministros, obraba intimidado por éstos, se nos presenta como indiscutible; que los principales directores de la masonería conocían la meta adonde se caminaba: de sustraer a la sociedad pública del gobierno de la Ley de Dios por el camino y bajo la máscara de la libertad de cultos y de la neutralidad de

conciencia, de la abstracción de todas las religiones, de la secularización de la ley y de la educación y de todo cuanto caracteriza la vida política de los pueblos, nadie puede dudarlo; pero en esta materia se nos presenta, una vez más, el grado de responsabilidad distinto entre los que, habiendo alcanzado los grados superiores de la masonería, estaban iniciados y eran conscientes de los fines que aquélla perseguía, a los que prestaban juramento de servir y los simplemente iniciados y todavía en los grados inferiores, que vienen constituyendo comparsas explotados por la perversidad y la malicia de los "santones".

Muchísimos han sido en España los masones afiliados a las logias y pertenecientes a sus grados inferiores que, al alcanzar en la vida puestos superiores de gobierno y de mando, y ser interesadamente elevados por la secta a los superiores, al apercibirse de sus secretos y de los males que a la Patria la masonería indudablemente arrastra, intentaron separarse de la secta; pero fueron combatidos por ésta hasta los últimos extremos; y muchos otros constituyen legión que, al finalizar sus vidas, y por miedo o por gracia divina, han intentado liquidar sus cuentas en la Tierra, apercibiéndose entonces de todo el daño que a su Patria y a la fe causaron, sin tiempo ya en la vida para repararlo.

Más que a la maldad y a la perversidad de príncipes o de gobernantes, hemos de culpar de ello al desconocimiento por éstos y por las clases influyentes de los verdaderos principios de la Ley divina, y su ignorancia o su desprecio de la voz de la Iglesia; sin embargo, la extensión del daño se agigantó con el ejemplo pernicioso dado desde las alturas. La pérdida de almas por el ateísmo del Estado llega a ser en muchos casos infinita.

Si estos males en España aparecen atenuados por un proceso de descomposición más lento que el de otros países y por la repugnancia que la fe católica de nuestro pueblo opuso a los principios ateos y libertinos que las clases directoras por doquier extendían, no pudo, sin embargo, sustraerse a la ley fatal que a toda Europa envolvía y que muy pronto en nuestra Patria había de alcanzar su punto más álgido.

CONTRA LA COMPAÑÍA DE JESÚS

10 DE SEPTIEMBRE DE 1950

EL triunfo obtenido por la masonería en nuestra nación al ser expulsada la Compañía de Jesús de nuestros territorios y perseguidos sus miembros hasta el extremo de serles negado el derecho a vivir sobre el suelo de su Patria, no hizo decaer su fobia contra la Orden, sino todo lo contrario, ya que, envalentonada con el triunfo, aspiraron los masones a bazas mayores; su malicia y maldad iban mucho más lejos de lo que toda conciencia honrada podría imaginar; lo que habían logrado en España no era más que una parte del plan general que la masonería había cuidadosamente preparado, y que los ministros masones imponían a los príncipes en los distintos Estados. La presencia en varios de los Tronos del occidente europeo de príncipes de la dinastía borbónica facilitó al duque de Choiseul, primer ministro francés y gran dignatario de la orden masónica, la firma del Pacto de Familia, que, sellando la amistad de Francia, España, Sicilia y Parma, había de facilitar a la masonería el desarrollo de su conspiración.

No bastaba a las ambiciones de la secta el que la Compañía de Jesús fuese expulsada de dos o varios Estados, y dada la resistencia que ofrecían Austria, Prusia y Rusia a llevarlo a cabo, se hacía indispensable el lograr del propio Pontífice la extinción completa de la Orden.

El cerebro de esta conspiración satánica encarnaba en don Sebastián José de Carvalho, conde de Ocyras y marqués de

Pombal, primer ministro de la nación portuguesa, enemigo declarado de Dios y de su Santa Iglesia, que había roto el fuego, en el año 1759, con la expulsión de la Compañía de Jesús de los territorios portugueses peninsulares y ultramarinos, y que con sus campañas de publicidad, difamatorias contra la Orden, había creado en el occidente de Europa y en los medios intelectuales y filosóficos un estado de descrédito y de encono contra la Compañía de Jesús que los otros masones se encargaban de mantener vivo. Si el duque de Choiseul y el conde de Aranda formaban parte del triunvirato masónico que dirigía la conjura, Pombal, por su mayor celo masónico y odio obstinado contra la Iglesia católica, fué el que verdaderamente puso toda la inteligencia y la tenacidad en el empeño.

El haber nacido la Compañía de Jesús al tiempo que Lutero extendía sus herejías y haberse aplicado desde los primeros tiempos a combatir los falsos dogmas, centró contra la Orden el odio protestante, que los masones hábilmente habían de explotar; pero que se convierte en timbre de gloria para los apóstoles defensores de la fe verdadera, ya que la enemiga masónica, como la cizaña, ataca a las espigas más altas y granadas.

Si a todo esto se une el celo desplegado por los jesuitas en las Misiones, en la predicación y en la enseñanza, y la confianza que por su sabiduría, su prudencia y sus virtudes se supieron ganar del pueblo y de los príncipes, no es de extrañar que los que conspiraban contra el orden establecido, y que se habían señalado como meta la destrucción de los Tronos y de la fe católica, pretendan aniquilar a quienes constituyen su más sólido y poderoso valladar.

Asombra al historiador cómo príncipes católicos, o que por tal se tenían, en naciones tan católicas como Francia, Portugal y

España, dejaran que la masonería llegase a obtener una victoria como la que se apuntó en el siglo XVIII contra la Compañía de Jesús; sólo conociendo la manera de actuar masónica podría comprenderse el triunfo de la intriga y de la perfidia. Por eso el mejor servicio que puede hacerse a la causa de la fe y de la justicia es el sacar a la luz y descubrir esos sistemas de que la masonería se vale para anular la voluntad de las naciones y unirlas a la carroza de sus ambiciones. La expulsión de la Compañía de Jesús de Portugal y Francia y el intento de extinción de la Orden por intermedio del Papa, son piezas maestras de la maldad masónica que es conveniente analizar.

Desde que la masonería se extiende por el occidente europeo y nobles o intelectuales masones escalan los Consejos de la Corona, la masonería está laborando en el desarrollo de su plan con secreto, constancia y cautela. Estimulan los masones la indolencia y la pereza reales con la idea cómoda de que el Rey sólo debe reinar y ser feliz y dejar los cuidados del Gobierno a sus ministros. El aislamiento del príncipe en su palacio y los favores que pueden dispensarse desde el Poder, permite fácilmente a los masones encumbrados el crearle al Rey el ambiente favorable. Cualquiera pasión o vanidad, el menor recelo que el príncipe preste a otros príncipes, magnates o favoritos es explotado por los masones en favor o en contra, según convenga a sus designios.

No perdió el tiempo la masonería, y una de sus primeras consignas, esparcida a los masones de Europa, fue la de preparar el futuro haciendo que la educación de los príncipes cayese en manos de intelectuales afectos a la secta. Así sucedió en España con nuestro Monarca, que habiendo pasado a los quince años a Italia, y pese a la gran religiosidad de su augusta madre, Isabel de Farnesio, se asimiló el ambiente de tolerancia hacia los masones que invadía la Corte de Nápoles. Su poco afecto a la Compañía de Jesús, como consecuencia de ello, lo expresa ya en su carta el omnipotente ministro Tanucci, al ceder a su hijo tercero la Corona de las dos Sicilias, y en la que le anuncia: "Te diré que también puedes llevar confesor, pero no jesuita." Y si bien este Rey se sometió a las costumbres españolas, lo hizo con poca simpatía, eligiendo sus ministros entre los enciclopedistas y los masones, convirtiéndose de hecho en juguete de sus maquinaciones. Sólo la presencia de la Reina madre, mientras vivió, puso un obstáculo al avance de las conquistas masónicas.

El caso portugués del marqués de Pombal es harto aleccionador. Nacido de una familia pobre, después de desempeñar cargos importantes en Inglaterra y Alemania y de haber penetrado en la intimidad de las logias hasta hacerse uno de sus más altos dignatarios, aparece en Portugal tras la conquista del Poder, y para llegar al favor del inexperto Rey José I, débil y timorato, busca el tortuoso camino del confesor del Rey, el del jesuita padre Moreira, tras introducir un hijo suyo en la Compañía de Jesús; en este camino lo difícil es dar los primeros pasos; más conseguido esto, la inteligencia de Pombal, su audacia, su ambición y su falta de escrúpulos habían de facilitar el resto.

Capaz y constructivo en muchos aspectos del gobierno, consigue destacar entre los consejeros reales, pasar de primer secretario de Estado a primer ministro y sujetar a su voluntad el ánimo débil y vacilante del Monarca, en el que vierte el recelo y la envidia por la prestancia y simpatía del príncipe, su hermano, al que hace aparecer ganándose con mal ánimo la voluntad popular, sembrando en la conciencia del Monarca ser los jesuitas los que fomentan y apoyan la maniobra; más cuando en el ánimo del Rey se encuentra el asunto en sazón para fulminar la tormenta contra la Orden, un hecho providencial, constituido por el terremoto y voraz incendio de Lisboa, en 1753, contuvo la persecución.

¿Hecho providencial, castigo divino? El caso es que la caridad de los hijos de Loyola brilló en aquellos momentos a alturas inigualables. Amigos y enemigos reconocieron los servicios en aquella ocasión prestados por la Orden, que traspasaron los muros de la mansión real, llegando hasta las gradas del Trono. Mas todo sería cuestión de tiempo y Pombal sabía esperar.

No cejaba el primer ministro en su obra de propaganda desde el Poder contra la Compañía de Jesús, y pronto vió la luz en Portugal, y traducida a los distintos idiomas fue esparcida por las distintas naciones, la obra "Relación sucinta acerca de la república de los jesuitas de las provincias de Paraguay, en las posesiones ultramarinas y de la guerra que han ejecutado y sostenido contra los ejércitos portugueses y españoles". En ella figura la fábula de la conspiración del Paraguay para convertir a un jesuita, con el nombre de Nicolás I, en Emperador de aquel país, calumniando groseramente a la Compañía de Jesús y haciéndola aparecer como dedicada a tráficos prohibidos por los cánones y nadando en oro y abundancia frente a las miserias del pueblo.

Reinaba en España todavía el buen Rey Fernando VI cuando Pombal intentó por vez primera embarcarle en la aventura, que aquél rechazó de acuerdo con sus ministros, excepto el duque de Alba, que figuraba ya en la intriga, y el Consejo de Castilla, consecuente, mandó quemar públicamente el infame libelo; sin embargo, en Francia y en Italia, más alejadas de la realidad, el libro hizo verdadero daño. El odio de Pombal contra la religión católica no conoció límites: otra muestra más fué un proyecto frustrado de cambiar ¡a religión de Portugal por la anglicana, al pretender casar a la hija del Rey, la infanta María, con el duque de Cumberland.

Un suceso, al parecer imprevisto, que si la masonería no preparó sí aparece explotándolo, aprovechó Pombal para desencadenar contra los jesuitas la ofensiva tanto tiempo pensada. Ocurrió entonces que retirándose el Monarca portugués a altas horas de la noche, en coche, a su palacio, en la madrugada del 3 al 4 de septiembre de 1758, acompañado de su confidente Pedro Tejeira, fué atacado por tres hombres montados y armados, que haciendo una descarga hirieron al Rey en un brazo. Al hecho sucedió un silencio con que se pretendieron ocultar las circunstancias del suceso, que las gentes enteradas afirmaban ser consecuencia de un episodio amoroso en que se pretendió la vindicación de un honor; más a los cien días de cometido el atentado, cuando ya los efectos de la propaganda desplegada desde el Poder creían haber calado en la sociedad, se procedió a detener a determinados jesuitas y se hizo público un manifiesto en que, después de anunciar el atentado contra Su Majestad, se invitaba con primas y honores a todos los vasallos a que delatasen a los reos, siendo presos al día siguiente de la publicación: el duque de Aveyro, los marqueses de Tavora, de cuya casa, al parecer, había salido el Monarca; sus hijos y su yerno y otras muchas personas de la nobleza de Lisboa y de fuera a quienes se formó causa por desconfianza.

No apareciendo pruebas en el sumario, frente a la rectitud del procurador fiscal, don Antonio de Costa Freyre, se alzó el poder personal del valido, que le hizo caer en desgracia y ser perseguido más tarde como cómplice del crimen, sepultándolo en los calabozos de una prisión. Fué Pombal, según los historiadores de la época, el que corrió desde aquel momento con la instrucción de la causa, que a los treinta días dictó y escribió de su mano la sentencia, condenando a la pena capital a los principales procesados. Ni el derecho, como nobles, a ser juzgados por sus pares fué en ningún momento tenido en cuenta. Pombal había iniciado en Portugal lo que, tanto en este país como en España, se conoció por el Gobierno del "despotismo ilustrado". Una real orden estableció que el fallo era inapelable, y la sentencia fué cumplida..

En el pensamiento de la opinión pública estaba arraigada la convicción de que aunque el fallo atribuyese al duque de Aveyro el regicidio frustrado, su autor era el joven marqués de Tavora, arrebatado de celos contra el real seductor de su esposa, doña Teresa, aunque arrojaban las sospechas sobre el propio marqués de Pombal, que explotó los hechos para vengarse de la nobleza, que rehuía su trato; de la familia Tavora, que habla desdeñado a su hijo como pretendiente, y destruir a la Compañía de Jesús, que iba a ser la víctima propiciatoria.

Muchos años después, el 7 de abril de 1781, tuvo lugar la revisión del caso, que estableció: "Que todas las personas, tanto vivas como muertas, que en virtud de la sentencia del 12 de enero de 1759 habían sido ejecutadas, desterradas o encarceladas eran inocentes del crimen que se les imputara." Varios jesuitas fueron injustamente envueltos en este proceso y considerados como cómplices, si bien no se les impuso pena; se trataba de hombres ancianos y destacados por sus virtudes, inocentes de cuanto se les imputaba: el confesor de la marquesa de Tavora, madre política de doña Teresa, el padre Matos, emparentado con la familia de Riveira, aborrecido de Carvalho, y el padre Juan Alejandro, de la amistad de los Tavora, hombre envejecido en las Misiones y en el ejercicio de la caridad en Portugal y en sus colonias; sin embargo, el día 19 de enero de 1759, por un real decreto se condenó como reos de regicidio a todos los jesuitas de Portugal, Asia y América; se les privó de sus bienes y se dispuso en carta a los obispos que los difamasen, imputándoles multitud de delitos a fin de quitarles el aprecio de los fieles. Los que de ellos se compadecieron fueron arrojados en calabozos y perseguidos como malhechores, a ración de pan duro y agua, mientras se los calumniaba y satirizaba.

Para deshacer el mal efecto que la medida de violencia había de causar en los católicos portugueses, se falsificó por el agente de Pombal en Roma, embajador Armada, un rescripto pontificio en que se aprobaba la petición real de autorización para proceder al castigo de muerte a los responsables del regicidio, y en su consecuencia se condenó a muerte y descuartizó al padre Moreira y a cuatro jesuitas más el día 31 de julio de 1759, festividad de San Ignacio. Así pagó el padre Moreira su debilidad al haber presentado y protegido en la iniciación de su carrera al sanguinario Pombal.

Los obispos de Cangranón, Cochin y arzobispo de la Bahía de Todos los Santos, que movidos de su celo apostólico elevaron una exposición en vista de los trastornos que iban a producirse en las Misiones con la expulsión, fueron expatriados, removidos sus cabildos y provistas nuevamente sus sillas.

De doscientos jesuitas que quedaron en los calabozos de Lisboa, ochenta y ocho sucumbieron a los padecimientos, y en su saña, Pombal ordenó excluir del calendario a los Santos de la Compañía. Las calumnias infames de los masones portugueses, dirigidos por Pombal, iban a ejercer una influencia terrible en la batalla masónica que contra la Iglesia la masonería había planteado. La difamación y la corrupción figuraban como medio diabólico para alcanzarlo; las coacciones sobre el Pontífice, las regalías y la provisión de sillas llegaron a ser el pan nuestro de cada día.

El efecto inmediato en España no fué, sin embargo, el que Pombal esperaba. Vivía todavía la piadosa Reina Isabel de Farnesio; la batalla de los masones fué entonces perdida, y el real decreto de 19 de febrero de 1761, firmado por Carlos III, condenó la expulsión de los jesuitas de Portugal, que más adelante, y muerta la Reina, había él mismo de ejecutar.

ACTIVIDADES EN FRANCIA

17 DE SEPTIEMBRE DE 1950

LA persecución de la masonería contra la Iglesia católica tiene su precedente en el cisma que Enrique VIII, el degenerado Monarca británico, introdujo en la hasta entonces catolicísima Inglaterra, como consecuencia de sus luchas por satisfacer sus pasiones libidinosas.

Creada la masonería, y en estrecho maridaje con la Iglesia anglicana, fué el Pontífice romano y la religión verdadera el blanco a que apuntaron la mayor parte de las conspiraciones que las logias promovieron.

En toda la literatura con la que en el siglo XVIII se realiza la propaganda contra la Compañía de Jesús, fiel defensora de la doctrina pontificia, aparece la referencia a la "conjuración de la pólvora" o "maquinación de la pólvora", que falseando la Historia y calumniando a la Orden pretendió en Inglaterra menoscabar el crédito y el prestigio de que gozaba la Compañía de Jesús.

Desde que en Inglaterra se desencadenó el cisma, todos aquellos obispos que se negaron a reconocer la primacía del Rey en la Iglesia y admitir la nueva liturgia —lo mismo que sucede hoy en tantos países caídos bajo la tiranía comunista— fueron presos o desterrados, muriendo algunos de ellos, con muchos sacerdotes, en las prisiones o en el exilio. Privados los católicos seglares de la dirección prudente de sus sacerdotes y misioneros, emigrados éstos a otros países y heridos aquéllos en lo más

Íntimo de su conciencia por la persecución, concibieron el deshacerse del Rey, de sus ministros y de los miembros de las Cámaras que dirigían o apoyaban la sañuda persecución haciéndoles votar en la fecha del 5 de noviembre de 1605, señalada para la apertura del Parlamento.

La Historia demostró que los jefes de aquella conspiración fueron dos señores de la más rancia nobleza: Percy, de la Casa de Northumberland, y Catesvi, de otra gran familia inglesa, los que habiendo alquilado una casa contigua al Parlamento, la comunicaron con él a través de un pasadizo subterráneo que conducía debajo del lugar donde el Rey, unido con los pares y diputados, inauguraría las sesiones. Treinta y seis grandes barriles de pólvora y materias explosivas se habían almacenado al efecto.

La Historia asigna a Percy la imprudencia de que, queriendo salvar a un gran amigo que pertenecía al Parlamento, le hizo dirigir por mano extraña un aviso misterioso aconsejándole no asistir a la ceremonia, lo que fué motivo a que, hechas unas indagaciones por el Gobierno, se encontrasen la cueva y los explosivos acumulados. Descubiertos los principales conjurados, se pusieron en fuga, y, perseguidos por la fuerza pública, se defendieron, y los que no murieron en el encuentro con sus perseguidores fueron conducidos a Londres, donde sufrieron el último suplicio.

El simple hecho de encontrarse aquel día en la capital de la Gran Bretaña los antiguos misioneros de la Compañía de Jesús, Enrique Garnet y Eduardo Olldercone, ajenos por completo al suceso, que no se habían movido de la ciudad ni antes ni después de los hechos, hizo que con el tiempo fuesen también complicados en la causa y perseguidos a título de autores y agentes secretos de la conspiración y que se les aplicara la pena de muerte.

En estos sucesos remotos del año 1605 y en la inicua ejecución de dos inocentes tomó fundamento la campaña que, descrita con vivos colores por los enemigos de la fe católica, hicieron correr los masones por el mundo en el siglo XVIII, como antecedente para demostrar el espíritu de conspiración y rebeldía que animaba a la Compañía de Jesús. La fábula del regicidio tomaba así estado en la conciencia pública y hacía fácil en lo sucesivo el achacar el atentado contra el rey José de Portugal y las conspiraciones futuras a quienes siendo por sus virtudes y celo apostólico incapaces de tales hechos, y los más celosos defensores de la fe, constituían el obstáculo más formidable que encontraban en su camino las conspiraciones de la secta. "Maquinación de la pólvora" que sirvió al sectario Consejo extraordinario que reunió el Rey de España como antecedente para, unida a la canallesca persecución de Portugal, decidirle a aquel acto inicuo de la expulsión.

Expulsada la Compañía de Portugal y España y extendida por Francia la campaña que sus gobernantes masones habían desencadenado con sus aportaciones calumniosas y falsas, les fué fácil a los masones de la nación vecina aprovecharse de ella para resucitar las viejas injurias que con motivo del atentado de 5 de enero de 1757, en que un agresor llamado Damiens clavó un puñal en el pecho de Luis XV, se habían arrojado sobre la Compañía de Jesús para apartarla del real favor, y que hasta el propio Voltaire había rechazado por calumniosas, negándose a publicar una calumnia tan monstruosa. Las frases que el conspicuo filósofo escribió entonces a uno de los propagadores no dejaron lugar a dudas: "Ya debes de haber conocido que no guardo consideraciones a los jesuitas. Pues bien: si ahora tratase de acusarlos de un crimen de que los han justificado Damiens y la Europa entera, únicamente lograría sublevar la posteridad en favor suyo y yo no sería más que un eco vil de los jansenistas." Palabras bien claras y terminantes de un enemigo de la fe y detractor de la Compañía, que por esta cualidad no podía ser sospechoso.

No obstante que la Historia había demostrado que el criminal Damiens, si bien había servido en los primeros años de su juventud con los jesuitas, cuando cometió su atentado era jansenista fogoso y se encontraba al servicio de los filósofos y parlamentarios masones, éstos arrojaron calumniosamente sobre los jesuitas la culpabilidad aprovechándose de hallar al frente de la nación un Rey escéptico, falto de vigor para hacerse respetar y obedecer y prematuramente avejentado, que, sumido en una insensibilidad voluptuosa, pasaba la vida entre el desenfreno y los remordimientos, y que no obstante los esfuerzos del virtuoso arzobispo de París, Cristóbal de Beaumont, y la buena disposición de la Reina y del Delfín, entre los que los jesuitas disfrutaban de gran afecto y crédito, los jansenistas y los filósofos ganaron las posiciones y acabaron socavando a la propia Monarquía.

Conocían los masones y conspiradores de la nación gala que en el frente que los buenos consejeros pretendían establecer para la defensa de la Compañía existía un portillo de más fácil acceso, constituido por la marquesa de Pompadour, voluble, ambiciosa y disgustada, cuyo valimiento y benevolencia consiguieron fácilmente captarse; y aunque en el ánimo de la favorita luchaban sus sentimientos y pasiones con su vieja educación religiosa y la estimación general de que disfrutaba, acabó, sin embargo, decidiéndose a ayudar a las sectas al negarse el padre Desmarets, de la Compañía, a dar la absolución y los santos sacramentos a Luis XV si no se separaba de la favorita y se arrepentía con propósito de verdadera enmienda de la vida pasada. Con el favor de la privada acabó perdiéndose el favor del Monarca, que desencadenó la ira servil de muchos cortesanos, que desde entonces se sumaron a los ataques de la secta contra los hijos de San Ignacio.

Contando ya con la benevolencia real, desde entonces se gritó, se escribió, se calumnió cuanto plugo a las sectas masónicas, y a las viejas y calumniosas diatribas se agregaron otras más nuevas y monstruosas, cuando un suceso sobrevenido como consecuencia de la guerra sostenida entre Francia e Inglaterra descargó sobre los jesuitas la tormenta que desde hacía varios años se venía formando; destruido por la guerra el comercio de la Martinica y derrumbada la economía de aquella isla, se vino también abajo la prosperidad de que hasta entonces había disfrutado una factoría que la actividad de un jesuita, el padre La Valette, había creado para la mejora económica de los indígenas. Al no poder aquélla satisfacer sus compromisos y suspender sus pagos, los masones y filósofos desencadenaron sobre la Compañía una campaña de descrédito, queriendo descargar sobre la institución la responsabilidad de los quebrantos de la factoría que con independencia de la Orden venía rigiendo el activo misionero.

Aunque la Compañía de Jesús demostró claramente su irresponsabilidad en los asuntos que el padre La Valette, como colonizador, pudiera haber contraído y del juramento que éste mismo hizo ante sus jueces "de que ni los superiores de la Orden ni ningún individuo de ella habían tenido parte ni connivencia en sus actos; que pedía perdón a todos sus hermanos por las calumnias que por causa suya había sufrido la Compañía y rogaba al juez que con la sentencia mandase publicar esta declaración, que hacía de su propia libertad, jurando que ninguno le había compelido ni exhortado a que la diese", siguieron los odios de los enemigos, que ansiaban satisfacer su sed de venganza alentados por la Pompadour, los jansenistas y los nuevos filósofos.

Muerto en 26 de enero de 1761 el virtuoso primer ministro Belle Isle, y reemplazado en aquel importante puesto por el duque de Choiseul, hombre impío y vano, poseído de una desmedida ambición que le había entregado al sectarismo más extremo, procedió éste a dar muerte al Instituto de San Ignacio, entregando al Parlamento de París el cuerpo indefenso de la Compañía. A pretexto de que decidiesen sobre un asunto comercial, único sobre el que tenían competencia, entregó a los filósofos y jansenistas del Parlamento de París, muchos de ellos masones, la resolución sobre la quiebra de la Martinica, ocasión que los masones del Parlamento de París aprovecharon para trasladar la cuestión al terreno de lo religioso y usurpando funciones revisar los estatutos de la Compañía de Jesús, vedándoles que recibiesen a nadie en su seno y continuasen enseñando la teología; poniendo en entredicho todas las bulas, rescriptos y demás concesiones apostólicas que disfrutaban. De esta forma, al tiempo que por un decreto se destruían las obras y congregaciones de jesuitas, que se ocupaban de ejercicios de piedad de los fieles, se permitía la multiplicación de las logias masónicas, que, desconocidas hasta entonces en muchas provincias, se extendieron por todos los lugares dependientes de la Corona de Francia, con menoscabo de la paz interna y de la doctrina del Evangelio.

Alarmado el Rey por el giro que tomaban los acontecimientos, convocó una asamblea de obispos, en la cual se re unieron entre cardenales, arzobispos y obispos cincuenta y un prelados, los que se pronunciaron en favor de los jesuitas por cuarenta y cinco votos contra sólo seis, cinco de ellos supeditados a Choiseul, pero que sólo diferían de los demás en que queriendo poner una vela a Dios y otra al diablo, proponían establecer determinadas modificaciones en la Orden.

Setenta prelados ausentes se adhirieron al parecer de la mayoría.

La autoridad de esta resolución exasperó a los masones, protestantes, jansenistas, filósofos y demás enemigos de la Iglesia, que multiplicaron sus ataques con el apoyo de Choiseul, que buscaba concentrar la atención del país en estos sucesos y apartar de la gravísima situación que padecía con una guerra larga y desgraciada que le obligaba a ceder a Inglaterra el Canadá.

En 1 de abril de 1762, al tiempo que se disponía el cierre de los establecimientos que la Orden regía en Francia y sus colonias, se inundaba el país de obras y folletos sacando a la luz todas las calumnias y falsedades que desde la expulsión de Portugal corrían por el Occidente. Libelos en que no había delito que no se imputase a los seguidores de San Ignacio, tachando ser la doctrina del Instituto la de revolución permanente contra el Soberano, de sostenedores en la opinión del regicidio y de maquinar contra el dogma y la moral.

La campaña pronto dió sus resultados, y en 6 de agosto de 1762 el Parlamento de Paris pronunció el fallo, en que, tras imputaciones falsas y calumniosas, "se ordena a los jesuitas que renuncien a su regla, al uso de su hábito, a vivir en comunidad, a tener correspondencia con los demás individuos de la Compañía y a desempeñar ningún cargo sin jurar previamente estar de acuerdo con este decreto". Los Parlamentos de provincias, trabajados en sus minorías masónicas y enemigas de la Iglesia, se asociaron por una escasa minoría, excepto uno de ellos, al Acuerdo del de Paris, convirtiéndose en ejecutores inconscientes de la condena masónica: unos, arrastrados por la adulación y las lisonjas de una minoría influyente y maquinadora, y otros, ganados por las campañas de difamación, la tendencia a las novedades, la envidia de la Orden por la confianza y concepto de que gozaban los religiosos entre el pueblo y, en general, por un deseo inmoderado de extender sus atribuciones.

Cogido el Rey en la hábil maniobra que Choiseul le tendió, aceptó la afrenta de sancionar con su firma la ley inicua, que estableció, entre otras cosas, "que la Compañía de Jesús no sería admitida jamás en su Reino, ni en sus tierras y señoríos de su Corona", poniendo a sus miembros en el monstruoso dilema "de abjurar de su Instituto y ratificar con su juramento la certeza de las imputaciones hechas en sus condenas o su muerte civil". Los cuatro mil miembros de la Compañía eligieron sin vacilar el camino del sacrificio.

Muy pronto la dinastía francesa había de cobrar, con la maldición del cielo, la letra que contra su Dios y Señor había extendido.

CRÍMENES

24 DE SEPTIEMBRE DE 1050

La expulsión de Francia de la Compañía de Jesús fué el paso decisivo para que en el occidente de Europa se sumasen a la persecución otros Estados menores, como los de Parma y Nápoles, que, por tener al frente de sus destinos a Infantes de España, príncipes de la Casa de Borbón, quedaban dentro del Pacto de Familia y de la influencia nefasta de los otros Borbones. Así, el duque de Parma, sirviendo las intrigas de su valido el marqués de Felini, gran magnate de la secta masónica, los expulsa a principios del 1768, y el rey de Nápoles, en 22 de abril de este mismo año. Los intentos que se hicieron en Viena y Alemania no tuvieron el éxito que se esperaba, pues pese a la calidad masónica de Federico de Prusia, éste no quiso enfrentarse sin razón con la opinión religiosa de muchos de sus súbditos, creando un problema que rompiese la unidad en el interior, que él consideraba necesaria.

No satisfacía lo alcanzado la pasión vesánica de los "hijos de la viuda", ni de los incrédulos herejes y jansenistas que los acompañaban en la ofensiva, cuando no nutrían sus logias, que, llevados de su odio contra los discípulos de San Ignacio, querían verlos aniquilados, convencidos de que mientras quedase en pie esta Orden religiosa y un grupo de individuos permanecieran sujetos a su santa regla, existía la amenaza de que la Compañía de Jesús resucitara, dando al traste con todas sus conquistas. Había que alejar toda esperanza de que los jesuitas volviesen, y a ello se prestó el genio malévolo del primer ministro portugués, que encabezó las gestiones para lograr un frente común ante Roma que decidiera al Papa a la extinción por si de la Orden, único medio de que los propios católicos de las naciones se viesen obligados a cumplir el mandato pontificio.

España fué el primer país a quien se dirigió Pombal, por medio de su embajador, con una Memoria en que, recapitulando sobre el estado de la corte romana el supuesto predominio del General de los jesuitas y de la Compañía y la importancia de sacar al Papa "de la oscuridad en que vivía", se solicitaba una acción común para obtener de Roma por la coacción lo que no obtenía a través de los medios suaves. El Gobierno español convino en lo sustancial del designio, y, aprobada por el rey, fué redactada por Grimaldi la respuesta y enviada al ministro plenipotenciario español en Roma, don Tomás Azpuru, para su entrega a Su Santidad. La hipocresía que rezuma el escrito descubre la mano masónica que lo dirigió: "Movido el rey católico de estas razones, penetrado del filial amor hacia la Iglesia, lleno de celo por su exaltación, acrecentamiento y gloria por la autoridad legítima de la Santa Sede y por la quietud de los reinos católicos, íntimamente persuadidos de que nunca se conseguiría la felicidad pública mientras continuase este instituto..., suplica con la mayor instancia a Su Santidad que extinga absoluta y totalmente la Compañía de Jesús, secularizando a todos sus individuos, sin permitirles que formen congregación ni comunidad bajo ningún título, ni que vivan sujetos a otros superiores que a los obispos de las diócesis donde residiesen después de secularizados." En 16 de enero de 1769 quedó en manos del Papa la Memoria española, y en los días 20 y 24 se recibían análogas peticiones de Francia y Nápoles. Su Santidad respondió a los representantes extranjeros que el negocio era grave y que exigía tiempo para su estudio.

La muerte del Sumo Pontífice el 2 de febrero de 1769, solamente unos días después de haber recibido la terrible coacción de los que llamaban embajadores de reyes cristianos, echó sobre el futuro Cónclave un motivo de preocupación y discordia por la

presión que las naciones iban a desarrollar sobre los cardenales. Llegados los purpurados extranjeros a Roma, se vió claramente que los ganados a la causa de la extinción pretendían que el que hubiera de ceñir la triple corona había de obligarse con papel firmado de su letra a realizarla prontamente, pretensión que, calificada de demoníaca y repugnante, era rechazada por la mayoría de las conciencias.

No pudo sustraerse el Colegio Apostólico, no obstante su buena voluntad, a las presiones enormes que los representantes de las naciones católicas y algunos de sus purpurados ejercían para que la elección de Pontífice recayese en persona de su confianza, de que carecía todo aquel que no apareciese como enemigo declarado y partidario de la extinción de la Compañía de Jesús. Por uno de esos azares que en las asambleas ocurren, en que la malicia de los menos acaba triunfando sobre la buena fe de los más, después de muchos escrutinios sin que nadie obtuviese la mayoría necesaria, cuando ya estaban sin esperanzas de que saliese elegido ninguno de los candidatos, una propuesta del arzobispo de Sevilla, Solís, aceptada por el cardenal Rezzonico, que parecía dirigir a los enemigos de la extinción, para que fuese elegido Pontífice el Cardenal, religioso franciscano, fray Lorenzo Ganganelli, que, aunque nadie se había fijado hasta entonces en su persona para la dignidad pontificia, aparecía, sin embargo, equidistante de los dos sectores en que se hallaba dividido el Cónclave y ofrecía a los defensores de la Compañía la confiante particularidad de que siendo catedrático del colegio de San Buenaventura, en

Roma, había hecho grandes elogios de los jesuitas, alcanzó la aprobación general; los españoles, que, por su parte, mantenían con él relación estrecha, le consideraban un fácil servidor de su causa, y en esta situación, el 19 de mayo de 1769 fué elegido Sumo Pontífice con el título de Clemente XIV.

Desde que el cardenal Ganganelli fué ascendido a la Silla de San Pedro, cayó sobre él la enorme influencia y presión del marqués de Aubeterre, representante de Francia en Roma, y de don José Moñino, nuevo representante de Carlos III, encargado por éste de arrancar al Papa la promesa formal de la extinción, y al que por ello se premió con el condado de Floridablanca. No era fácil la situación del nuevo Pontífice frente a las presiones que recibía. Si no complacía a los que se llamaban monarcas católicos, los embajadores le amenazaban con un nuevo cisma dirigido desde las alturas; si lo hacía, aparte de la monstruosa injusticia de convertirse en brazo ejecutor de las maquinaciones sectarias contra los más fieles defensores de la fe, abría el camino a los enemigos de la Iglesia para nuevas y más escandalosas pretensiones.

Su Santidad demoró cuanto le fué posible la solución del conflicto, excusándose unas veces con lo grave del negocio, otras con la necesidad de oír al clero en un concilio general, la falta de unidad en los monarcas en cuyos Estados existían instituciones regidas por jesuitas y la necesidad de que pasase algún tiempo y no pudiera pensarse que la extinción de la Compañía de Jesús constituía un pacto previo a su elección; pero los monarcas y los masones no se conformaban con la espera, y el representante de Carlos III, don José Moñino, llevó sus exigencias ante el Pontífice hasta la amenaza y el desacato.

La resistencia de Su Santidad en la ejecución de lo que se le pedía arrastró a los reyes coligados a la vía de los hechos, e invadieron las provincias pontificias de Aviñón, Benevento y Pontecorvo, y ante la amenaza de la guerra y del cisma que amenazaba de establecer un patriarcado independiente en cada nación, el desdichado Pontífice promulgó el breve *"Dominus ac redemtor noster"* de 21 de julio de 1773, en que, sin condenar la doctrina, ni el sistema, ni las costumbres de los jesuitas, suprime la Compañía, fundamentándolo en las quejas de algunos monarcas.

Si el breve causó consternación en el mundo católico, la publicación en Roma produjo general desagrado, que afligió al Colegio Cardenalicio y a todo el episcopado. El virtuoso arzobispo de Paris, Cristóbal de Beaumont, tan destacado por su sabiduría y santidad, contestó a consulta de Su Santidad que "la abolición de la Compañía de Jesús era perjudicial a la Iglesia y que, por serlo, no consentiría el clero de Francia que el breve se publicase en aquel reino". En Prusia y Rusia, sus reyes se negaron a extinguir a la Orden, pese a las excitaciones que desde París les hacían los filósofos y masones. El mundo católico consideró que el breve había sido arrancado por la coacción y que no tenía virtualidad; sin embargo, la ejecución de la extinción de la Compañía fué llevada a cabo por las potestades civiles, ocupados los colegios y apoderándose de sus bienes; y en la propia Roma, bajo la jurisdicción vaticana, el general Ricci, de los jesuitas, sus asistentes, el secretario de la Orden y otros muchos religiosos fueron conducidos presos al castillo de Sant Angelo. Los archivos de la Compañía y los documentos de la Orden fueron en las distintas naciones asaltados y confiscados, sin que nada se encontrase que pudiera servir de cargo contra los virtuosos hijos de San Ignacio. Los procesos que contra la Compañía se abrieron fueron la más grande justificación de santidad que registran los anales de las persecuciones religiosas.

Una ligera atenuante se encuentra en la actuación del Pontífice contra la Compañía, pues, no queriendo, sin duda, comprometer a la Iglesia en forma decisiva y mirando quizá un porvenir más grato, extinguió la Compañía bajo la forma de un breve, más fácil de revocarse por otro y de menor trascendencia que una bula de abolición, de mucho mayor alcance; breve que ni fué notificado a las autoridades de la Orden y que, vergonzante, no se atrevió a fijar en las puertas de la basílica de San Pedro.

Refieren los escritores contemporáneos que los que asistieron al Papa al firmar éste el breve de extinción, le escucharon estas proféticas palabras: "Esta supresión me acarreará la muerte". Una idea obsesionante invadió desde entonces su cerebro. Su conciencia se rebelaba ante el trágico destino dado a los fieles hijos de la Iglesia, y como hombre dominado por un pensamiento aterrador, clamaba por los salones de su palacio: "¡Perdón! ¡Perdón! ¡Lo hice compelido! ¡Lo hice compelido!", agravándose sucesivamente hasta entregar su alma a Dios.

Hecha la autopsia por los facultativos nombrados al efecto, declararon haber muerto de enfermedad natural; más una circunstancia extraña había de pesar para siempre sobre el recuerdo del desventurado. Refieren a estos efectos los historiadores: "Que desde el Quirinal fué trasladado su cuerpo a la Capilla Sixtina, y, a pesar de estar embalsamado, cayó en tal corrupción que hubo necesidad de embalsamarle nuevamente y de reducirle casi a esqueleto. Ni aun así pudo estar de cuerpo presente los tres días de costumbre, pues aumentóse la corrupción aquella noche y fué preciso cerrar el ataúd y hasta usar de pez, siendo inaguantable el hedor que transpiraba por las junturas."

La elección de nuevo Pontífice en el Papa Pío VI cambió el horizonte de la persecución, y, pese al empeño del representante español en Roma, don José Moñino, para que su general y los jesuitas fuesen sentenciados por la curia romana, el Sumo Pontífice, convencido de la inocencia de los religiosos, quiso que los juzgase la misma Comisión nombrada por Clemente XIV bajo la presión española, la que acabó pronunciando su fallo favorable, que absolvía completamente a los acusados.

El general Ricci, todavía detenido en el castillo de Sant Angelo, por no haberse aún declarado solemnemente la inocencia del venerable anciano, falleció el 9 de noviembre de 1775, tras haberse despedido cariñosamente de sus hijos, perdonar a sus perseguidores y hacer profesión solemne de la falsedad de las acusaciones y de la inocencia de la Orden. El Sumo Pontífice quiso exteriorizar su sentimiento y el gran aprecio que le tenía celebrando un solemne funeral, testimonio público de su afecto a la Orden y solemne, aunque modesta, reparación a las calumnias e injurias sufridas, siendo enterrado, por orden del Papa, en la misma iglesia y junto a los demás generales finados de la Compañía.

CAMPAÑA ANTIJESUITA

1 DE OCTUBRE DE 1950

NO se puede juzgar del poder de maquinación de las sectas masónicas sin haber analizado sus conspiraciones contra la Compañía de Jesús. Si en aquella época, en que la masonería no había alcanzado el grado de desarrollo que hoy tiene, y al frente de las naciones se encontraban príncipes católicos con poder decisivo para resolver, por un afán de novedades, los príncipes se dejaron envolver y una sociedad cristiana se vió arrastrada, ¿qué no alcanzarán hoy bajo la égida de gobernantes y jefes de Estado masones, en que Gobiernos y Parlamentos aparecen invadidos por la nefasta secta? Sólo la omnipotencia de Dios destruyendo sus maquinaciones permite que la fe verdadera no se extinga y que la sociedad se libre de caer en el abismo a que la masonería la empuja.

Examinando a lo que se atrevieron y de lo que fueron capaces aquellos hombres cuando todavía se exponían a terminar en la horca, se comprende a lo que se atreverán hoy sus sucesores, atrincherados en la irresponsabilidad de los Parlamentos y de las Asambleas seudodemocráticas, tan propensas a seguir el camino de aquel primer concejo abierto en que, por la maniobra farisaica, se aclamó a Barrabás y se condenó al verdadero Dios.

La trascendencia que los hechos que venimos comentando tuvieron para la descristianización de la sociedad europea justificará a los ojos de nuestros lectores el que nos hayamos tenido que detener en la relación sucinta de aquellos sucesos, desconocidos por los españoles en muchos aspectos y depurados hoy por la investigación histórica con una perspectiva de que sus coetáneos carecieron.

Dos siglos de historia liberal, confeccionada en su mayor parte por los masones, han creado alrededor de aquellos sucesos esa "conspiración masónica del silencio" con que el mundo masónico aísla cuantos acontecimientos promueve y le son adversos. La historia nos habla de filósofos, de protestantes o de jansenistas, pero calla, inconsciente o maliciosamente, la existencia y la actividad de las sectas masónicas, la calidad de masones de la casi totalidad de los hombres que intervinieron en estos hechos, que desde que se fundó la masonería en Inglaterra y se extendió a Europa, controla y propulsa la mayoría de los acontecimientos políticos internacionales; lo mismo que hoy ocurre, aunque con una organización mucho más fuerte y poderosa, que hace que en Europa y América puedan mandar sin responsabilidad, y bien desastrosamente, por cierto, sobre sus gobernantes, y que, por encima de los Parlamentos, decidan del destino de la gran mayoría de los pueblos.

Si estudiamos la forma en que la masonería, por medio de los gobernantes, arrancaba ayer a los príncipes decisiones contrarias a su fe y al interés de las propias naciones contra el deseo y la voluntad de sus pueblos, mediante calumnias y propagandas a través de libros, escritos y libelos, se apreciará mejor los elementos que ofrece la sociedad moderna con los Parlamentos, la Prensa, los libros y la Radio, de la mayoría de

los cuales la masonería se encuentra apoderada, para falsear los acontecimientos y para decidir y engañar al pueblo en cuanto a ella apasiona o interesa.

De aquel suceso llamado de la "conspiración de la pólvora" en Inglaterra derivaron los masones, con injusticia notoria, persecuciones contra la Compañía de Jesús; sobre el regicidio frustrado movido por la venganza de un noble ofendido en su honor levantó Pombal la primera persecución contra la institución; del motín de las capas y sombreros contra el afortunado proveedor napolitano encumbrado por Carlos III a ministro de Hacienda, Guerra, Justicia y teniente general, sin haber servido en la Milicia, sacó la masonería su campaña calumniosa para la expulsión de la Compañía de Jesús; explotando similares sucesos montó Choiseul, ayudado por la Pompadour, la conspiración que había de arrancar al senil Monarca su inicuo decreto de expulsión; y de la especie que la masonería hizo extender por Madrid de que Su Majestad era hijo adulterino, arrojando sombras sobre la virtud de la muy amada madre del Monarca español, achacada falsamente por los masones a los jesuitas, nació en el pecho del Soberano el encono que le decidió a la extinción de la Compañía. A ello, sin duda, se refería la reserva que decía guardar en lo más hondo de su pecho.

A tanta calumnia y persecución respondió la maravillosa longanimidad de la Compañía de Jesús. Los conspiradores, los poderosos, los revolucionarios, los que ponían en peligro el trono y los territorios de ultramar, salieron de las naciones humildemente, sin abrir los labios, mansos como su capitán. Pudiendo valerse del afecto que les tenía el pueblo y les profesaban los indios, no hicieron en Europa ni en América la menor resistencia, y, con humildad ejemplar, cumplieron las inicuas leyes que la potestad les imponía, virtudes heroicas que constituyen un timbre de gloria para la Orden y un elocuente mentís para los perseguidores.

Pese a todas las denuncias falsas y calumniosas, a los

procesos, a los escritos y a las aparentes pruebas fabricadas, nada resultó contra la Orden ni nada pudo demostrarse contra ninguno de sus miembros. Aquella fábula, tan extendida y explotada por los masones en Europa contra los jesuitas en ultramar, que, separados por el mar y la distancia, solían vestir con atractivos ropajes para explotación de inocentes y crédulos de que los jesuitas pretendían levantar un imperio propio en América, con un fantástico Emperador Nicolás, inserta en escritos y en libelos, que hasta llegó a tomar estado en las demandas de los Borbones a la Silla Apostólica, se derrumbaba al primer soplo de la realidad. A este respecto, son interesantísimos los partes del general Ceballos, enviado con tropas desde Buenos Aires a deshacer los Estados independientes del fantástico Emperador Nicolás I, que acusa de una manera terminante "que todo era una pura fábula; que lo que allí había hallado era el desengaño y la evidencia de las falsedades inventadas en Europa para perder a los jesuitas; que allí nunca se había visto más que pueblos sumisos, vasallos pacíficos, religiosos ejemplares, misioneros celosos; en suma, conquistas hechas a la religión y al Estado por las armas de la mansedumbre, del buen ejemplo y la caridad, y un Imperio compuesto de salvajes civilizados venidos espontáneamente a pedir el conocimiento de la Ley del Crucificado y a someterse a ella, de su bella gracia para vivir unidos todos con los vínculos del Evangelio, la práctica de la virtud y las costumbres sencillas de los primeros siglos del cristianismo". Las invenciones que la malicia masónica forjó contra los jesuitas del Paraguay y que el Consejo extraordinario español convirtió en capítulo de cargos contra la Compañía, se destruían para siempre por el informe caballeroso y claro del militar español.

Del gran poder de los jesuitas, de su opulencia, de la usurpación de diezmos en las iglesias de América y de su escandaloso comercio en aquel Continente, nada absolutamente existía. Ninguna conciencia honrada de los que pasaron por las posesiones españolas y portuguesas en ultramar pudo decir jamás que notase cosa alguna que oliese a negocio o a comercio, salvo el de beneficiar a los indígenas en sus cosechas y en sus ganados, organizándoles su venta o su cambio por otros artículos para ellos necesarios. La colonización venía exigiendo que muchos religiosos misioneros alejados de población fuesen encargados por la potestad eclesiástica y civil no sólo del cuidado espiritual de las almas de los nuevos cristianos indios, sino también del consejo y de la tutela en la administración de los bienes comunes, administración que en algún caso desempeñaron por pura caridad como tutores, dando anualmente cuenta justificada a las autoridades del territorio.

Los masones obedecían fielmente las consignas de la célebre frase de Calvino: "A los jesuitas se los debe matar u oprimir con calumnias." Y con calumnias y muertes se persiguió a la Compañía de Jesús en este calvario ininterrumpido del siglo XVIII, que ella ofreció humilde a su Dios y Señor.

De poco sirve que exista una realidad contraria. La masonería no tiene escrúpulos en la fabricación y en la falsificación de pruebas cuando pretende alcanzar un objetivo. Es la política de la "calumnia, que algo queda", que, explotada por las propagandas, sabe convertir para el mundo en monstruosas verdades, que, aunque muchas veces pueden derribarse con la presencia de la verdad, lo es cuando el daño ya está hecho, y aun así, con un silencio glacial y artificioso envuelven la obligada rectificación.

Destaca para nosotros en esta triste historia de la persecución de la Compañía de Jesús la inexplicable complacencia con que Carlos III suscribió las peticiones reiteradas para la extinción de la Orden. Sin embargo, la Historia nos aclara suficientemente la infame intriga que al Monarca se le tendió y cómo, para que no dudase de los grandes delitos que a la Compañía se le imputaban le presentaron con el sello de Roma cartas escritas por el general de la Orden, padre Lorenzo Ricci, al provincial de Madrid, que le dijeron haber interceptado, y en las que para consumar su destronamiento se excitaba a sus subordinados a la corrupción, contando con las riquezas de la Compañía, que exageraban hasta extremos fantásticos. Pero lo que más encendió la cólera real fué el falso testimonio que en ellas se levantaba contra la castidad de su difunta madre. Enviada a Su Santidad esta carta, como un documento fehaciente, fué examinada por una Comisión, en la que figuraba un prelado que más tarde había de ser *Pío* VI, la cual descubrió que el papel era de fábrica española que, analizado más tarde, se averiguó el año de su fabricación. La carta había sido fechada dos años antes de que existiese el papel de la misma.

Un historiador francés, Cretineau-Jolie, asegura a este respecto "que estando próximo a morir el duque de Alba, antiguo ministro de Fernando VI, exaltador incansable del encono contra los jesuitas, depositó en manos del inquisidor general, don Felipe Bertrán, obispo de Salamanca, una declaración en la que confesaba: primero, haber sido uno de los autores del motín contra Esquilache y que lo había fomentado en odio a los mencionados religiosos y para que se les imputase; segundo, que había redactado gran parte de la su puesta carta del general Ricci, y tercero, que había sido el inventor de la fábula del Emperador Nicolás I y uno de los fabricantes de la moneda con la efigie de este famoso Monarca. Añade que hizo igual declaración en 1776 en un escrito a Carlos III". La prueba de la falsedad masónica no podía ser más concluyente.

Otro historiador anglicano, Adam, publica análoga versión sobre las invenciones que provocaron en el ánimo del Rey el encono que permitió arrancar su firma contra la Compañía de Jesús, expresando: "Pueden muy bien ponerse en duda las malas intenciones y los crímenes atribuidos a los hijos de Loyola, siendo más natural creer que un partido enemigo no sólo de la corporación, sino también de la religión cristiana, suscitó su ruina, a la que se prestaron los Gobiernos con tanta más facilidad cuanto que estaban interesados en ella", en todo lo cual coinciden otros varios de los historiadores protestantes. Se ve aquí cómo los masones que rodeaban a Carlos III habían estudiado a fondo su corazón y sus reacciones, discurriendo aquello capaz de incendiar su cólera, a la

que no podía resistirse, ya que, ofendido en su orgullo y en su piedad filial por el sello de bastardía que unían a su nombre, había de proceder a castigar la ofensa, aunque reservase la causa, como entonces dijo, en lo más hondo de su pecho.

La masonería ayer, como hoy y mañana, no repara en los medios para alcanzar sus fines, no conoce la moral, engaña al pueblo, y no la detienen, como hemos demostrado, ni la autoridad y el respeto debido al representante de Dios sobre la Tierra.

POLÍTICA Y TRAICIÓN

8 DE OCTUBRE DE 1950

NO nos cansaremos de señalar el carácter político de la masonería, la prosecución por ella de un Gobierno masónico para los pueblos y la carencia de escrúpulos en los procedimientos para lograrlo. La masonería desarrolla un programa fijo, perfeccionado en su malicia y eficacia al correr de los siglos, y que sólo sufre aquellas ligeras variaciones que el carácter de la época les exige.

Hemos visto en el siglo XVIII a la masonería dedicada a socavar el poder espiritual, representado por la Iglesia Católica, a la que persigue, debilita y desmoraliza, y menoscabar el real, adueñándose de la voluntad del soberano a través de validos masones, que abren a la secta las puertas del poder político, del que van a disfrutar en lo sucesivo.

Si desde el punto de vista subjetivo español se examina la acción de la masonería en aquel siglo, se la ve manejada como un instrumento por las naciones rivales para destruir nuestra unidad y debilitar nuestra potencia ayudando a los disidentes y descontentos, preparando la destrucción de nuestro imperio de ultramar.

La siembra que en el campo religioso y en el político hizo la masonería durante el reinado de Carlus III forzosamente había de fructificar bajo sus sucesores y alcanzar en el siglo XIX la cima de su desenfreno. Debilitada la Iglesia y desmoralizada en algunos sectores por la acción desarrollada desde el Poder, y paralizadas la aristocracia y la política por la filtración masónica dirigida por los ministros de Su Majestad, entra España en 1788 en el reinado del débil y poco inteligente Carlos IV, que había recibido de su progenitor el último consejo de no prescindir de los servicios de Floridablanca, al que el nuevo Monarca había prometido obedecer. Sin embargo, un factor nuevo iba a decidir el rumbo de la Monarquía española: la ambición de la Reina María Luisa de Parma, que no admitía sombras sobre su poder.

Apartado en 1792 Floridablanca por instigación de María Luisa, dió ocasión a que el conde de Aranda subiese de nuevo al Poder, el que hubo de abandonar a los pocos meses obligado por la celosa rivalidad de la Reina, que deseaba colocar en su puesto al favorito, que venía colmando de honores y favores. Un apuesto joven de veintiocho años, sin experiencia, elegido por la Reina de España para primer ministro del débil Monarca.

La Revolución francesa y la prisión de Luis XVI traían revueltas a las Monarquías europeas, siendo causa de honda preocupación en nuestra Corte, que sufría instigaciones de otros Soberanos deseosos de oponerse a la revolución y reponer en el Trono de Francia al Rey destronado. Si Floridablanca era partidario y se inclinaba a la intervención española, el conde de Aranda pretendió una política contraria; pero el suplicio de Luis XVI y la impresión causada en el país por la contestación dada por la Convención francesa a las protestas españolas decidieron al ambicioso Godoy, que se había colocado a la cabeza de los españoles belicosos, a inclinar la voluntad real hacia la coalición.

Entablada la guerra contra la Convención, tiene lugar la brillante campaña de nuestro general Ricardos en el Rosellón, con la contrapartida de ver las Provincias Vascongadas invadidas por los franceses. Este episodio, de escasa duración, y al que se dió fin por la paz de Basilea en 1795, que devolvió a España las *plazas* perdidas en Cataluña y Vascongadas, y que valió a Godoy el título de Príncipe de la Paz, encierra, sin embargo, una gran trascendencia desde el punto de vista de nuestro análisis sobre la masonería. Entonces salieron a la luz, entre las grandes pruebas de lealtad, muchas debilidades y las traiciones, que dan la clave de que la mayor parte de las victorias ganadas en aquel territorio por los franceses fueron debidas a las gestiones de la masonería mucho más que al valor de sus soldados y a la pericia de los capitanes; victoria que sólo aminoró la actitud patriótica y decidida del clero, sublevando al país contra los invasores.

Muchos son los datos que han quedado en los procesos de entonces en las Chancillerías de la entrega de plazas sin defensa, de la conducta de muchos afrancesados masones entregados de cuerpo y alma al extranjero y de la debilidad de los Poderes públicos en el castigo de aquellos traidores. La corrupción masónica, comenzada en el primer tercio del siglo en nuestra Patria, empezaba a dar al extranjero sus óptimos frutos.

Recogen los historiadores del siglo hechos harto elocuentes; entre ellos espigo el de la causa formada en la Cancillería de Valladolid contra don Pablo Carrese, sus hijos, su yerno Aguirre, don Martín Zuvivuru, don F. de Anglada y otros más, que habían entregado Tolosa a los franceses. Destaca en ella el hecho característico de que mientras unos reos fueron presos y conducidos a Valladolid, otros huían a Paris, donde fueron bien recibidos y protegidos. Según reza el relato del magistrado español que entendió en el proceso, "los fugados consiguieron tomase cartas en su favor el Directorio ejecutivo, y cuando me hallaba instruyendo el sumario tuve carta de nuestro embajador recomendándome el proceso y ofreciéndome la protección del Gobierno francés... Continuó la causa, y sabiendo el curso que se le daba, se repitió la recomendación con amenazas". El propio juez atestigua que la intervención de Godoy, que tomó cartas en el asunto, hizo que, no obstante haber sido condenados los reos, el Gobierno se apresurase a indultarlos.

El apartamiento de Floridablanca y de Aranda de la presidencia del Gobierno no le libró de la influencia masónica, que, señoreada del Poder durante el reinado del anterior Monarca, había ya proliferado en los medios políticos y aristocráticos que rodeaban a la Corona.

El ambiente relajado de la Corte, impía, volteriana y escéptica, por una cara, y absolutista rabiosa por la contraria, era el más favorable para que, en aquella ola de filósofos y jansenistas con ribetes francmasónicos triunfasen la audacia y el servilismo. Por este camino se vió a jovenzuelos como Urquijo ascender de simple oficial del Consejo de Estado y traductor de Voltaire, a convertirse a los treinta años en Ministro de la Corona y árbitro de la política. Con él las arterias y las malas artes en la política se pusieron a la orden del día, y al lado del masón y petulante Urquijo brilló la travesura del no menos masónico marqués de Caballero.

El "déficit" que se produjo como consecuencia de la guerra con Inglaterra y el enojo del pueblo por las relaciones entre la Reina y el favorito, esparcidas con escándalo por la nación, motivaron el descontento general, al que el Rey puso freno apartando a Godoy del Gobierno de la Nación.

Muerto Pío VI, se arrancó al débil Monarca el cismático decreto de 5 de septiembre de 1799, con el que la masonería y los jansenistas pretendían crear un cisma rompiendo la disciplina y dependencia de la Iglesia, mandando a los obispos que usasen de "la plenitud de sus derechos". La debilidad de parte del Episcopado español, contaminada por el jansenismo que le prestó adhesión, originó la condena como cismática de la disposición, con lo que el nuevo Pontífice Pío VII deshizo la maniobra de los francmasones.

La representación hecha por el Nuncio ante el Monarca de la maniobra realizada contra la unidad de la Iglesia descubrió al Rey cuánta era la malicia y la traición de los que le rodeaban, motivando la crisis en que el Monarca, bajo el consejo de Godoy, vuelto a la confianza real, separó del Poder a aquellos caballeros; pero permaneció Godoy, que, gozando de los favores reales, sin embargo, íbamos a verle muy pronto vendido a la política de Napoleón en sus ambiciones irreprimibles.

Al predominio de la masonería inglesa sobre nuestra nación, sucedió, bajo la inspiración de Godoy, la influencia de la francesa. El reinado de Carlos IV iba a distinguirse en el orden internacional por la reacción contra lo inglés, que le arrastra a firmar aquel Tratado de alianza ofensiva y defensiva tan nefasto para nuestra Patria, y que, precipitando la ruina de nuestra Hacienda, ocasionó la total destrucción de nuestra Marina. Conocía Napoleón el arte de dominar a los pueblos y encontrar los portillos para el asalto de las fortalezas, y, así, supo ver en el valido del Trono español el hombre que abriese cauce a sus ambiciones, doblegando la voluntad de la nación y adscribiendo a la nación española en una de las bases para dilatar su imperio. La primera de las entregas del poderoso favorito fué la inspiración de la expedición a Portugal, que, al mando del propio Godoy, obligó a esta nación a renunciar a su alianza con Inglaterra, cerrándole con ello la posición estratégica de los puertos portugueses.

El estado de guerra entre Inglaterra y Francia, en el que España permanecía neutral, neutralidad que bochornosamente pagaba con seis millones de pesetas mensuales a Francia y la libre entrada de sus barcos en nuestros puertos, ocasionó el que, apoderándose Inglaterra de cuatro fragatas españolas que venían de América con caudales, España se viese obligada a declarar la guerra a esta nación, favoreciendo con ello los propósitos del Gran Corso, proclamado en aquel año de 1804 emperador de los franceses. La forzada subordinación, por otra parte, de nuestros marinos a la ineptitud de los almirantes franceses fué causa de la gloriosa derrota de Trafalgar, en que brillaron a gran altura la capacidad y el espíritu de sacrificio de nuestros marinos caídos en la batalla, sólo contrapesada por la muerte del gran almirante Nelson.

Uno de los factores más importantes del encumbramiento del Gran Corso fueron el poder y la intriga de que disfrutaba sobre las logias masónicas de la nación francesa, cuya influencia sobre los otros pueblos había de impulsar y de explotar. Entregado Godoy a la influencia napoleónica, que hábilmente aprovechaba, se avino a los planes de nuestros vecinos, que, en virtud del Tratado de Fontainebleau, le prometían uno de los tres reinos en que se había acordado dividir a la nación portuguesa. De este modo, alimentando su insaciable ambición, se abrían las puertas de nuestra nación a los ejércitos napoleónicos.

La sorpresa y la traición hicieron el resto, y con la invasión de los ejércitos franceses se plagaron las ciudades de nuestra Península de afrancesados y de logias masónicas de obediencia gala.

"LA CAUSA DE EL ESCORIAL"

22 DE OCTUBRE DE 1950

REPETIDAMENTE hemos comentado que no haya habido desdicha para nuestra nación que no nos viniera emparejada con la maquinación masónica. Sólo a través de esa conspiración taimada que la masonería representa pudo llegarse a destruir el poderío de nuestra nación y poner en entredicho el valor de un pueblo que durante dieciocho siglos había venido siendo uno de los actores principales en la civilización del Occidente.

El reinado de Carlos IV, tan desgraciado por muchos conceptos, tuvo el final desastroso que era de esperar de quien había consentido que su Corte fuera materia de vergüenza y escándalo. El odio creciente del pueblo español hacia el favorito Godoy, aprovechado por la mala inclinación del príncipe heredero, azuzado por malos consejeros, produjo la conspiración conocida por "la causa de El Escorial", donde, preso el príncipe y probada la traición, cometió Carlos IV la torpeza de promulgar aquel gravísimo decreto de exoneración en que se sacó a la luz la traición del heredero contra su Rey y padre, aunque no pasó mucho tiempo sin que aquella debilidad que caracterizó el reinado del desdichado Monarca le llevase, atendiendo al empeño de la Reina, su esposa, a amnistiar a su hijo del indigno hecho, publicando otro decreto singular, en el que se pretendió echar sobre los consejeros del príncipe toda la responsabilidad de su bajeza. Sin embargo, lo que debiera haber sido causa de repudio suficiente para desacreditar a un príncipe ante los ojos de su pueblo, no produjo esos efectos, ya que apasionado éste por su odio contra Godoy, se consideró halagado de que el propio príncipe heredero apareciese identificado con lo que el pueblo sentía.

No bastaban, sin embargo, a satisfacer la ambición sin límites del valido los puestos y honores conseguidos que le habían convertido en dueño y señor del reino, y, si hemos de hacer caso a historiadores procaces, hasta del tálamo real, pues, cegado en su ambición o presintiendo su futura caída, escuchó de buen grado las promesas que los agentes napoleónicos le hicieron de convertirle en rey efectivo de uno de los tres Estados en que el Emperador de los franceses pensaba dividir el reino de Portugal. Esta fué, sin duda, la razón para que el ministro universal y generalísimo de las tropas de tierra y mar abriese a los ejércitos franceses nuestras fronteras para el paso de las tropas imperiales camino de Portugal.

Esta concesión, en mala hora pactada, significó la llegada a las principales capitales españolas de los más brillantes generales del Imperio y de los Cuerpos más distinguidos de los ejércitos franceses, que rápidamente se esparcieron por el norte de la nación. La invasión de España era un triste hecho y pocos ya los que dudaban de los verdaderos propósitos napoleónicos, y hasta el Rey y su valido, sorprendidos por la ocupación, se preparaban a marchar al sur de la Península, con intención de organizar la resistencia, cuando el motín de Aranjuez, dirigido, bajo el nombre de "el tío Pedro", por el conde de Montijo, que pronto habíamos de ver de jefe de la masonería española, y en el que el propio príncipe heredero apareció como apaciguador, obligó al Rey a la abdicación.

Mientras todo esto ocurría en Aranjuez, el buen pueblo español celebraba con júbilo la proclamación de Fernando VII, en el que tenía puestas todas sus ilusiones, Su entrada triunfal en Madrid en 23 de marzo entre las aclamaciones entusiásticas de la villa, y que hacía presagiar tiempos felices, fué, sin embargo, ensombrecida por la presencia en las afueras de Madrid del Cuerpo de ejército de Murat.

El procesamiento de Godoy y el nombramiento de un nuevo Gobierno se recibió con general aplauso por la opinión pública; más con los nuevos ministros volvía la hidra masónica a invadir los Consejos de la Corona: Floridablanca, Jovellanos, Ceballos, caídos en desgracia en la última etapa de gobierno y desterrados, volvían a la confianza regia.

La entrada de las tropas francesas en Madrid había sido preparada con la correspondiente filtración masónica, y agentes importantes de Napoleón llevaron a cabo una de las más hábiles y tenebrosas intrigas que conocen los tiempos. Con la noticia que hicieron correr de que el Emperador venía a visitar la Corte y a entrevistarse con el nuevo Rey, inclinaron el ánimo de éste a salir a recibirle, y el 10 de abril, acompañado de su ministro de Estado, Ceballos, y de un grupo de nobles, marchó el Monarca para Burgos, donde, como era natural, no se encontraba Napoleón. La torpeza real y la malicia de agentes y consejeros siguieron empujando al Monarca por la pendiente, obligándole a continuar el viaje hacia la capital alavesa, en la que le esperaban 40.000 soldados franceses ocupando posiciones alrededor de la ciudad. El Rey se encontraba de hecho prisionero; sólo faltaba formalizar el acto. No había ya más remedio que seguir el camino en dirección a la frontera, donde decían esperaba Napoleón; pero, al cruzarla, días más tarde, Savary, jefe de la Policía francesa, anunció al Rey, sin ninguna clase de rodeos, que el Emperador había decidido destronarle.

No pueden explicarse la torpeza y la falta de sensibilidad del Rey y la ausencia de las más elementales previsiones en su

Gobierno sin conocer la filiación masónica de su ministro de Estado, que sin rubor, íbamos inmediatamente a ver de ministro del rey José.

Trasladado Fernando a Bayona, donde ya se encontraban sus padres con el funesto favorito, y mientras se llevaban a cabo las diligencias para su renuncia al Trono en favor de Napoleón, el pueblo de Madrid, que pocos días antes le había aclamado como rey, lanzaba a los vientos su grito de rebeldía con el glorioso alzamiento nacional del 2 de mayo, que, como reguero de pólvora, iba a propagarse por toda la nación. Abandonado de su Rey y su Gobierno, sin jefes ni caudillo, ejército ni dineros se realizó el esfuerzo más grande y heroico que registran los siglos, que constituye una de las páginas más grandes de nuestra Historia.

Un siglo después de nuestra guerra de Sucesión, en la que los ejércitos franceses e ingleses disputaron por primera vez su supremacía masónica sobre nuestra Patria, la invasión napoleónica convierte de nuevo a España en palenque en que iban a chocar, multiplicadas por la labor de un siglo, las dos masonerías entonces rivales.

Decidido por Napoleón dar a España una nueva Constitución, convocó unas Cortes en Bayona, a las que asistieron unas docenas de diputados afrancesados con otras de nuestra nobleza decadente. En diez sesiones fué aprobado el proyecto y jurada por el rey José la carta por Napoleón impuesta, y, acompañado por una lúcida cohorte de grandes de España, el 9 de julio atravesó nuestra frontera, junto con sus flamantes ministros Urquijo, Azanza, O'Farril, Mazarredo, Cabarrús y Piñuela; Ceballos, ministro de Estado hasta última hora del Rey Fernando; Azanza, ministro de Hacienda del mismo Gobierno, y el general O'Farril, que también había sido su ministro de la Guerra. Como se ve, un muestrario de masonería y deslealtad.

Hubo logias de afrancesados en todas las capitales de España por donde pasaron los ejércitos napoleónicos. La logia más importante en este orden fué la llamada "Santa Julia", que tomó esta advocación por ser esta santa la Patrona de Córcega, patria chica del gran Napoleón. Las antiguas logias de españoles no eran admitidas en la nueva organización que la masonería francesa propugnaba, y los masones españoles que no habían caído en el afrancesamiento se entendían con el oriente lusitano y con el gran oriente inglés. En el frente unido que debía presentarse al invasor, la traición masónica había creado la más grande de las escisiones.

Muchas de las rendiciones sin resistencia de las unidades francesas a quienes se dejó escapar y de generales y jefes que en mal trance salvaron la vida, y que nadie parece explicarse, fueron debidas a haber hecho en momentos de angustia o gran peligro el signo masónico, que les hizo reconocer por los masones contrarios. Variadas son las historias que registran autores españoles y extranjeros, y que se recogen en la revista masónica *Latomia,* y en las que vemos a los masones prisioneros que se daban a conocer tratados a cuerpo de rey, recibiendo trato especial con vestidos y provisiones.

Sin ir tan lejos, y en ocasión bien reciente, he podido escuchar de labios de un reputado militar cómo en una de las acciones libradas con motivo de la guerra de Liberación española, en el norte de España, al rendirse unas fuerzas de la región vasca a un jefe extranjero que combatía en nuestras filas y hecha la señal masónica por uno de aquellos cabecillas, pretendió aquel jefe facilitar la evasión de aquellos desdichados a bordo de un barco que se encontraba en la rada, pese a las órdenes terminantes que tenía recibidas; pero que lo evitó la energía de un oficial español celoso de su deber y del servicio. Comentada más tarde la conducta inexplicable dc aquel jefe, fué descubierta por otros compatriotas su calidad de viejo masón, muy conocida en su país.

Más volvamos a los días de nuestra primera guerra de la Independencia y trasladémonos a la vieja capital marinera donde, en el último baluarte de la independencia española, se habían refugiado aquellos francmasones que no se sintieron afrancesados, en donde entablaron relaciones con el gran oriente inglés, y, así, mientras los patriotas se batían por una España libre, ellos maquinaban por una España esclava.

La logia de Cádiz, que en el año 1752 ya contaba con 500 afiliados, se reforzó en esta ocasión con la multitud de masones que, tomando el nombre de sus provincias, asistieron a aquellas Cortes, que la desacreditada Junta Central, que nada representaba y a quien nadie obedecía, había convocado en la isla de León. Esta logia fué una de las primeras y más importantes de España. Su proximidad a Gibraltar y las miras puestas por Inglaterra en la destrucción de nuestra Marina, la habían convertido en instrumento para minar nuestros Cuerpos de oficiales, y eran ya muchos los jefes de la Marina, ricos de la ciudad y españoles venidos de América que cayeron en las redes que les tendió la logia.

Para algunos pequeños grupos de patriotas bien intencionados, constituían legión los "arrivistas" forasteros, europeos y americanos, que, huyendo de los tiros y siguiendo al calor del Gobierno, se habían refugiado en este extremo, el más alejado del humo de la pólvora; pero donde hay masonería no pueden faltar las intrigas y las traiciones, que se pusieron de manifiesto desde los primeros pasos; ni el respeto a la sangre generosa que tantos patriotas, sin distinción de pueblo y de nobleza, sacrificaban en el campo del honor y por las libertades de España moderaba a aquellas gentes en sus apetitos, y aquellas docenas de masones, de parásitos, de ambiciosos y cobardes, incapaces de mantener un fusil frente al enemigo, prepararon en la célebre "tacita de plata" un pozo de inmundicia. La ilegalidad de la Constitución de aquellas Cortes era manifiesta; en su composición se faltó a la Constitución histórica y secular de España, se falsearon las leyes, los fueros y los códigos en vigor, y, con perjurios, pérfidas malicias y toda clase de engaños, se erigieron como poder soberano, avasallaron a la Regencia y, bajo la presión de unas galerías públicas ocupadas por los agentes y masones de las logias de Cádiz, traicionaron a los que se batían y, sin representar a nadie, pues la gran mayoría ni poderes claros tenían de sus provincias, en las que muchos eran desconocidos, y *sin* la presencia obligada de los brazos o estamentos del clero y la nobleza, aquella chusma de indocumentados y de parásitos, a título de suplentes, decidieron lo que había de ser la futura Constitución de España.

Es curioso que los afrancesados, acaudillados por los masones Urquijo, Ceballos y demás congéneres, redactasen, bajo el látigo de Napoleón, en Bayona, una Constitución para España, y que otro Congreso masónico, en Cádiz, bajo la égida del gran oriente inglés, dictase a la otra España análoga Constitución. Cumpliendo los designios masónicos, la entrada en Madrid de Napoleón fué seguida de disposiciones reales en que se suprimía la Inquisición y se adoptaban disposiciones contra el clero secular y regular y contra la nobleza y sus derechos señoriales; disposiciones análogas dictaba el Congreso de Cádiz, siguiendo inspiraciones de la masonería inglesa y bajo la presión de las logias. El sello masónico, el odio contra la Iglesia, el clero y la nobleza, no podía estar más claro.

Poco importaba al pueblo español, que derramaba a raudales su sangre generosa, que ganasen blancos o morados:

su victoria le había de ser arrebatada, cualquiera que fuese la suerte de las armas, por la hidra masónica, que se alimenta en el río revuelto de las revoluciones.

LA MASONERÍA, CONTRA EL EJERCITO

5 DE NOVIEMBRE DE 1950

AL analizar la influencia nefasta de la masonería en los acontecimientos del siglo XIX, sale a la luz con graves caracteres la corrupción masónica entre los institutos armados. Si nefasta y destructora se nos presenta la masonería cuando la observamos desde los ángulos religioso y político, alcanza todavía mayor gravedad si lo hacemos desde el plano de los ejércitos, donde el culto a la Patria ocupa el primer puesto; el honor es espejo en que el military debe mirarse; la justicia, la base inequívoca de su disciplina, y el renunciamiento y la abnegación, el campo en el que el deber se sirve. La masonería no cabe, desde luego, en este lugar.

Hemos visto a la masonería servir sus designios, no sólo por encima de las conveniencias patrias, sino trabajar directamente contra esos intereses; por eso, para nosotros, mancilla el juramento que prestó a su nación el militar que se afilia en las logias masónicas y, con la entrega de su libre albedrío, subordina el cumplimiento de sus deberes y juramentos con la Patria a cuanto la masonería le impone.

¡Cuántas íntimas tragedias han referido distinguidísimos militares sobre otros compañeros que en su inexperta juventud habían caído en las redes que las logias masónicas les tendieron! ¡Qué amargura no habrán sentido muchos de aquellos insignes generales que en el siglo pasado se vieron al final de sus vidas obligados a servir los dictados de las logias contra su conciencia o contra los intereses patrios, y, si rebelados contra ellas, fueron sentenciados a caer bajo el plomo criminal de la venganza! ¡Cuántas facilidades para entrar, sobre todo si el aspirante es persona de pro, y qué pocas para salir!

Si la milicia es una institución de hombres de honor, no podrá presentarse nada más opuesto a las leyes generales de ese honor que la masonería: ni los fines que la masonería persigue de apoderarse por medios secretos e hipócritas del Poder; ni los procedimientos que emplea para lograrlo, sin reparar en los medios; ni el sacrificio de todo principio moral cuando así conviene a su interés, puede ser más opuesto a aquella práctica del honor, que ha de ser claridad, nobleza, lealtad e hidalguía, prendas éstas que jamás se encuentran en la masonería, ni siquiera en ese ropaje de la literatura masónica con que intenta cubrirse.

Si a la disciplina contemplamos, nada más monstruoso en ese orden que la subversión de grados a que la obediencia masónica fuerza a los militares. La subversión de grados en el Ejército y la Marina ha sido uno de los procedimientos que la masonería empleó para minar la disciplina de los Cuerpos militares. Bajo la desdichada República que a los españoles nos tocó sufrir, y en que salieron a la luz tantos malos humores, se presentó frecuentemente el caso de ver a altas jerarquías militares tomar en las logias asiento bajo la presidencia de un maestro masón subalterno de su oficina. ¿Puede haber algo más contrario a la jerarquización, a la dignidad y al honor militares que estas denigrantes realidades que los Ejércitos suelen vivir cuando la desmoralización masónica penetra en sus filas?

Más en este terreno de la disciplina la masonería nos ofrece una faceta más: la de la protección y el apoyo obligados entre los hermanos masones sobre cualquiera otra consideración, y, así, el verdadero mérito se posterga y la equidad y la justicia salen harto malparadas. Siendo el mérito y la elevación por él la base para el progreso en las instituciones armadas, no puede haber nada más desmoralizador para ellas que la presencia de masones en los puestos superiores del mando.

Si estas consideraciones no fuesen bastantes, podemos añadir que la casi totalidad de las desdichas que el Ejército y la Marina españoles sufrieron en el transcurso del último siglo caen en la cuenta de la masonería. Nos basta trasladarnos al ambiente de aquel siglo desgraciado, en que desde el ingreso en el Cuerpo de oficiales hasta el generalato todo se alcanzaba por gracia real, que los ministros masones administraban, para comprender mejor la facilidad con que la masonería pudo corromper los institutos militares, arrojando desdichas y más desdichas sobre nuestra Patria.

No es posible concebir los Ejércitos sin arraigadas virtudes e ideales en sus corporaciones de oficiales, y la masonería mata unos y otros. Para la suprema prueba de entregar la vida son necesarios la fe y los altos ideales; si aquélla se niega y destruye, si todo se acabase en este mundo materialista, sería necio y estúpido no hurtarse a los azares y los zarpazos de la guerra. Esta es la clave de toda esa cobardía ambiente que en Europa se respira.

Por ser la masonería tan contraria a los buenos principios militares, los Cuerpos de oficiales la rechazan, y cuando, contra su voluntad, por ambiente y protección exterior, anida en ellos, tiene que hacerlo vergonzante, en la clandestinidad y bajo la mirada airada y recelosa con que los buenos militares observan a estos eternos aspirantes al favor.

LA MASONERÍA ACTUAL

3 DE MAYO DE 1951

SE vive en nuestros días tan de prisa, cuando no tan frívola y superficialmente, que pocos son los que se toman la molestia de detenerse a analizar el porqué de los hechos, y hasta lo que nos sorprende, afecta e impresiona es rápidamente olvidado, como si el alejamiento de los hechos pudiera hacer desaparecer las causas perennes que les dieron vida. Esto ocurre con la masonería. Gravísimos son los daños que a nuestra sociedad han venido infiriendo sus conspiraciones; gravísimas las pruebas contundentes e incontrovertibles que hemos venido acumulando en nuestros trabajos anteriores, que demuestran de manera fehaciente que la masonería no descansa; que desde que nació siguen siendo sus blancos la Iglesia Católica y el resurgimiento de España; que existe un Comité supremo en Europa, titulado Asociación Masónica Internacional, a través del cual se conspira en forma ininterrumpida, y un día tras otro, contra cuanto España representa, a la vez que se utiliza como instrumento de la acción política de algunas naciones europeas contra Norteamérica, cuya masonería, aunque apartada de la Asociación, no es impermeable a la influencia que este instrumento secreto de poder desarrolla sobre las logias hispanoamericanas para servir a los designios secretos de sus señores.

Muchas veces hemos repetido, saliendo al paso de las quejas que las masonerías extranjeras, en especial las anglosajonas, suelen exteriorizar contra nuestros documentados trabajos, que forzosamente tiene que ser muy distinto el juicio que de la masonería puedan formar los verdugos y las victimas: aquellas naciones para las cuales la masonería constituye un órgano eficaz de su acción contra otros pueblos, y los que de éstos vienen sufriendo durante más de un siglo las conspiraciones que la masonería desde el exterior les desata; no pueden pensar lo mismo de ella aquellos cristianos disidentes de la fe católica que la masonería misma, que los católicos que durante siglos vienen sufriendo los ataques y las maquinaciones de sus logias. En los países en que la masonería es lícita, defiende a la nación y no se encuentra en pugna con el sentir general ni los principios de su fe, la calidad de los que en ella militan forzosamente ha de ser muy distinta que cuando de países católicos se trata y la masonería constituye el instrumento secreto de unos pocos vendidos al servicio del extranjero para la destrucción o anulación de la nación.

En este orden creía haber esclarecido suficientemente desde este diario[1] las características más salientes de la acción masónica sobre España, y cuando me había concedido un descanso en estas tareas tonificadoras de la defensa de nuestra sociedad contra la masonería, nuevas muestras de la actividad masónica vienen reclamando a mi pluma la vuelta a la palestra. Si la masonería no descansa en sus actividades criminales, forzosamente hemos de ponernos en plan de combatir quienes, por conocerla, nos hemos convertido en fieles guardianes de nuestro solar frente a sus ataques.

No hemos jamás de olvidar que entre las fuerzas derrotadas de la anti-España por el Movimiento Nacional español, ocupaban puesto principal las fuerzas masónicas de nuestra

---

[1] Recordemos que estos artkulos han ido apareciendo en el diario *Arriba a* partir de 1946.

Patria, que, aunque reducidísimas en su número, eran, sin embargo, las patrocinadoras de todas las traiciones y las que realmente habían abierto las puertas de la Patria a la invasión comunista y a su enseñoramiento de nuestro solar.

Al hundirse la República, que una minoría exigua de masones había logrado levantar con la estafa del resto de la nación, forzosamente habían de caer aquellos templos masónicos en que, con artificio, malicia y engaño, había venido forjándose la decadencia española:

En dos grupos dividió a la masonería la guerra: el de los capitostes, que, por haber contraído graves responsabilidades criminales, se exilaron, y aquellos otros que, por no haber tenido una actuación pública y ser en parte desconocidos, se acogieron a la paz y a la generosidad de la nueva España. Y mientras los que aquí quedaron parecieron fundirse en la vida ciudadana, disfrutando de la paz y el orden internos de nuestra nación, los otros continuaron fuera de las fronteras la acción criminal antiespañola y fueron los constantes voceros de la B. B. C. británica, de la Radio París y de otras muchas Radios minadas por la masonería o adscritas a su servicio. Desde entonces, cuantos vientos de fuera nos soplaron han tenido su principal motor en la dispersión de esa criminalidad masónica por las logias del mundo, a las que, después de haber recibido su auxilio, parasitaron con la levadura de su espíritu criminoso.

Los que crean que la masonería se da alguna vez por vencida se equivocan. Hija de la maldad, su espíritu demoníaco sobrevive a la derrota y encarna en nuevos seres y en nuevos territorios. Hemos de desconocernos al sol de la gloria y del resurgimiento si queremos librarnos de la sombra inseparable de las asechanzas masónicas.

Dos razones hay para que la masonería nos ataque: una, la de la independencia española, malquerida no sólo de la masonería propia, sino también de las extrañas, y otra, el resurgimiento del espíritu católico de nuestra nación, que, por católica, apostólica, romana, se convierte en blanco predilecto de la conspiración masónica.

Después de diez años de grandes esfuerzos y fracasos, sentimos hoy de nuevo sobre nuestra Patria la acción disociadora de las logias masónicas. Cuando el horizonte internacional se ofrecía aparentemente más despejado; cuando la vuelta de los embajadores señalaba la derrota de la conspiración masónica, que, jugando "al alimón" con el comunismo, había llevado a cabo la monstruosa conjura de la O. N. U., en buena hora deshecha por la firmeza del Caudillo y su pueblo, nuevamente aparece en el horizonte la acción conspiradora de la masonería y sus agentes contra la paz y el orden internos de nuestra Patria. Y mientras las Radios al servicio de Moscú enronquecen en sus propagandas contra la fortaleza del bastión ibérico y los gobernantes masones de las naciones occidentales pretenden subestimar el valor estratégico militar y político de nuestra nación ante las amenazas que el mundo sufre, la acción masónica, que, con habilidad que hemos de reconocerle, maneja los hilos de la intriga, siembra en nuestro solar la disociación y pretende explotar el malestar que la carestía universal y otras circunstancias imperativas proyectan sobre nuestra Patria.

No se trata de nada nuevo, sino de un ataque más de los muchos que desde que terminó nuestra contienda la masonería proyecta sobre nuestra nación, y que explotan unos malvados con la inconsciencia colaborante de quienes viven frívola o superficialmente; pero a los que, sin duda, bastará una voz de alarma para que puedan descubrir en los que tal ambiente forman su nexo con los masones o sancionados.

¿Que los tiempos no son fáciles? Todos hemos de reconocerlo. ¿Que asistimos a un proceso general de carestía de la vida, que se puede frenar, pero no totalmente dominar? Es evidente. Que directa o indirectamente estamos todas las naciones pagando la guerra pasada, el plan Marshall y la preparación del arsenal bélico del Occidente, constituye un hecho incontrovertible, ya que todos esos gastos, que importan miles de millones de dólares, a través de los impuestos y de la carestía de los precios, se reparten sobre todas las naciones del universo, que, en mayor o menor escala, lo ven repercutir en sus precios interiores.

Quien con autoridad puede decirlo y con clarividencia anunció al mundo males que por torpeza se cosecharon, nos viene previniendo de la importancia de la era social en que vivimos, de la crisis de los viejos sistemas para dar soluciones a los problemas de la hora actual y de la necesidad de abrir cauces a la realización de las aspiraciones latentes en las masas más importantes de la Humanidad, si no queremos caer en el caos materialista y antihumano que el comunismo representa.

En este aspecto político es muy claro el dilema: o nos resignamos a conllevar nuestra escasez en medio de la paz y el orden con vistas a plazo fijo a la mejora ansiada, o caeremos con incomparables mayores estrecheces en el caos y en la anarquía que los masones, consciente o inconscientemente patrocinan.

Parecería bastar con lo dicho para que la agudeza de los españoles sacase consecuencias de los intentos de agitación que desde la llegada de los embajadores se pretende mover en nuestra Patria; pero no está de más que para los torpes o los maliciosos recordemos su trayectoria y los nexos de la agitación con la secta masónica y las consignas desde fuera; recordaremos a nuestros lectores aquel trabajo, publicado en este mismo diario, en que descubríamos la acción desarrollada en las últimas décadas por la masonería sobre nuestras Universidades; aquella Institución Libre de Enseñanza, de nefasta memoria, con la que acaudalados masones torcían el buen natural de nuestros universitarios con becas, bolsas de estudio y un laicismo desaforado; aquella Federación Universitaria de Estudiantes, que si exteriormente asociaba a la casi totalidad de los estudiantes de la nación en una federación escolar universitaria, interiormente estaba manejada y controlada por lo que en el argot masónico titulaban "la F. U. E. interna", constituida por un grupo de estudiantes masones íntimamente ligados con las logias que ocupaban los años 1930 y 1931 los puestos directivos y que, estafando a los otros escolares, vendían su Patria y la Universidad a la traición, y que más tarde, públicamente, bajo la República, se declararon masones y cobraron la cuenta de su traición. Lo mismo que desde que terminó nuestra Cruzada, a través de catedráticos izquierdistas y de hijos de masones sancionados o desplazados, ha venido intentándose un día tras otro, y que gracias al patriotismo y buen sentido de una juventud en que la Patria se mira ha podido abortarse.

Los incidentes y algaradas de Barcelona constituyen una muestra de estos torpes empeños, que allí explotan los residuos del viejo separatismo, que las logias francesas amparan y que aún hoy intentan cultivar desde allende el Pirineo.

Otra muestra clarísima de la conexión íntima de masonería y agitación se realza en la explotación que la Prensa masónica del mundo lleva a cabo de sucesos tan triviales y corrientes como las algaradas estudiantiles o los conatos de huelga en tiempos de necesidades y de escasez; cuando en el mundo se desarrollan graves huelgas que paralizan durante muchas semanas la vida de los pueblos, arruinando sus economías y poniendo en peligro la vida entera de la nación, se destaca, multiplica y agranda nuestro más pequeño conflicto laboral, que es muestra precisamente de la tolerancia y de la generosidad de un Régimen que por su fortaleza puede ser generoso. En este orden ha quedado bien claro, por la insólita declaración del Comité de Asuntos Exteriores de la Asamblea francesa, compuesto en sus nueve décimas partes de conspicuos masones, la íntima relación de la agitación de la capital catalana y su explotación masónica inmediata.

No trabaja la masonería sólo con fuerzas propias por tratarse de una exigua minoría; su táctica es la de siembra de calumnias, la de dirigir, asociar y agrupar a los descontentos, la acción solapada y traidora, la estafa y explotación de los disgustados.

Así, la última consigna que la masonería ha puesto en marcha es la de una supuesta corrupción administrativa, que la malicia humana está siempre dispuesta a acoger, y que, como hemos visto en otras calumniosas campañas desatadas contra la Dictadura y la Monarquía, se demuestra a *posteriori* haber sido absolutamente falsas.

Nosotros nos creemos llamados a defender el crédito de los pobres y honrados funcionarios españoles, dignos de más respeto y consideración, y cuya moralidad es muy superior a la de la mayoría de los otros pueblos. Si la Administración española no fuese honrada no podría achacársele al Régimen, habíamos de pensar que sus nueve décimas partes y en todos sus escalones superiores más respetables han sido heredados de la Monarquía liberal y de la República y de los tiempos en que la masonería, filtrada en sus filas, compartía las responsabilidades de gobierno.

Es paradójico que la masonería española, que ha recogido en sus filas a los prevaricadores y desfalcadores de todos los Cuerpos del Estado, sea la que intente arrojar el fango sobre la recta Administración española. Y que sea ese mundo democrático de los grandes escándalos de corrupción el que pretenda acoger y divulgar la calumnia que las logias intentan levantarnos. Precisamente por católico, que sabe que ha de dar cuenta a Dios de sus actos, posee el pueblo español frenos morales desconocidos en otras latitudes en que el materialismo predomina. Si desgraciadamente en todos los países es siempre posible la corruptibilidad humana, Tribunales de Justicia de hombres probos, honrados e independientes están siempre abiertos a la denuncia y a la investigación, como lo pregonan las bajas y sanciones que en los escalafones, con toda regularidad, se registran. De todos es conocida la acción que unos grupos incontrolables de masones sancionados y despechados, realizan cerca de las Embajadas y representaciones diplomáticas extranjeras, a las que se asaetea con cartas simuladas de disgustados, con visitas de elementos indeseables cuya calidad moral queda bien demostrada con esa simple acción de ir a verter en las cancillerías del extranjero los malos humores de su traición. Así se enrarece el ambiente de los diplomáticos extranjeros y se los engaña sobre la calidad moral de nuestro pueblo.

En esta acción de filtración masónica, no escapan ni las propias jerarquías eclesiásticas, a las cuales igualmente se pretende influir, como a todos aquellos sectores que cual el Ejército, el Movimiento Nacional o los Sindicatos son considerados por los masones como pilares en que el Régimen se asienta.

Alerta, pues, a los masones y los "lowetones" —hijos iniciados de aquellos — y a cuantos consciente o inconscientemente se convierten en instrumentos de la anti-España. Que sobre ellos caigan las maldiciones de la Patria.

OTROS LIBROS PUBLICADO POR OMNIA VERITAS

www.omnia-veritas.com

www.ingramcontent.com/pod-product-compliance
Lightning Source LLC
Chambersburg PA
CBHW050128170426
43197CB00011B/1754